Blaise Cendrars

La main coupée

Denoël

Blaise Cendrars (1887-1961) est né à **La Chaux-de-Fonds**, en Suisse. Son père était un inventeur, un fantaisiste. Sa mère une Écossaise rêveuse et éthérée. Il passe une partie de son enfance en Égypte, puis à Naples, « dans un immense jardin touffu comme un parc ». Un précepteur anglais, ivrogne fieffé, fait avec lui du camping en Sicile et lui apprend à boire.

A seize ans, il part, il s'enfuit. Il erre en Allemagne. Il y rencontre le marchand Rogovine et devient son commis.

« En ce temps-là j'étais en mon adolescence... et je partis moi aussi pour accompagner le voyageur en bijouterie qui se rendait à Kharbine. Nous avions deux coupés dans l'express et 34 coffres de bijouterie de Pforzheim, de la camelote allemande " Made in Germany ". »

Pour traverser la Sibérie, Rogovine l'a habillé de neuf et lui a donné un revolver nickelé.

Et de ses aventures est né le grand poème : *La Prose du Transsibérien*.

Sa vie sera faite d'images semblables :

A Pékin, il est soutier à l'Hôtel des wagons-lits et il alimente la chaudière avec de vieux numéros du *Mercure de France* qu'il dévore avant de les brûler.

Il est chasseur de baleines par amour pour la fille du roi norvégien de la baleine, « une Nordique du type sombre ». Les baleines lui inspireront *Dan Yack*.

Il passe des jours à la bibliothèque Mazarine à copier à la main des romans de chevalerie, pour le compte de Guillaume Apollinaire qui agissait pour le compte de Pierre-Paul Plan qui agissait pour le compte de l'éditeur Payot. Cendrars touchait 100 francs par incunable copié.

Il élève des abeilles, invente le sel de cresson et a des amours avec la fille d'un scaphandrier qui l'initie à la plongée.

Il est jongleur dans un cirque anglais où il a pour ami un clown obscur : Charlie Chaplin.

Il court les routes avec les gitans, dans une roulotte. Et, plus tard, dans une extraordinaire Alfa-Romeo dont la carrosserie était dessinée par Braque, il descend la Nationale 10 qui, selon lui, va beaucoup plus loin que Biarritz, par l'Espagne, le Portugal, et au-delà de l'océan jusqu'à la Terre de Feu. Il est l'ami de Manolo Seca, le pompiste le plus loin au bout du monde, au Brésil.

Il connaît Al Capone à Chicago, tourne *La Roue* avec Abel Gance, édite Casanova, invente une hélice pour le triplan Borel, le premier gros avion. Prédit en 1926 la bombe atomique, dans *Moravagine*.

Mais, surtout, il invente la poésie moderne.

C'est en avril 1912. Il a erré toute la journée dans les rues de New York. Il a faim. Il est halluciné. Il passe devant une église. Une affiche annonce « La Création » de Haydn. La neige tombe. Cette nuit-là, dans sa chambre, devant un morceau de pain, il écrit l'immortel *Pâques à New York*.

On discute encore pour savoir si *Les Pâques à New York* ont influencé Apollinaire, ou si les deux poètes ont inventé en même temps ce ton nouveau. Cela importe peu, d'ailleurs.

On sait — pour en finir avec la biographie — que Cendrars, en 1914, s'est engagé dans la Légion et est revenu manchot de la guerre, d'où le titre de ce recueil de récits : *La Main coupée.*

Il y avait en lui un mélange unique d'aventurier et de rat de bibliothèque. Il semblait avoir tout lu. Il prétendait qu'avant d'écrire un livre il faisait la liste des mots qu'il comptait employer. Trois mille mots pour *L'Homme foudroyé.*

Il prétendait avoir détruit des manuscrits inédits, en avoir caché d'autres dans les banques, en Amérique du Sud, il ne savait plus où, et composer des poèmes pour lui seul qu'il ne prenait même pas la peine de noter. Vrai ou faux, on ne sait, et cela ne fait rien.

Mieux que cette légende, il reste de Blaise Cendrars une œuvre, en prose et en poésie, dont la grandeur ne peut être niée. *Les Pâques à New York, La Prose du Transsibérien, Le Panama, Dix-neuf Poèmes élastiques, J'ai tué, L'Or, Moravagine, Les Confessions de Dan Yack, L'Homme foudroyé, La Main coupée, Bourlinguer, Emmène-moi au bout du monde!* ont donné leur ton à l'époque. C'est le fantastique social, le pathétique de l'homme qui se cherche dans les voyages avec, pour seul bagage, la tendresse pour les autres hommes.

POUR MES FILS
ODILON ET RÉMY
QUAND ILS RENTRERONT
DE CAPTIVITÉ ET DE GUERRE
ET
POUR LEURS FILS
QUAND CES PETITS AURONT VINGT ANS
HÉLAS!...

BLAISE
MCMXLIV

P.-S. — *Hélas!... Le 26 novembre 1945, un câble de Meknès (Maroc) m'apprend que Rémy s'est tué dans un accident d'avion. Mon pauvre Rémy, il était si heureux de survoler l'Atlas tous les matins, il était si heureux de vivre depuis son retour de captivité en Bochie. C'est trop triste... Mais un des privilèges de ce dangereux métier de pilote de chasse est de pouvoir se tuer en plein vol et de mourir jeune. Mon fils repose, au milieu de ses camarades tombés comme lui, dans ce petit carré de sable du cimetière de Meknès réservé aux aviateurs et déjà surpeuplé, chacun plié dans son parachute, comme des momies ou des larves qui attendent chez les infidèles, pauvres gosses, le soleil de la résurrection.*

B. C.

SES CITATIONS A L'ORDRE DE L'ARMÉE AÉRIENNE :

« *Pilote brave et courageux. Le 17 mai 1940, a attaqué un Dornier 17, l'empêchant d'accomplir sa mission, l'a poursuivi sur une longue distance et a réussi à ramener au terrain son appareil atteint par les projectiles et désemparé.* »

« *Pilote valeureux et enthousiaste, animé d'un bel esprit combatif. Le 19 mai 1940, au cours d'une mission de reconnaissance à basse altitude au-dessus des colonnes blindées ennemies, a, grâce à son sang-froid et à ses qualités manœuvrières, réussi à poser dans les lignes ennemies son appareil très gravement atteint par la D.C.A. A été fait prisonnier avec son équipage.* »

NOTES DE SES OFFICIERS :

« *Pilote calme et régulier... Accrocheur... Sérieux et docile... Excellente tenue... Esprit gai et ouvert...* »

LETTRE DE SON COLONEL :

« *... Ce que je puis vous dire c'est qu'il a emporté avec lui d'unanimes regrets. Il comptait pour nous parmi les meilleurs. Son allant dont il a fourni de multiples preuves, son coup d'œil précis, sa classe comme pilote, sa sûreté de réflexes, tout semblait le mettre à l'abri. Cependant le 26 novembre, au cours d'un exercice de tir aérien, son avion accrochait l'avion-cible et c'était, brutale, la catastrophe...* »

LETTRE DE L'UN DE SES CAMARADES DE COMBAT :

« *... N'ayez aucun regret. Un accident d'aviation ne se discute pas. Si Rémy s'est tué, la faute en est à l'amour passionné qu'il avait pour le vol et le métier de pilote de chasse. Rémy est venu volontairement dans la chasse, juste à la veille de la mobilisation de septembre 1939. Je plains sa jeune femme de tout cœur. Mais toute épouse de pilote sait très bien qu'elle ne peut posséder qu'une partie du cœur de son mari, la meilleure part restant fidèle à l'aviation...* »

SA DERNIÈRE PETITE CARTE POSTALE :

« *Meknès, le 4-11-45. — Mon cher Blaise, Mon boulot est de plus en plus intéressant et j'en suis ravi. Tout est beau, mon travail, le temps, le ravitaillement (dattes, oranges et mandarines) et j'espère bien rester ici jusqu'à Pâques, revenir en France avec la belle saison. J'espère que de ton côté tout est également O.K. Baisers. Rémy.* »

*L'Éternel a créé une chose nouvelle
sur la terre : la femme environnera
l'homme.*

Jérémie, XXXI, 22.

CE LOUSTIC DE VIEIL

Il y avait du nouveau. Quelque chose était changé dans la conduite de la guerre. Il n'y avait pas un mois que nous étions à Tilloloy, en train de nous refaire et de reconstituer le régiment après la saignée du printemps (les états-majors appelaient ça curieusement « l'offensive du printemps »), que les bruits les plus fantastiques se mirent à circuler et que tous les hommes se mirent à parler de permission. C'est ce loustic de Vieil qui écrivait : « ... *il paraît que le G. Q. G. fait circuler des trains derrière les lignes pour tromper le Boche d'en face. Tâchez d'en profiter. Il y a des wagons-lits. Mais ce qui est sûr, c'est que vous allez bientôt venir en perme. Tâchez de radiner par ici. Dis aux copains qu'il y a de la fesse et que tous les soirs je joue de la mandoline avec une jolie marraine de guerre. Je ne manque de rien. Elle me donne des sous et bien d'autres friandises. Amenez-vous...* » Vieil nous écrivait de Nice où il avait été évacué ni pour maladie ni pour blessure, mais à la suite d'une vieille flemme.

Un beau matin, c'était au cantonnement, à Morcourt (Somme), Vieil était de corvée de café :

— Je ne vais pas au jus, caporal, me dit-il. J'ai la flemme.

— Ne fais pas le con, vieux. Vas-y. C'est ton tour.

— Non, je n'y vais pas. J'ai la flemme.

— Alors, fais-toi porter malade et tant pis pour toi si tu n'es pas reconnu...

Vers midi, ce sacré loustic de Vieil fit irruption dans notre grange avec six litres de gniole :

— Hardi, les gars, grouillez-vous, donnez-moi un coup de main, je suis malade. Le major m'a reconnu. Quel cul! Oh-là-là, la tête me tourne. Maman, maman, je vais mourir! Versez-moi à boire, vite, nom de Dieu, je tombe dans les pommes, ah!... Je te fais cadeau de mon flingue, caporal, et aux aminches je distribue toutes mes cartouches et mes grenades à main. Passez-moi mes musettes, vite, que je me trotte, et n'oubliez pas ma mandoline que je vous joue un air...

Et Vieil s'installa dans la voiture régimentaire qui l'évacuait à l'arrière en jouant *It 's a long way to Tipperary*.

Il était porté comme apatride, mais Vieil était de Ménilmontant. C'était un gentil garçon, un aimable je-m'enfichiste et fantaisiste, mi-peintre, mi-musicien, ayant le mot pour rire, toujours prêt à vous rendre service en paroles mais n'aimant pas mettre la main à l'ouvrage, un véritable

soldat à la manque. Il n'était nullement indispensable dans l'escouade, mais tout le monde
le regretta après son départ. Et voilà que, bientôt,
Vieil se mit à nous bombarder de cartes postales.
C'était réellement un gentil copain. Il ne nous
oubliait pas. Il avait été évacué sur un hôpital
de Beauvais et de là sur Nice. « *J'ai toutes les
veines...* », écrivait-il. Il nous envoyait des cartes
postales illustrées où tout est bleu, le ciel, la mer,
les villas, les jardins et jusqu'au jaune illuminé
des mimosas et des oranges qui tourne au cra-
moisi quand le soleil se couche dans tout ce bleu
de la Baie des Anges. Vieil avait su se rendre
indispensable à Nice. Il était tombé sur un toubib
à cinq galons qui avait la manie de vouloir collec-
tionner des souvenirs de la guerre et Vieil mettait
la collection du vieux en ordre, fourbissant des
fusils, des casques, des écussons, des boutons
d'uniforme, des plaques de ceinturon, munissant
chaque objet d'une étiquette circonstanciée, car
il avait une belle main, fourrant les trucs dans
des armoires vitrées, en faisant l'inventaire, en
tenant le catalogue à jour, bricolant, numérotant.
Il nous demandait de lui envoyer des bagues en
aluminium, des fusées d'obus travaillées, des
coupe-papier faits d'un éclat déchiqueté, des
pipes, des cannes et, à la réception, il faisait adresser par son toubib un petit mandat au poilu qui
avait fabriqué l'objet. « *Je tiens le filon* », m'écrivait-il. « *Pourvu que cela tienne jusqu'à la fin de la*

guerre... » Pour lui, ce tire-au-flanc, cela a duré jusqu'à la fin de la guerre. Raphaël Vieil fut démobilisé à Nice après avoir culotté je ne sais combien de centaines de pipes à un sou. Il ne fumait que des *Jacob*. Mais, en attendant, ses cartes postales nous fichaient le cafard au front : « ... *Dis aux copains qu'il y a de la fesse ici... Bientôt vous partirez en perme... Il y a de beaux trains... Venez...* »

L'OFFENSIVE DU PRINTEMPS

Il y a exactement trente ans de cela. Oui, il y avait du nouveau. Mais ce n'était pas « l'offensive du printemps », ce grand tralala des états-majors qui n'avait pas abouti. Nous, une poignée d'hommes, nous avions bien percé, nous. (Le 9 mai 1915, à 12 h 1/4, mon escouade et moi, nous étions sur la crête de Vimy avec quelques braves types, 2-300 hommes en tout, égarés comme nous qui avions poussé de l'avant en sautant quatre lignes de tranchées allemandes sans tirer un coup de fusil, et le front était crevé)! Mais les états-majors qui avaient monté cette offensive et qui nous avaient fait coudre des carrés de drap blanc dans le dos pour que l'artillerie puisse suivre notre progression à la lunette (on sait qu'au printemps les dépôts de projets de « mouvement perpétuel » et de « quadrature du cercle », à l'*Office International des Patentes* à Berne se font beaucoup plus nombreux que durant les autres saisons), les états-majors, eux, ne croyaient pas à la fameuse percée et quand nous eûmes atteint la crête de Vimy (que les Canadiens ne reprirent qu'en 1918) avec nos carrés blancs dans le dos nous fûmes une jolie cible pour nos 75 et, dès que nous bougions, pour les 77 et les gros noirs autrichiens qui nous amochaient, sans parler dès Allemands que nous avions dépassés et qui nous visaient dans le dos avec d'autant plus d'aisance. A 3 heures de l'après-midi, le renfort ennemi arrivait en autobus de Lille et nous les tirions descendant de voiture, à 300 mètres. Le renfort français n'arriva que le lendemain soir, à 7 heures. Des pauvres vieux. De la territoriale. Ils avaient fait 75 kilomètres à pied. Enfin nous étions relevés, 72 hommes en tout. Mon escouade n'avait pas trop trinqué. Et le 11 juin, il avait fallu remettre ça, à Souchez et à Carency. A peu près dans les mêmes conditions de manque de jugeote et de manque de foi de la part des états-majors, d'incurie, de misère, de massacre, de tuerie pour nous, sauf qu'on ne parlait plus de percée, les Boches étant alertés. Il paraît que c'est Pétain qui avait monté ça. Pétain ou pas Pétain, c'est tout un.

Comme le chantaient les hommes en descendant
du Chemin des Dames :

> *Jean de Nivelle nous a nivelés*
> *Et Joffre nous a offerts à la guerre!*
> *Et Foch nous a fauchés...*
> *Et Pétain nous a pétris...*
> *Et Marchand ne nous a pas marchandés...*
> *Et Mangin nous a mangés!*

Le nouveau, pour nous, c'est que le printemps
nous travaillait et qu'après cette saignée vaine et
héroïque, l'arrière commença à se remuer. Les
colis arrivaient, les mandats, les lettres, les journaux qui, comme les cartes illustrées de Vieil,
nous parlaient de permission prochaine. Il y avait
une chance de s'en tirer, de se barrer, au moins
pour un temps. Il y avait de l'espoir. L'arrière
se remuait. Les premières babillardes des premières marraines de guerre nous parvenaient
également. L'arrière prenait consistance. L'odeur
des femmes montait jusqu'à nous. C'était le printemps. Il n'y avait pas tout à fait un an que nous
étions soldats, nous, les plus vieux, et déjà nous
avions appris à désespérer de tout, nous, les survivants. Environ 200 hommes avaient déjà défilé
dans mon escouade. Je ne croyais plus à rien. Mais
qu'il me semblait bon... vivre!

LES POUX

Quand je pense à mes hommes nichés dans les différents trous du secteur de Tilloloy, à trente ans de distance, je nous vois comme des poux dans une tête. Que faisions-nous là? On mourait d'ennui en proie à la nostalgie de la femme. Est-ce que les poux sont nostalgiques? Ce sont des égoïstes. Mais que peut-on savoir des poux? Quand on les regarde à la loupe, comme je vois aujourd'hui mes camarades, chacun de nous dans son trou individuel, chacun semble immobile, épais. Certains sont translucides, avec une croix de fer dans le dos, ce sont les poux allemands ; d'autres laissent voir leur estomac ou leur appareil de digestion, un ténu filigrane, ce sont les vieux briscards, nous les appelions les « engagés volontaires », comme nous, d'autres sont légèrement bleutés et paraissent plus délicats, ce sont les tunisiens, les plus insinuants. Les poux rouges sont les poux de cochon, — il y en avait beaucoup chez nous. Comme une mouche qui se brosse le ventre puis se passe les pattes sur les élytres, parfois un pou se passe une patte sur sa tête chauve, exactement comme Rossi faisait quand il écrivait à sa femme, fourrageant sa longue barbe à poux et se grattant le sommet du crâne qu'il avait nu comme un genou. A quoi pouvait-il bien penser, ce goinfre, notre bon géant, et que pouvait-il écrire à madame Rossi? Et les autres, tous les autres, que pouvaient-ils bien écrire à longueur de journée, qu'ils allaient bientôt venir en permission?... On voyait les hommes s'égailler dans les tranchées à la recherche d'un petit coin confortable et s'isoler pour pondre, et se mettre à écrire et à se gratter, à se gratter non pas à cause des poux qui les dévoraient, mais pour attraper une idée ou un mot entre le pouce et l'index. Parfois un homme laissait tout de même tomber son stylo pour se mettre sérieusement à la chasse aux poux. On le voyait alors se déshabiller, inspecter les coutures de son pantalon ou les plis de son ventre et on l'entendait pousser des jurons de colère quand il écrasait une colonie de poux et de larves dans l'ourlet du pantalon et des cris de triomphe quand il réussissait à s'arracher un morpion de la peau du ventre. Il reprenait alors sa lettre en surveillant son linge intime. Qu'est-ce qu'un pauvre bougre pouvait bien écrire à sa femme ou à sa dulcinée dans de pareilles conditions sinon de la poésie? L'amour aussi est une hantise et vous démange et vous dévore vif comme les poux. Au front, le soldat n'arrive pas à s'en débarrasser. Il lui faut venir à l'arrière, partir en perme pour pouvoir se procurer de l'onguent gris et se soulager. Les hommes écrivaient donc. Cela les démangeait.

A Tilloloy, l'heure du vaguemestre était plus importante que l'heure de la soupe. Que se passait-il ? Même un Rossi arrivait en retard à la soupe, lui, notre glouton. Alors ça, je ne le comprenais pas.

ROSSI (tué à Tilloloy).

Rossi mangeait comme quatre. C'était un hercule de foire mais une bonne pâte d'homme, terrible dans ses colères, qui le prenaient comme des rages d'enfant, mais inoffensif car Rossi avait peur de sa force musculaire qui était réellement prodigieuse. « Vous comprenez », expliquait-il aux copains, « je ne connais pas ma force. Je ne sais pas jusqu'où je puis aller. Ainsi, je pourrais la broyer quand je serre la main d'un ami. Rossi, mon petit, mesure-toi, que je me dis. Et c'est ce que me répète sans cesse madame Rossi quand elle trouve que j'y vais trop fort ». En face d'une difficulté contre laquelle sa force d'hercule ne pouvait rien, telle que les ténèbres de la nuit, ou l'eau de la pluie qui lui coulait dans le cou, ou le froid, Rossi perdait complètement la tête. Nous avait-il assez fait chier, au début, dans les tran-

chées de Frise, qu'il ne trouvait pas assez profondes, notre bon géant (Rossi mesurait 1,95 m
et était large et lourd comme une armoire) et
Rossi s'en était allé trouver en douce le colonel
pour se plaindre que les tranchées n'étaient pas
à sa taille et lui demander de les faire approfondir,
rehausser les parapets et clayonner les boyaux
pleins d'eau, ce qui lui avait valu, à lui, huit jours
de prison avec le motif : « ... *pour s'être adressé
directement à son colonel pour affaire de service et
sans passer par la voie hiérarchique...* » et à nous
qui crevions déjà de fatigue et de surmenage dans
ce secteur instable installé dans les marais, un
supplément de corvées exténuantes dans ces
tranchées spongieuses qui s'éboulaient et débordaient quand on creusait et que l'on ne pouvait
approfondir, aménager ni consolider. Et pendant
que nous nous esquintions, les pieds gelés, le
puni de prison qui devait faire double quart de
garde, était à genoux devant son créneau et pleurait la tête entre les mains. C'était un spectacle
lamentable. Les hommes qui lui en voulaient et
ne lui pardonnaient pas son intervention auprès
du colon, le charriaient et lui envoyaient des
pelletées de terre, de boue, d'eau fangeuse sur
les épaules et dans la face. Par la suite tout cela
se calma et Rossi se montra assez bon soldat,
quoique se perdant facilement en patrouille.

Sans être anyctalope comme Meyrowitz, le
poète yiddish de la rue des Rosiers, qui avait

réussi par se faire réformer tellement il avait bien su y faire au chiqué avec cette infirmité qu'il prétendait être congénitale, je me souviens que Rossi s'égarait régulièrement pour s'en aller droit chez les Boches quand nous montions en ligne devant Dompierre-en-Santerre, qu'il fallait tourner à gauche et non à droite d'un certain pare-éclats — c'était le treizième — et je l'avais fait recouvrir d'un enduit de riz, le fameux « riz à la colle » dont nous étions écœurés, résidu de toutes les gamelles que nous ne mangions pas, une pyramide de riz qui faisait tout de même une tache blanchâtre et était un repaire dans la nuit la plus noire. A droite, c'était le « *no man's land* », à gauche, l'entrée d'un entonnoir de mine où nous nous faufilions à la queue-leu-leu. J'avais beau mettre Rossi derrière moi dans la file, lui dire de me tenir par le pan de ma capote, compter les pare-éclats à haute voix, quand nous arrivions au treizième, Rossi perdait la tête et s'engageait du mauvais côté. Alors on l'entendait brailler, appeler au secours, lâcher des coups de fusil, faire un boucan de quoi réveiller un âne mort et il me fallait envoyer deux hommes pour ramener le géant furieux et penaud dans le bon chemin. Cela frisait l'hystérie car cela se répétait régulièrement et toujours au même endroit chaque fois que nous remontions en ligne dans ce damné secteur qui était un des plus bouleversés que j'aie connus. D'une relève à l'autre on ne savait pas au juste jusqu'où l'on pouvait s'avancer. Dans la journée c'était un paysage lunaire avec des entonnoirs de mines qui se chevauchaient, sa raffinerie de sucre qui avait été soufflée, son calvaire dont le Christ pendait la tête en bas, raccroché par un pied à sa croix, ce qui me valut, à moi, trente jours de prison, non pas pour y être allé voir en plein jour, mais pour en avoir fait une photo. (Certes, les sergents étaient jaloux de mon ascendant sur les hommes. J'avais le droit d'avoir un *Kodak*, mais il m'était interdit de m'en servir. Et lieutenant, capitaine, commandant, colonel confirmèrent cette interprétation pour totaliser autant de jours de prison. La prison, on ne la faisait pas tant qu'on était en première ligne. Mais l'on était mal noté et, quelque part à l'arrière, bien au chaud dans un bureau, un scribouillard portait le motif dans un registre. La connerie de tout ça! D'autant que cela ne m'a pas empêché de tirer des photos jusqu'au dernier jour. Il est vrai que Machin, l'Alsacien, le tampon des sergents, n'était plus là pour m'épier et faire des rapports...)

Si Rossi n'était bon à rien en patrouille, il était indispensable dans l'escouade. Il fichait un pieu en terre d'un seul coup de maillet, alors que les autres s'y mettaient à deux et s'y reprenaient à dix reprises. Il avait l'habitude de monter les tentes de cirque. A Frise, c'est en somme Rossi, à lui tout seul, qui avait tendu notre réseau de barbelés et dans un temps record, et le travail était impeccable. Les hommes lui avaient tout pardonné, ses inconséquences, sa démarche inconsidérée chez le colonel, ses sautes d'humeur, sa bâfrerie, à cause de ça. On pouvait lui demander un effort énorme, mais non un effort continu. A Dompierre, je le tenais en réserve pour bourrer les fourneaux de mine à la dernière minute, charrier les caisses d'explosif et les sacs de terre. Dans la panique du sauve-qui-peut, c'était un plaisir de le voir jongler avec les caisses de 50 kilos de mélinite, les barils de poudre noire, les gros saucissons de dynamite qu'il déchiquetait avec les dents, les sacs de terre qu'il entassait par dizaines à la fois et murer la galerie à grands coups de pied et de pelle. Plus que quiconque il avait la trouille et hâte de s'ensauver. Mais c'était de l'ouvrage bien faite. Il travaillait sur les talons mêmes du sergent du génie qui déroulait son cordeau Bickford et arrivait à la sortie presque en même temps que lui. Au moment de l'explosion, il se trouvait mal. Il fallait chaque fois le ranimer. Je me servais de Rossi comme un cornac de son éléphant, mais comme un éléphant, Rossi était fragile, s'enrhumait pour un rien, était facilement démoralisé et comme à un éléphant il lui fallait des montagnes et des montagnes de nourriture pour se remettre d'une fatigue ou d'une émotion. Je me demande ce que le pauvre serait devenu s'il ne m'avait pas eu. Il aurait sûrement fini à Biribi car, deux trois fois, je l'avais surpris en train de chaparder des vivres dans les cagnas.

— Laisse ça, Rossi, lui avais-je dit, tu es trop bête.

Et je me débrouillais pour le faire manger à sa faim. Ce n'était pas une petite affaire. Je fauchais la viande de nos officiers. Je faisais des razzias chez les artilleurs. Je partais en expédition dans les villages de l'arrière. Je m'étais improvisé son soigneur. Plus il mangeait, plus le bougre avait faim. Comme les autres se saoulaient de vin, ce qui est de tradition à la Légion, Rossi se saoulait de boustifaille. Le rab' de rabe y passait et tous les restants de la cuisine, sans parler des nombreux colis que lui adressait madame Rossi qui connaissait bien le faible de son grand homme, et que Rossi allait dévorer comme une bête, dans sa tanière. La faim ne rend pas sociable. Dans chaque nouveau secteur Rossi se choisissait un trou abandonné où il se terrait loin de tous, sans se soucier de son exposition, de la merde dont cette cagna écartée était pleine ou du macchabée enterré là, dont les pieds sortaient souvent de la paroi. Il voulait être seul pour manger. On le voyait s'amener à l'heure de la soupe. Il tendait sa gamelle, comptait les portions, rouspétait comme un beau diable à propos d'un bout de gras ou au sujet d'un os à moelle, surveillait de près la distribution du rabiot et du rab' de rabe quand il y en avait, échangeait un quart de pinard contre un quart de camembert, marchandait, achetait (car le monstre avait de l'argent), mendi-

gotait, pleurnichait, et on le voyait s'éloigner en
direction de son trou solitaire, chargé de bousti-
failles, sa gamelle pleine, les suppléments en
équilibre sur le couvercle, une boule sous chaque
bras, ravi, content, la capote déboutonnée, déjà
le ventre à l'aise, marchant à petits pas comme
un prêtre portant son Dieu. Il rentrait dans sa
tanière, baissait la toile de tente qui en bouchait
l'entrée, allumait une bougie, s'installait confor-
tablement, ses victuailles éparpillées autour de
lui dans la fange et dans la merde, l'ordinaire et
les friandises que madame Rossi avait cuisinées
pour lui, ses musettes pleines des choses que je
m'étais débrouillé de lever pour lui accrochées
aux pieds du mort qui dépassaient, et avec qui
il se trouvait en tête-à-tête, et il se mettait à masti-
quer. Il avait le sourire. Qu'il était bien, seul ! Il
n'aurait pas à partager avec le mort. Il mastiquait.
Ses dents étaient aussi fortes que ses biceps. Il
faisait craquer les os. Il mâchait comme une
machine. Tout y passait.

— Tu as le sourire, hein ? lui disais-je en soulevant la toile de tente pour lui passer encore un
extra que j'avais pu dégotter pour lui.

— Oui, c'est bon ! faisait-il.

— Tu penses à madame Rossi ?

— Non, je mange !

Et voilà qu'à Tilloloy cet affamé arrivait en
retard à l'heure de la soupe ! Que se passait-il ?
Je ne comprenais pas.

— Tu es malade? que je lui demandais.

— Non.

— Alors, qu'est-ce qu'il y a?

— Il y a que j'écris à ma femme.

Bon. Voilà que le printemps travaillait lui aussi cette grosse bête. Qu'est-ce que cela allait donner, un éléphant en rut?

Or, comme la plupart des gros hommes, Rossi était un chaste. Quand on commençait à parler des femmes au cantonnement, et Dieu sait si ce sujet revenait souvent sur le tapis! — et bien avant que le printemps commençât son offensive contre nous, « l'offensive du derrière » avait lancé je ne sais plus quel drôle pour faire la pige à « l'offensive du printemps » des états-majors, et le mot avait fait fureur — Rossi se levait en rougissant et allait se coucher, tirant la couverture sur sa tête. « Hé, barbe-à-poux! », lui criaient les hommes, « tu ne veux pas un passe-montagne? Fourre-te-la donc dans les oreilles pour ne pas entendre, bébé, on va t'en sortir des raides! » On sait les horreurs que les hommes peuvent se raconter sur les femmes quand ils sont seuls, entre soi; on s'imagine donc les saloperies qu'une escouade de légionnaires surexcités et aux trois quarts ronds arrivaient à dégoiser dans ce débat qui prenait l'allure enragée d'un concours du plus beau mensonge, de la plus satanique exagération, du comble le plus frénétique où chacun cherchait à damer le pion au voisin; puis l'on glissait aux confidences scabreuses et aux expériences érotiques ; tout cela raconté dans les termes les plus crus du langage le plus vert et le vocabulaire si extraordinairement riche d'images, de trouvailles, d'invention (et de précision anatomique) qui coule de source de la bouche des Parigots. J'étais aux anges d'entendre tout cela et je chérissais déjà mes camarades rien que pour leur parler. Quelle poésie dans la bouche du peuple, cette frangine des faubourgs !

... Il n'est bon bec que de Paris.

Et dire que nous étions tous des étrangers, des fils d'étrangers, certes, mais à quelques exceptions près tous ceux qui tenaient le crachoir étaient nés à Paris. Il n'y avait pas un seul paysan parmi nous, rien que des petits artisans des faubourgs, tailleurs, fourreurs, tapissiers, doreurs sur cuir, peintres en lettres ou en voiture, orfèvres, et des pipelets, des musiciens de boîtes de nuit, des coureurs cyclistes, des maquereaux et des barbeaux, les petits-fils des révolutionnaires de 1848 venus de tous les coins d'Europe garnir les barricades de juillet ou ceux des derniers compagnons faisant leur tour de France, et qui s'étaient fixés à Paris parce que bons ouvriers, gagnant largement leur vie et ayant trouvé femme ; aussi quelques fils de nobles, tels que le Polonais, le chevalier de Przybyszewski (le neveu du célèbre écrivain décadent)

ou le Péruvien de Bengœchéa (tué au nord d'Arras)
le fils du premier banquier de Lima ; plus quelques
intellectuels de Montparnasse que, comme moi,
le langage obscène des boute-en-train et leur
exubérance enchantaient. Rossi avait bien raison
d'aller se coucher. Jamais il n'aurait pu suivre et,
pas plus que la galerie des Russes, des Serbes, des
Suisses allemands, des Français de l'extérieur
(Suisses romands, Belges, Canadiens) qui renou-
velaient l'auditoire et, maintenant, des paysans ou,
plutôt, des ouvriers agricoles de tous les pays du
monde que le dépôt nous envoyait en renfort à
Tilloloy, jamais il n'aurait pu participer à ce jeu
brûlant, et surtout pas quand nos aînés, les lascars de la vieille Légion, ceux de Sidi-bel-Abbès,
rappliquèrent chez nous et se mêlèrent aux Parigots pour entrer dans la ronde avec leurs histoires
d'Afrique et de moukhères, la flambée devint
irrespirable, une débauche vertigineuse de paroles
en enfer.

Rossi était de ces Italiens qui n'apprennent
jamais le français. Il avait les idées lentes, bre-
douillait, cherchait ses mots. Écrire à sa femme
lui prenait un, deux, trois jours. Il en perdait le
boire et le manger. Et pendant tout ce temps-là,
il ne fallait rien exiger de lui. Il aurait fait un
malheur...

Mais quand la mort fondit sur lui, à Tilloloy,
Rossi n'était pas en train d'écrire à sa femme. Au
contraire, il venait de terminer une longue lettre

lui annonçant son départ en permission. Et c'était vrai. Je le lui avais fait confirmer par le cycliste du colonel qui posta la lettre de Rossi à la poste civile. Pour la dernière fois notre bon géant montait avec nous, nous accompagnait dans notre petit poste perdu bien en avant des lignes. Il devait prendre le train le lendemain soir. Je l'avais dispensé de toute corvée, comme il se doit à l'égard d'un veinard qui va partir en perme, et, comme il se doit, Rossi était allé s'installer dans un coin, à l'écart, une cavité assez profonde sous une vieille souche noircie, pour passer la nuit à manger et épuiser ses provisions. Que diable, il n'allait rien laisser !

Un peu après minuit, juste après la relève des sentinelles, une patrouille allemande, comme cela arrivait de temps en temps, nous lâcha une volée de grenades au petit bonheur et l'une d'elles éventra Rossi. Quand nous accourûmes, il ne vivait déjà plus. Notre ahuri s'était vidé dans sa gamelle.

Cela valait mieux pour lui car, le lendemain, les permissions furent annulées et notre géant, furieux, eût sûrement fait un malheur, un vrai.

LANG (tué à Bus).

Un autre ahuri, qui ne put jamais s'y faire, aux
tranchées, c'était Lang. C'était le plus bel homme
du bataillon. Il était aussi grand et fort que Rossi ;
mais si l'Italien était gros, épais, lourdaud, noir,
chauve et barbu comme un Calabrais, Lang, qui
était Luxembourgeois, était bien proportionné,
élancé, svelte, adroit, avait les yeux bleus, la peau
blanche, les cheveux blonds et portait une moustache frisée de Gaulois, la plus superbe et fière
moustache que j'aie jamais vue. Il était doreur sur
cuir de son métier, et d'après ses dires, il avait fait
des ravages dans les ateliers. C'était un bourreau
des cœurs, un homme à femmes et les ouvrières
ne se comptaient plus qui s'étaient crêpé le chi-
gnon pour un regard de ses yeux langoureux ou
qui s'étaient jetées à l'eau après une scène de
jalousie durant une partie de canotage sur la
Marne ou un bon gueuleton dans un des bouchons
de la berge entre Nogent et la Varenne-St-Hilaire.
Je le crois bien volontiers, car Lang avait les yeux
prenants, des dents de perle sous sa moustache
conquérante et, comme beaucoup d'ouvriers des
faubourgs, une belle voix nuancée et bien timbrée,

et la coqueluche de ces dames savait s'en servir
en en faisant vibrer le charme dans les romances
sentimentales dont il connaissait un répertoire
inépuisable. Il se dégageait de toute sa personne
quelque chose de las et de mélancolique comme
il sied à un séducteur que sa nonchalance et son
grand air dédaigneux rendaient absolument irré-
sistible dans les ateliers du faubourg Saint-An-
toine et les bals de la Bastille. Au front, privé
d'adulation et des succès faciles auxquels il était
habitué, Lang avait tout simplement le cafard, et
il dépérissait. Pourquoi s'était-il engagé? Pour
faire comme tout le monde, parce que le mari de
sa sœur était artilleur, pour acquérir la nationalité
française, par enthousiasme, par amour pour la
France? Non, tout simplement parce que l'uniforme lui seyait, et il s'était fait tirer des centaines
de photographies, dans des poses avantageuses,
photos qui alourdissaient son sac, mêlées qu'elles
étaient aux centaines de lettres de femmes qu'il
recevait quotidiennement et dont il nous lisait
certains soirs des extraits qu'il accompagnait de
commentaires appropriés et plutôt tristes parce
que lourds de souvenirs et de regrets. Alors, il se
mettait à chanter des goualantes bien senties, la
nostalgie de Paris remplissait notre abri détrempé,
tournoyant dans la fumée des pipes sous le mauvais éclairage de la lampe-tempête, l'odeur des
pieds vannés, des rats crevés, de la paille pourrie,
du charbon de terre qui brûlait mal et nous

asphyxiait, et Lang nous flanquait le cafard, à tous. Il recevait un courrier de ministre et il répondait à toutes les babillardes de ses amoureuses, leur écrivant des longues épîtres, pleines de hauts faits héroïques imaginaires qui devaient les faire trembler et des couplets les plus enivrants de ses chansons qui devaient les faire pleurer. Dans chaque lettre, il glissait une de ses photographies, et sans cesse il me suppliait de lui en faire des nouvelles, posant au créneau, faisant le zouave, la baïonnette au canon, brandissant des grenades dans un trou d'obus, cisaillant des barbelés, couché nez à nez avec un vieux macchabée en casque à pointe, un véritable cinéma, et je lui aurais soutiré tous ses sous si je l'avais fait payer tant et tant à la pose. C'était un soldat à la con. Quand son cafard le tenait il était plus emmerdant qu'une femme qui a ses affaires. Il avait la migraine, broyait du noir, était franchement insupportable et faisait de la neurasthénie aiguë. Encore un hystérique. Dieu, que ces grands et solides gaillards sont des poules mouillées! Mais je connaissais ça de la maison. Mon père aussi était un de ces colosses non point aux pieds d'argile, mais au cœur en baudruche. La moindre piqûre d'épingle les dégonfle. Il faudrait toujours s'occuper d'eux...

Un jour le capitaine me fit appeler pour me demander si je n'avais pas dans ma section franche un homme susceptible de faire un excellent capo-

ral d'ordinaire, sachant lire, écrire, compter, dégourdi et d'une honnêteté élémentaire, tout au
moins dans les décomptes du vin. Immédiatement je songeai à Lang, qui n'était pas un poivrot,
et j'allai le trouver pour lui en parler.

— ... non ... si tu fais ça... je... je... Tiens, je te
paie le champagne... douze bouteilles !...

Le soir même Lang s'installait sur le siège,
à côté du cocher de la voiture de la 6e Cie, qui
devait le mener à Bus, à quelques kilomètres à
l'arrière, un paisible petit village où le ravitaillement se distribuait la nuit, après le passage des
autobus de l'armée, et où Lang devait rester en
permanence. Il était fier de ses galons de caporal
mais surtout heureux de s'éloigner du front. Nous
étions deux ou trois à assister à son départ, à lui
faire toutes sortes de recommandations, à lui
confier des lettres pour la poste civile, à le charger
de toutes sortes de commissions.

— Achète-moi des camemberts, disait l'un.

— Envoie-moi une paire de bretelles, disait
l'autre.

— Dis donc, tu n'as pas peur de l'autobus ?
lui demanda un mauvais plaisant comme la voiture
allait partir.

— Ne t'en fais pas, je suis de Paris, lui répondit
Lang.

— Oh, c'est pas du Madeleine-Bastille, que je
te cause, je sais bien que tu es de Paname. Mais
tu n'as pas lu l'article du *Matin* ? Il paraît qu'il y a

des poilus qui ont vu un autobus avant de mourir.
Il est vrai que c'est en rêve. Mais il y en avait
plein une colonne sur le journal. Ça ne te dit
rien ?

— Pourquoi est-ce que tu me demandes ça ?
repartit Lang impressionné.

— Oh, pour rien, lui répondit le type. Mais
à ta place, je me méfierais. Il y a *BUS* dans autobus et aussi dans obus. Fais bien attention. On ne
sait jamais...

Je vis le moment où Lang allait sauter de voiture, rendre ses galons, démissionner avant même
d'être entré en fonction. Il riait jaune. Mais le
cocher fouetta son cheval et la voiture s'éloigna
cahin-caha sur cette route tortueuse, mal pavée
et glissante, bordée de pommiers noués comme
elles le sont toutes dans cette région des confins
de l'Oise.

« *Bus...* 3 km. 750-*Conchy-les-Pots...* 11 km.225 »,
portait la plaque indicatrice apposée à la sortie de
Tilloloy.

Cette nuit-là, les Boches bombardèrent Bus
pour la première fois depuis le début de la guerre
et le premier obus tomba en plein sur la voiture
de la 6ᵉ Cie qui débouchait sur la place du Marché. Le cheval, le cocher et Lang furent écrabouillés. On ramassa deux, trois écuellées de
petits débris et les quelques gros morceaux furent
noués dans une toile de tente. C'est ainsi que
furent enterrés Lang, le cocher et de la bidoche

de cheval. Et l'on planta une croix de bois sur le tumulus.

Mais en revenant du cimetière quelqu'un remarqua la moustache de Lang qui flottait dans la brise du matin. Elle était collée contre la façade, juste au-dessus de la boutique du coiffeur. Il fallut dresser une échelle, aller détacher ça, envelopper cette touffe sanglante dans un mouchoir, retourner au cimetière, faire un trou et enterrer ces poils absurdes avec le reste. Puis nous remontâmes en ligne, dégoûtés.

ROBERT BELESSORT (mort en Angleterre) et SÉGOUANA (tué à la ferme de Navarin).

Robert était le plus excité de nous tous. Il n'arrêtait pas de nous parler des seins de sa sœur.

— Et qu'est-ce qu'ils ont d'extraordinaire les nichons de ta sœur ? demandait l'un.

— Ils sont beaux, répondait Robert pâlissant.

— C'est tout ? demandait un autre.

— C'est tout, répondait Robert en se glissant dans le sac de couchage que son copain, Ségouâna, le fourreur de la rue de Babylone, lui avait fait venir de Paris.

Ségouâna était un érotomane. Il avait le teint
plombé, l'œil vague, portait monocle du côté
droit pour maintenir sa paupière flottante qui
avait tendance à retomber ; son crâne était recou-
vert d'un léger duvet d'oiseau comme si on lui
eût plumé les cheveux, et il avait les membres
raides avec quelque chose de désarticulé dans les
gestes et la démarche. Son sourire était figé. Un
jeune vieillard, je ne puis pas mieux le définir,
débauché, viveur et peut-être syphilitique. Il avait
tout juste vingt-cinq ans. C'était le meilleur fusil
de la compagnie pour avoir pratiqué le tir au
pigeon. Il était plein aux as. C'était, hélas! un
type à tics et à manies. Manifestement, il était
amoureux des seins de la sœur de Belessort, son
copain, à côté duquel il couchait, lui aussi se
glissant dans un sac de fourrure identique à celui
de Robert et taillé dans les mêmes peaux. Côte à
côte, on les eût pris pour deux jumeaux, l'un blasé
et l'autre tout en vif-argent. Robert aussi n'avait
que vingt-cinq ans. Tout le long du jour on les
entendait chuchoter dans leur coin. Dehors, des
obus foiraient dans la boue.

— Dis donc, Belessort, comment qu'ils sont
les nichons de ta frangine ? demandait une
voix partant du fond de l'abri où nous étions
enterrés.

— Ils sont beaux, répondait Robert.

— Ils ne sont pas carrés, des fois ? reprenait
la voix.

— Ils sont ronds, répondait Robert.

— Et leur bout, comment qu'il est? insistait la voix du fond.

— C'est une merveille, répondait Robert inlassablement.

Bourrasques. Pluie et neige. Les obus foiraient avec un rauquement de phoques dans le dégel. Un homme se levait, prenait son flingot au râtelier, sortait et, quelques instants plus tard, l'homme que le premier était allé relever au créneau, descendait lourdement, soulevait la toile de tente, s'ébrouait, entrait, tendait ses mains gourdes au feu, puis allait s'étendre tout boueux dans un coin. Les heures étaient longues. Un homme urinait dans la paille.

— Eh, salaud, criait une voix, tu ne peux pas aller dehors?

— Il fait trop froid, répondait l'interpellé.

— Dis que tu as les grolles, oui, que tu fais dans ton froc, ricanait l'autre.

— Non, j'ai tout simplement peur que mes poux s'enrhument, ripostait celui qui avait fini de pisser. Et puis, la ferme!

Et l'homme se recouchait à une autre place pour ne pas avoir à s'allonger dans la souille.

— Hé, feignants, tassez-vous, faisait-il. Tout le monde ne peut pas sa pagnoter dans de la fourrure, comme ces deux-là qui se masturbent...

Les heures étaient lourdes.

La journée ne finissait pas.

— Comment qu'elle s'appelle, ta frangine ? reprenait la voix du fond.

— Claire, répondait Robert.

— Quel âge qu'elle a ?

— Elle a mon âge. C'est ma sœur jumelle, répondait Robert.

— Et qu'est-ce qu'elle fait dans la vie, ta frangine ? demandait encore la voix.

— Elle tient une confiserie à Tours, répondait Robert.

— Mince... c'est rien bath !... disait la voix pour elle seule.

Belessort et Ségouâna avaient repris leur chuchotement. L'ennui nous écrasait. C'est par des journées pareilles, et qui n'en finissent pas, que l'on se dit que les heures sont vraiment des plombes qui tombent, vous coincent, vous dégringolent dessus, vous aplatissent, vous écrasent sous leur éboulis. On agonise.

Les obus marquaient le temps.

Quand ce fut l'heure de Belessort d'aller prendre son tour de garde, je sortis avec lui.

— Qu'est-ce qu'il y a, Robert, qui ne va pas aujourd'hui ?

— La France me dégoûte. J'ai fait ma demande pour aller rejoindre l'armée canadienne. Tu seras gentil de la transmettre au capitaine et le prier de bien vouloir donner avis favorable et d'accélérer. C'est urgent. Je n'en puis plus.

— Tu as bien réfléchi ?

— C'est tout réfléchi. J'en ai marre.

— Bon. Je transmettrai. J'estime que tu fais une connerie.

— Tant pis. Je n'en puis plus. Imagine-toi que mon tuteur ne veut pas que j'aille voir ma sœur quand ce sera mon tour d'aller en permission. Il m'a écrit. Il s'y oppose formellement. Autant que je retourne au Canada !...

— Mais qu'est-ce que tu as besoin de l'autorisation de ton tuteur pour aller voir ta sœur à Tours ?

— Oh, tu ne peux pas savoir, me répondit Robert sur un ton chagrin et révolté. Il y a eu des histoires entre nous. Mon tuteur est jaloux. Quand il m'a fait partir en Amérique, il m'a menacé de me faire arrêter et interner si jamais je remettais les pieds en France et, aujourd'hui, il me menace de faire enfermer ma pauvre petite sœur si je vais la voir à Tours. Il me l'a écrit.

— Que diable, mais il me semble que vous êtes majeurs, ta sœur et toi, et que ton tuteur ne peut pas vous interdire de vous voir, si le cœur vous en dit, et même de coucher ensemble. Vous êtes bien assez grands pour savoir ce que vous faites.

— Oui... Mais tu ne connais pas mon oncle. C'est un homme terrible. Il n'a jamais pardonné à ma mère d'avoir épousé mon père. Il était jaloux. Il les a traqués toute leur vie durant et fait des tas de misères. Il a rendu ma mère mal-

heureuse, captant son héritage, et, quand mes
parents sont morts, il s'est emparé de nous, se
faisant nommer notre tuteur pour nous terroriser,
ma sœur et moi. Demande à Ségouâna, je lui
ai tout raconté. C'est un monstre.

— Ségouâna est amoureux de ta sœur, ça se
voit, tu lui en as tellement parlé! Mais qu'est-ce
qu'il dit de ta demande de passer dans l'armée
canadienne? Il va être bien seul, ton copain, si
tu t'en vas.

— Oh, lui!... Bien sûr, il ne veut pas que je
parte. Il m'a dit qu'il allait faire les démarches
nécessaires, voir mon oncle, et tout et tout, pour
épouser ma sœur durant sa permission et qu'alors,
nous pourrions vivre ensemble, tous les trois.
Après la guerre, il viendrait s'établir au Canada,
... avec Claire. Mais...

— Mais?...

— Oh, rien, fit Robert.

— Mais encore?...

— Mais je ne veux pas! Je ... je suis jaloux...

— Tu ne ferais pas mal d'aller voir l'oncle de
Robert, à Creil, puisqu'il paraît que tu vas être
le premier à partir en permission, me disait
Ségouâna. Tu pourrais lui parler, caporal. J'ai
peur pour Robert. L'autre jour il avait envie de
s'envoyer une balle dans la tête. Il n'en peut
plus...

Trois mois s'étaient écoulés et Belessort

n'avait toujours pas reçu de réponse à sa demande
de transfert dans une unité canadienne. Il
couvait un cafard monstre. Moi aussi je craignais
le pire car Robert était un instable, un garçon
tout en prime-saut, capable d'un geste héroïque
ou de désespoir.

Ségouâna et moi étions embusqués dans un
trou d'obus, bien, bien en avant des lignes,
d'où nous avions tiré à l'aube un salopard perché,
dans les arbres de la route nationale et nous
attendions le soir pour aller ramasser notre gibier
entre chien et loup et le ramener prisonnier.
La journée était longue, chaude, nous n'avions
rien à boire et le soleil de juillet pendait dans le
paysage vide comme une médaille ironique
chauffée à blanc. J'aurais donné mon tour de
partir en permission pour un bidon de pinard.
De temps en temps Ségouâna braquait les jumelles.

— Il est toujours là, disait-il. Il ne bouge pas.
Pourvu qu'il ne soit pas mort. Je voudrais bien
l'entendre parler, savoir qui c'est. C'est la première fois que je tire un homme de sang-froid.
Je l'ai visé dans l'aine, et toi, caporal?

— Moi, je l'ai visé au défaut de l'épaule pour
lui faire lâcher prise. Il a dû se casser une patte
en tombant, c'est pourquoi il ne bouge pas.

— J'ai bien peur qu'il n'ait son compte. Je
préférerais l'entendre crier, appeler au secours.
Je... je...

— Ne t'en fais pas, Ségouâna, tu sais bien qu'ils ont la vie dure, les Fritz. On ira le chercher à la nuit et tu as ta perme en poche! On tâchera de partir ensemble. Je le demanderai au capitaine, et c'est toi qui iras voir le tuteur de Belessort. Tu es au courant de leur fourbi.

— Oui. C'est des démêlés de famille. C'est très compliqué.

— Robert m'a dit que tu voulais épouser sa sœur, c'est vrai?

— Ah, il t'a dit ça, caporal?

— Où en êtes-vous? Tu lui as écrit? Elle t'a répondu?

— Je lui écris, mais elle ne répond qu'à son frère. Elle ne parle jamais de moi. Je crois qu'elle est amoureuse de Robert. C'est une drôle de fille, mais elle a de jolis seins...

— Tu les as vus?

— Oui... non... c'est-à-dire en photographie. Je...

— Tais-toi! Je crois qu'il bouge. Passe-moi la lunette...

Dans les jumelles, je distinguais très bien un petit tas gris au pied d'un arbre, un Boche qui se remuait et se retournait sur le ventre.

— Tu vois bien qu'il n'est pas mort, dis-je à Ségouâna. S'il traverse la chaussée en rampant, envoie-lui une balle dans la peau. Il ne faut pas qu'il se trotte.

Ségouâna tenait son fusil prêt. Mais loin de

se trotter, le soldat blessé s'affala dans l'herbe.

— Il doit avoir la patte cassée, dis-je à Ségouâna. Mais ne le quitte pas de l'œil. Ça serait
trop bête qu'il file par le fossé...

J'ai raconté ailleurs combien Tilloloy était
un secteur pépère où il ne se passait jamais rien.
A peine une volée d'obus, à midi sur Beuvraignes, et jamais un coup de fusil. Les hommes
avaient pris l'habitude de faire la sieste dans
l'herbe et, moi-même, j'allais roupiller dans mon
gourbi construit sous un hêtre rouge, dans le
parc du château. C'était la vie en plein air. Mais
depuis quelque temps un salopard nous tirait
dessus en plein jour et parfois mouchait un
homme. Ce tireur solitaire devait être haut
perché car à Tilloloy nous tenions la crête et le
type devait exécuter un tir plongeant pour
arriver à bigorner l'un de nous. Seule la cime
des ormeaux de la route nationale arrivait à
notre niveau ; mais cette route passait à 1 000,
1 500, 2 000 mètres en avant de nos tranchées ;
si l'amateur était juché sur les plus hautes branches, il devait tirer à hausse perdue, au petit
bonheur, ou, tout au contraire, employer une
arme de précision, par exemple une carabine à
lunette comme on en emploie pour la chasse
aux antilopes. De toute façon l'inconnu devait
avoir le diable au cœur pour se livrer à ce sport
ou, comme nous, s'ennuyer à périr. A Arras,
j'avais dépouillé un officier allemand d'un bino-

culaire *Zeiss*. Durant huit jours, donc, armé de cet instrument, j'avais fouillé les arbres un par un et sans rien découvrir, les balles perdues ou trop bien ajustées du salopard sifflant plus d'une fois à mes oreilles.

Devant nos tranchées se développait en pente douce un champ de betteraves poussées en graine. Plus bas, il y avait une prairie marécageuse. A 50 mètres en avant de la route nationale de Roye à Péronne, qui coupait obliquement la plaine, zigzaguait un maigre réseau de barbelés allemand. De l'autre côté de la route, il y avait un talus, des éléments de tranchées allemandes inoccupées dans la journée. Très loin, à droite, s'étendaient des fourrés et, à gauche, les arbres morts et les souches calcinées de notre fameux petit poste de La Croix, que nous n'occupions que la nuit et qui donnait sur une ravine. Les Boches étaient au diable vauvert, quelque part devant Roye, et n'occupaient que la nuit un petit bois, de l'autre côté de la ravine et d'où partaient leurs patrouilles qui venaient tâter, une nuit sur trois, notre petit poste. Dans la journée tout était vide, abandonné.

C'est le *no man's land* par excellence.

De La Croix on pourrait facilement se glisser le long du réseau allemand pour aller s'embusquer à proximité de la route nationale dans l'un des rares trous d'obus qui parsemaient la plaine. C'est ce que j'avais décidé de risquer pour avoir

le tireur inconnu. J'avais demandé à Ségouâna
de m'accompagner. Il était le meilleur fusil de
la compagnie. Ségouâna n'était pas courageux,
mais il était brave. Et c'est ainsi que nous nous
trouvions dans un trou d'obus, ayant tiré notre
gibier à l'aube comme il s'installait dans son
arbre, d'un double coup de fusil, et nous attendions que la nuit vînt pour pouvoir aller le cueillir
et rentrer. Comme nous n'avions prévenu personne, on nous aurait tiré dessus si nous avions
bougé, les nôtres et aussi les sentinelles de l'ennemi qui devaient bien être planquées par là,
à une distance plus ou moins grande, je ne le
savais pas au juste. Et peut-être y avait-il d'autres
tireurs dans les arbres. Les Boches sont toujours
à l'affût. Ils aiment ça et font la guerre en gros et
en détail. J'aimais assez la petite guerre dans la
grande que nous menions dans mon escouade.

La journée était resplendissante. Le soleil
dardait. Nous n'avions rien à boire dans notre
trou. J'aurais donné mon tour de permission
pour un bidon de pinard. J'entretenais Ségouâna
de la sœur de Belessort pour le distraire. Je le
sentais devenir nerveux. Cette trop longue attente et aussi le fait qu'il venait de tirer son
premier homme. De temps en temps je jetais
un coup d'œil sur notre victime, me disant que
ce n'était pas tout que de l'avoir abattue et que
le plus dur restait à faire, aller cueillir l'homme,
ramasser le blessé et puis le ramener. Nous

n'étions pas hors d'affaire. Tout cela pouvait encore mal tourner.

— Tu sais, je crois que tu tiens ta permission. Qu'est-ce que tu préfères, la Croix de guerre ou une perme? demandai-je à Ségouâna.

— Cette question! La perme, pardine, me répondit-il.

— Et qu'est-ce que tu en feras? Tu iras à Paris?

— Non, j'irai à Tours.

— C'est donc sérieux?

— Mais bien sûr.

— Je croyais que tu étais un vieux marcheur?

— Oh, tout cela est bien fini, caporal. Après la guerre, on aura envie de vivre tranquille. Moi, je ne veux plus d'aventures.

— On dit ça.

— Non, caporal. Je t'assure que c'est sérieux.

— Alors, pourquoi est-ce que tu ne vas pas voir le tuteur de la jeune fille à Creil?

— J'aime mieux que tu y ailles toi, caporal. Tu parleras bien mieux. Il faut lui dire qui je suis, que j'ai une belle situation, que mon affaire marche bien, que je fais de gros bénéfices, que j'ai une riche clientèle, mais il faut aussi lui parler de Robert, plaider sa cause.

— Qu'est-ce qu'il y a eu entre Robert et son oncle?

— Je ne sais pas trop. C'est très compliqué. Des histoires de famille. Et puis, Robert aime

un peu trop sa sœur. Ce sont des orphelins. Ils
avaient été élevés ensemble. Le tuteur en a-t-il
pris ombrage ? Robert prétend que son oncle est
jaloux. Enfin tu sais comment il est Robert,
toujours prêt à prendre la mouche. Sa sœur aussi
devait l'exciter à tenir tête. Bref, cela n'allait pas
du tout, chez l'oncle. Il y eut des scènes vio-
lentes. Des menaces. Des voies de fait. Robert
s'est révolté. Le tuteur l'expédia alors au Canada.
Robert avait dix-sept ans. Il a pris le trimard.
Il s'est débrouillé au Canada. Ça n'a pas toujours été facile. Le pauvre type, il en a vu de dures.
A la fin, il est entré chez les pompiers comme
chauffeur. C'est lui qui conduisait la grande
échelle de sauvetage de la ville de Montréal.
Il s'était fait une situation et il était très bien
noté. Il a eu de l'avancement. Son avenir était
assuré, car on touche de beaux appointements
et de nombreuses primes chez les pompiers de
Montréal et ses chefs lui voulaient du bien à la
suite de sa bravoure durant un grand incendie.
Il n'avait pas à s'engager. Comme pompier il
pouvait être mobilisé sur place. Mais Robert
s'est engagé en France et à titre étranger pour
narguer son oncle et se rapprocher ainsi de sa
petite sœur que pendant tout ce temps-là, il
n'avait jamais oubliée. Et voilà que son tuteur le
menace de je ne sais quelle foudre administrative
si Robert va voir sa sœur ! Tu trouves que c'est
juste ça ? Tu devrais aller voir le tuteur et lui

expliquer qu'il n'a pas le droit de traiter ainsi
un soldat et que même si Robert a des peccadilles
de jeunesse à se reprocher et même des torts
graves vis-à-vis de son oncle, son oncle n'a pas
le droit de l'empêcher de venir en permission
dans sa famille. Il y a bien des types chez nous
qui arrivent dare-dare de Biribi pour se réhabiliter au front. Des voleurs, des criminels.
Enfin, Robert n'en est pas. Tu le connais. Dis
à l'oncle que je suis prêt à épouser Claire et que
nous partirons nous établir au Canada. Le
Canada est le pays des fourrures. J'ouvrirai une
belle boutique à Montréal. Je lancerai la mode de
Paris. Claire et moi prendrons Robert avec nous.
Ainsi il retrouvera un foyer. Il sera sauvé et ne
fera plus de bêtises...

Ségouâna était d'origine slave. Je crois qu'il
était Morave. Comme beaucoup de Slaves, il
éprouvait le besoin de compliquer singulièrement
les choses en amour, car dans l'amour d'un Slave
il y a toujours un sentiment de sacrifice, de
rédemption à l'égard de son semblable, voire de
l'humanité. Je regardais mon sauveur du monde
s'exalter et n'écoutais plus ce qu'il disait. Il
s'enivrait de ses propres paroles et avait complètement oublié qu'il venait de tirer un homme. Il
avait vissé son monocle pour mieux pérorer.

— Tu sais, l'interrompis-je, je te ferai tout de
même avoir la Croix de guerre!

— Pourquoi la Croix de guerre?

— Cela ne t'empêchera pas de partir en permission, au contraire, et cela fera bien mieux quand tu iras toi-même plaider ta cause chez l'oncle. Tu parles comme un avocat.

— Mais je ne veux pas y aller !

— Vas-y tout de même. Et si tu n'arrives pas à convaincre le terrible tuteur, il sera toujours temps d'aller à Tours enlever la belle.

— Et Robert ?

— Après, tu t'arrangeras avec lui, mon vieux beau. Non, tu me fais rire.

— Pourquoi ?

— Tu parles, tu parles et tu as complètement oublié où tu es. Et si tu recevais une balle perdue ? Adieu, veau, vache, cochon, couvée... et la sœur de Belessort qui a de si jolis petits nénés ! Mon pauvre vieux, je crois que c'est l'heure. Il faut y aller...

En effet, c'était l'heure. Les ombres s'allongeaient. Les Allemands devaient avoir le soleil dans l'œil. Chez nous, c'était l'heure de la soupe où les sentinelles mêmes sont distraites. On pouvait se risquer jusqu'au pied de l'arbre et aller cueillir le pauvre type qui y gisait. Je m'étais muni de cisailles pour passer à travers les barbelés. Je dis à Ségouâna de rester là, je lui donnai mon fusil et lui recommandai de tirer dans le tas si des Boches se montraient et de ne pas perdre notre oiseau de vue. Il n'avait pas à s'occuper de moi. Il n'avait qu'à m'attendre dans le trou d'obus et à rentrer seul si je n'étais pas de retour à la nuit tombée. Je lui fis encore des recommandations pour s'orienter. Je tirai encore sur ma cigarette et la jetai. Cré nom de nom ce que j'avais soif! Et je sortis en rampant avec mille précautions, une grenade dans chaque main, la cisaille accrochée à mon ceinturon.

Le réseau fut facile à franchir. Il était ténu. Improvisé. Néanmoins je marquai un temps d'arrêt car on ne sait jamais. Un fil de fer peut faire agir une sonnette d'alarme ou faire partir un pétard, une mine. Rien n'arriva. J'avançais sur les genoux, puis debout, courbé en deux. La soirée était douce. Des alouettes tombaient du ciel.

J'interpellai mon Boche à mi-voix :

— Hé, Fritz, ne bouge pas, sinon je t'envoie une grenade! Il était tassé sur lui-même et me regardait venir avec effroi.

— Haut les mains! lui criai-je encore.

Il leva la main gauche en l'air.

— Lève la droite, salaud!

— Je ne peux pas, cria-t-il. Je suis blessé. Mais déjà j'étais sur lui.

C'était un tout jeune homme. Il avait une balle dans le haut du bras droit, au défaut de l'épaule, exactement là où je l'avais visé. Nous avions tiré ensemble. Ségouâna non plus ne l'avait pas raté. Il avait une seconde balle dans le ventre qui avait beaucoup saigné. Son visage était exsangue et barbouillé de sueur et de terre.

— J'ai soif, me dit-il.

— Et moi, donc! lui répondis-je. Tu nous as fait baver, tu sais. Depuis ce matin qu'on est là à la crever...

Je ramassai son arme, un magnifique express de « *Holland* ».

— Salaud, lui dis-je, c'est avec ça que tu nous tires... Tu te crois donc à la chasse aux fauves?...

Je le fouillais.

— Tu n'as pas d'autres armes?...

— Non.. non...

— Pas de rigolo?... pas de grenades?...

— Non... non...

Comme moi, c'était « *ein Gefreiter* », c'est-à-dire un premier canard.

Je lui parlais allemand.

— Debout, lui dis-je, et tâche de marcher droit! On les met.

— Je ne peux pas bouger, me fit-il. Je dois avoir la jambe cassée.

— Cela ne m'étonne pas, lui répondis-je en regardant en l'air pour mesurer la hauteur d'où il était tombé. Tu as fait un beau plané. Il ne fallait pas y aller, mon vieux.

Merde, voilà que je devais maintenant trimbaler monsieur sur mon dos. Je le chargeai tant bien que mal. Et nous voici partis l'un portant l'autre, la monture ployée en deux, le blessé

lourd comme un mort qui se laisse aller, un drôle
d'équipage, ahanant, sacrant, jurant, chutant,
tombant sur les genoux, se prenant les pieds
dans les taupinières, se relevant. Jamais je
n'oublierai cette équipée avec ce Boche qui me
pissait dans le cou un sang chaud, douceâtre,
gluant et écœurant. Cette fois-ci j'eus beaucoup
de mal à traverser les barbelés car je m'y étais
mal engagé. Je dus décharger mon blessé et me
frayer une nouvelle voie à coups de cisaille, puis
revenir sur mes pas, rechercher le pauvre type et
repartir à la sauvette car j'avais fait beaucoup de
bruit et je n'en revenais pas qu'avec toutes ces
allées et venues, personne dans aucun camp ne
nous eût encore remarqués. Enfin, je le balançai
dans notre trou d'obus. J'avais eu chaud. C'était
un dur. Durant tout le trajet, il n'avait pas poussé
un gémissement.

— Qui est-ce? me demanda Ségouâna en se
penchant sur le blessé allongé au fond du trou
et qui serrait les dents.

— Tu pourras le lui demander toi-même. En
tout cas, c'est ton homme. Il a ta balle dans le
ventre. D'abord on va le panser et puis on l'em-
portera dès qu'il fera nuit. Arrange un brancard
avec nos fusils, moi je vais voir ce qu'il a.

La blessure du ventre n'était pas belle, j'y mis
un tampon. Puis je lui pansai l'épaule.

— Ne t'en fais pas, pauvre vieux, ça n'est
rien. On sera bientôt rendus et tu fileras à l'hôpital,

veinard. Je ne te fais pas mal, non ? Comment
t'appelles-tu ?

Il s'appelait Schwanenlaut. J'ai oublié son
prénom. Il était de Hambourg. Il travaillait
dans une banque. Il avait fait un stage en Angleterre pour apprendre l'anglais. La suite de notre
conversation eut lieu en anglais.

— Et vous, qu'est-ce que vous faites dans le
civil ? me demanda-t-il.

— Je suis écrivain.

— Et votre camarade ?

— Lui ? Il est tailleur pour dames. C'est lui
qui vous a décousu le ventre.

— Vous êtes de Paris ? Je connais Paris.

— Sans blague.

— Oui, j'y suis venu en vacances, à Pâques.

— Naturellement, en mission spéciale, de
l'espionnage, hein ?

— Je ne suis pas un espion. Je suis engagé
volontaire.

— Nous aussi nous sommes des engagés
volontaires, mais nous ne sommes pas armés
comme vous. Dis-donc, Ségouâna, toi qui t'y
connais, est-ce que tu as vu avec quoi ce gaillard
nous tirait dessus ? Un fusil à lunette. Ce n'est
pas une arme de guerre. Je crois que son compte
est bon.

— Laisse-le tranquille, me répondit Ségouâna.
Mon brancard est prêt. On y va ?...

Le pansement était terminé. Nous installâmes

notre homme sur la civière improvisée, prenant
grand soin de soutenir sa patte cassée, une
fracture de la cuisse gauche, pour ne pas le faire
souffrir inutilement.

— Doucement, vieux, doucement...

Et nous nous mîmes doucement en marche
en direction de La Croix et comme la nuit
tombait.

Alors, le Boche se mit à gueuler.

— *Halt Schnurre!* lui dis-je en allemand. Tu
entends cette vache, Ségouâna? Il gueule pour
ameuter les siens. Démarrons!

— Tu as le mot de passe? me demanda Ségouâna.

— Ne t'occupe pas du mot de passe. Je connais
le secteur. Trottons-nous. On fait un 300 mètres
haies?...

Et nous nous mîmes à courir sans plus nous
occuper des cris de notre blessé qui se tut, d'ailleurs, au bout de vingt-cinq pas.

— A boire! criai-je en sautant le premier dans
notre petit poste, notre cave. Attention, les copains, il y a un prisonnier, il est blessé. Versez-lui
à boire...

Et je confiai l'Allemand à David, notre infirmier,
qui était Juif.

— Descends-le à l'infirmerie, lui dis-je. J'irai
prévenir le commandant.

Puis je me tournai vers Ségouâna, mon quart
débordant de vin :

— A la tienne, vieux, à tes amours et à ta perme!

Mais Ségouâna n'avait pas soif.

Il n'en pouvait plus.

Sans un mot, il descendit dans son abri retrouver Robert.

Il avait beaucoup de choses à lui raconter, et, *primo*, comment arrivés à 50 mètres de nos tranchées je l'avais planté là, le laissant se débrouiller tout seul pour ramener le Boche.

Cela, en vue de sa Croix de guerre.

Je ne pouvais pas le dire aux copains.

A lui l'honneur.

Mais Ségouâna m'avait deviné.

Je bus un deuxième quart débordant.

Le vin était bon et j'avais soif, Dieu ce que j'avais soif!

— A la tienne!... A la vôtre!...

Il y avait du nouveau. Quelque chose était changé dans la conduite de la guerre. Il y avait d'immenses mouvements de troupes. Nous-mêmes, nous avions déménagé plusieurs fois de secteur avant de venir à Tilloloy et, maintenant, chaque fois que nous descendions au cantonnement, on nous lisait au rapport des communiqués autorisant certaines catégories d'engagés volontaires à faire valoir leur droit de mutabilité pour être versés dans les régiments réguliers ou dans les unités de leur armée nationale pour ceux originaires d'une nation alliée. Or, les soldats au front sont comme les malades à l'hôpital. Ils sont en proie à une idée fixe. S'en aller. Changer de place et de situation. A défaut de pouvoir rentrer chez soi, chacun s'imagine qu'il sera mieux ailleurs. On devine l'état d'effervescence dans lequel l'audition de la lecture de ces communiqués mettait les hommes. A cela s'ajoutait l'irritante question des permissions dont l'espoir se faisait de plus en plus consistant et dont l'attente était douloureuse.

Les premiers à nous quitter furent les Alsaciens-Lorrains qui demandèrent tous à être versés dans des régiments français. Ils avaient le droit de choisir leur unité. La plupart optèrent pour des régiments d'artillerie lourde, ce qui les envoyait pour quelques mois loin en arrière faire leurs classes dans des camps d'entraînement et leur évitait pour toujours de revenir en première ligne. Puis, ce fut le tour des Italiens de partir *in corpore*. Comme l'Italie venait de déclarer la guerre à l'Allemagne, les trois quarts demandèrent à être versés dans la légion Garibaldienne. Puis, ce furent les Russes, très nombreux chez nous, qui demandèrent à constituer une légion autonome. L'attaché militaire tsariste à Paris, le général comte Ignatieff, le fêtard, l'amant de la Napierkowska (qui, plus tard, en 1933, je crois, se mit à la disposition des Soviets) se méfiait, la plupart des Russes engagés chez nous était socialistes-révolutionnaires. Ils n'obtinrent donc pas gain de cause, ce

qui eut le don de démoraliser les Russes. Quelques
rares Anglais nous quittèrent pour rejoindre les
rangs de l'armée britannique ; ceux qui restaient
avaient eu maille à partir avec la justice de leur
pays ou étaient des phénomènes dans le genre de
Griffith, l'égoutier. Des Américains rejoignirent
l'escadrille La Fayette, où ils se distinguèrent par
la suite, tels que Chapman (tué à Verdun) et
J.-W. Stillwell (actuellement, 1944, général d'aviation en Chine). Les Japonais partirent pour le
Japon. Les Juifs se disaient Polonais mais les
Polonais n'en voulaient pas. Alors ils se mirent à
intriguer pour être versés dans les services de
l'arrière et ceux qui n'avaient pas de relations se
livrèrent à tout un micmac pour arriver à se faire
réformer, tel que l'anyctalope dont j'ai déjà parlé.
Les effectifs fondaient à vue d'œil. Le bruit courait qu'on allait dissoudre notre régiment. Le
dépôt de Lyon nous envoyait du renfort, beaucoup d'Espagnols, des Tchèques, des Suisses
allemands de plus en plus nombreux, de la main-
d'œuvre polonaise qui nous arrivait des mines de
Pennsylvanie ou des usines de Pittsburgh, où des
recruteurs faisaient de la propagande dans les
masses des U.S.A. Et puis ce fut l'invasion, la
ruée des vieux légionnaires d'Afrique. On ne s'y
reconnaissait plus. L'esprit n'était plus le même.
Les quelques copains du début qui faisaient encore
partie de l'escouade se serraient les coudes, mais
avaient le cafard, et Belessort enrageait de voir

qu'il ne recevait toujours pas de réponse officielle
à sa demande de muter dans l'armée canadienne,
ce qui était son droit le plus absolu. Il adressait
des lettres vengeresses à son oncle qu'il soupçonnait
d'intriguer dans les coulisses et d'être à l'origine
du déni de justice dont il se croyait victime de la
part des autorités militaires françaises et canadiennes. Ségouâna me disait que Robert envoyait
des lettres désespérées à sa petite sœur.

Dans le courant du mois de juillet je partis
enfin en permission. J'étais de la première four-
née. On lira dans un prochain volume cette folle
équipée. Ribote et saoulographie. Et un 14 juillet
au Chabanais ! Ces quatre jours de perme (voyage
aller et retour compris) durèrent près d'un mois.
Je n'eus donc pas le temps d'aller voir le tuteur
de Robert comme j'en avais eu l'intention. Mais
en traversant la gare de Creil je vis, du train, la
grande tréfilerie dont l'oncle de Belessort (un
ancien ingénieur de la marine) était le directeur
et je crachai par la portière en le maudissant.

A mon retour au régiment (je rejoignis à Sainte-
Marie-les-Mines, Haute-Saône), Robert n'était
plus là. Il avait permuté. Durant mon absence le
fameux ordre de transfert dans l'armée canadienne
était enfin arrivé et Robert se trouvait pour le
moment dans un camp d'entraînement en Angleterre. Comme sergent pompier de la ville de
Montréal, il avait été réintégré dans son grade et
comme engagé volontaire venant de l'armée fran-

çaise, on l'avait nommé chef de bord. Belessort avait été versé dans les tanks. Ségouâna me montra une lettre de Robert. Le garçon paraissait très fier de lui. Il était content. Il ne parlait pas de sa sœur.

— Et la petite, tu l'as vue ? demandai-je à Ségouâna qui, lui aussi, avait été entre-temps en permission.

— Nous nous sommes fiancés, me confia Ségouâna gêné.

— Mes félicitations, mon vieux. C'est ta croix de guerre qui t'a valu ça ?

— Non, c'est un baiser.

— Bravo ! cela s'arrose...

Nous filâmes chez la mère Siegrist qui débitait le meilleur kirsch de Sainte-Marie-les-Mines.

— Et Robert, il le sait ?

— Non, me répondit Ségouâna. Claire m'a fait jurer de ne rien dire. Elle lui écrira plus tard.

Un mois plus tard, fin septembre, Ségouâna était tué lors de l'attaque de la ferme de Navarin où, moi-même, je perdis mon bras.

Dès que je le pus, j'écrivis à mademoiselle Claire Belessort, confiseuse à Tours. Ce fut même une des premières lettres que j'écrivis de la main gauche.

Je ne reçus pas de réponse.

J'étais encore en traitement à l'hôpital quand j'appris par une lettre du front que Robert était

tombé sous son char et avait été écrasé par son
tank, lors de manœuvres de nuit, quelque part
en Angleterre.

J'écrivis à mademoiselle Claire Belessort, confiseuse à Tours. Je ne reçus pas de réponse.

Après ma réforme, j'allai un jour à Tours pour
rendre visite à la sœur, à la fiancée de mes camarades. Je n'eus aucune peine à trouver la confiserie que je savais être sur la place de la Cathé-
drale. J'entrai dans la boutique, ma foi, fort bien
achalandée. Une grande femme en deuil, ayant
en broche sur une poitrine proéminente la photo
d'un poilu inconnu, se porta à ma rencontre.

— Mademoiselle Belessort ?

— Mademoiselle Belessort n'est plus là. J'ai
pris sa succession.

— Oh, comme c'est ennuyeux ! J'arrive exprès
de Paris. Je suis le caporal de son frère. Vous ne
pouvez pas me donner son adresse ? Elle a quitté
Tours ? Je voudrais beaucoup la voir.

— Comment, vous ne savez pas ? Asseyez-
vous...

Ce n'était pas encore l'heure du thé. Nous
étions seuls dans la boutique. Et tout en me faisant goûter des bouchées au chocolat, grignoter
des petits fours et déguster un verre de xérès, la
nouvelle confiseuse, qui était veuve de guerre, me
raconta avec beaucoup, beaucoup de détails qui
avaient tous trait à sa propre situation, comment
Claire s'était pendue dans son fournil le jour où

un message officiel d'Angleterre lui avait appris la mort atroce de son frère...

Rentré à Paris, j'adressai au tuteur, cet affreux bourgeois décoré, dont l'usine travaillait jour et nuit pour la guerre, une longue lettre d'engueulade.

Lui, non plus, ne m'a jamais répondu.

GOY
(fait prisonnier à La Croix — porté disparu).

La même nuit où Rossi reçut une grenade dans le ventre, environ une heure plus tard, alors que nous étions encore affairés autour du pauvre bougre, la même patrouille allemande, qui avait dû se planquer quelque part derrière nous, le long du boyau des Zigzags, et attendre le moment propice, s'empara de Goy qui s'était rendu aux feuillées mettre culotte bas. Cela s'était fait en douce, sans lutte, sans cris, un modèle du genre, et, sur le moment, l'enlèvement passa inaperçu, et ce n'est qu'à l'heure où régulièrement Goy aurait dû prendre son tour de garde que nous nous rendîmes compte de l'absence de notre camarade. A force de le chercher partout, quelqu'un trouva au petit jour le portefeuille de Goy ramassé dans les feuillées et que celui-ci avait dû perdre en se débattant. Inutile donc de continuer à battre l'estrade. Contrairement à ce que je pensais, cette patrouille allemande, qui avait réussi de si mauvais coups cette nuit-là, ne s'était pas rabattue sur le petit bois d'où elle était sortie, et où je lui avais tendu un piège, mais sa piste s'éloignait rapidement de notre petit poste de La Croix pour se perdre dans la plaine plantée en betteraves. Les mecs ne manquaient pas d'astuce ni de culot. Je donnai à mes hommes l'ordre de rentrer et quand nous eûmes bu le café chaud arrosé de gniole (c'était un de nos privilèges, à La Croix, que de boire la goutte tous les matins) nous partîmes vers l'arrière, les gars se relayant pour porter le corps énorme de Rossi de plus en plus lourd et encombrant dans le long boyau des Zigzags qui reliait notre petit poste à Tilloloy et qui traversait le potager du château, où nous avions notre carré, le cimetière de la Légion. C'est là que nous enterrâmes Rossi, contre le mur du fond, au pied d'un poirier en espalier qui lui tendait les bras.

(J'ai revu ce coin en décembre 1939, ayant déjeuné au château avec le capitaine Hartman, du G.H.Q. britannique, cousin de la comtesse Thérèse d'Hinnisdal. La comtesse avait fait relever le château incendié, restaurer la chapelle en ruine où nous avions un poste de mitrailleuses, recons-

truire les communs et les écuries sur le modèle
ancien, réaménager le parc bouleversé par les
tranchées que nous avions tenues, planter des
arbres. Après le café, les liqueurs et les cigares,
j'emmenai toute la compagnie visiter le cimetière
de la Légion. Il y avait 25 ans que je n'étais pas
revenu dans ces parages, mais je m'orientai facilement car « mon » hêtre rouge, où je m'étais
établi et où l'égoutier de Londres était mort en
me révélant une partie de son étrange secret, était
toujours là, plus rougeoyant que jamais par cette
belle journée d'hiver. Le potager, par contre, était
vide et saccagé par le frimas. Les tumulus étaient
nivelés, mais les croix des Légionnaires étaient
rangées le long des murs et si les inscriptions
étaient pour la plupart effacées, je retrouvai celle
de Rossi dans les bras de son poirier, au mitan,
et j'étais aussi fier de la croix de bois de Rossi
que, tout à l'heure, la comtesse en nous montrant
la chambre où Louis XIV avait couché et qu'elle
avait réussi à restaurer dans son ancienne splen-
deur avec les mêmes meubles et les tapisseries
échappés en août 1914 à la rapacité et en septembre 1914 à la rage dévastatrice des Allemands.
Qu'est-ce que cette humble croix et cette royale
chambre à coucher sont-elles devenues en juin
1940 ? Je l'ignore... mais suis plein d'angoisse, et
aussi au sujet du sort de cette chère Thérèse,
l'héritière de Tilloloy, que, avant de me faire
inviter chez elle par un Anglais, j'avais déjà eu

l'occasion de rencontrer chez Guillaume Apollinaire... La mémoire, quel cimetière! Proches ou
lointaines les tombes se multiplient et dans une
époque comme la nôtre, les morts jouent à saute-
mouton et reviennent, fonçant des cieux! Le
Pilote de la Mort. Ce n'est pas un film, mais le
prototype d'un nouveau moyen âge. Quelle fres-
que!...)

Le portefeuille de Goy contenait dans une
enveloppe deux mèches de cheveux, des boucles
brunes et des boucles blondes et la photographie
d'une très belle femme tenant un bébé sur les
genoux. La femme et la fille de Goy! N'eût été
l'amour que ce garçon portait à sa femme et à
sa fille, je ne parlerais pas de lui aujourd'hui, car
je n'ai pas grand'chose à dire de lui, si ce n'est
que de recopier ce que j'ai déjà écrit sur lui dans
les « *Histoires vraies* » : « ... *Goy, un contremaître
de chez Gaveau, le plus bel homme de la compagnie,
gai, alerte, entreprenant, toujours chantonnant, toujours sifflotant dans la journée et qui ne paraissait
pas s'en faire mais qui était somnambule, ce qui
faisait que les nuits de pleine lune il se mettait à
courir dans le* no man's land, *à danser devant les
barbelés, lançant des grenades à main dans toutes
les mares où l'astre nocturne se mirait et criblant
les étoiles de coups de fusil...* »

Goy, un tendre. S'il était beau, ce n'était pas
de la beauté virile d'un Lang, mais d'une beauté
décadente, morbide, byzantine et raffinée et s'il

chantonnait et sifflotait toute la journée, ce n'était pas pour la galerie comme Lang, ni des romances à la mode ou plus ou moins oubliées, mais, pour soi, des réminiscences des œuvres des grands maîtres classiques qu'il avait eu l'occasion d'entendre chez Gaveau, des passages de Mozart, les thèmes des symphonies de Beethoven, ou les gammes de Scarlatti, ou telle ou telle petite fugue de Bach. Je ne sais plus exactement de quelle nationalité dissidente il était. Il était sujet autrichien, originaire de Dalmatie, citoyen de Zara, de Raguse ou Split. Mais il avait épousé une Parisienne des Batignolles et il était si fier d'être papa ! Il avait la photo de sa femme et de sa fille non seulement dans l'une des poches de son portefeuille, mais clouée à la paroi de sa cagna, dans un médaillon qu'il portait au cou, dans la cuvette de sa montre et même incrustée dans la crosse de son fusil pour les avoir toujours en main à l'heure du danger, ces chers visages adorés, sa femme, sa fille. Plus d'un sergent se rendit pour toujours antipathique à l'escouade pour avoir foutu Goy dedans, avec le motif : « ...*détérioration de matériel militaire appartenant à l'État...* ». Une crosse de fusil, cela porte un matricule et cela ne se transforme pas en reliquaire. C'est sacro-saint. On n'a jamais vu ça dans l'armée.

— Et le règlement, fils de pouilleux, qu'en fais-tu ? Si tout le monde se mettait à en faire autant dans l'armée française, ça serait du joli !

Mais, justement, tout le monde n'en faisait pas autant. Le cas était beau parce qu'il était unique.

— Ne t'en fais pas, disais-je à Goy. Tu n'as qu'à avoir deux fusils, un pour les tiens, l'autre pour le sergent. Ce ne sont pas les fusils qui manquent dans cette pute de guerre. Et tout le monde ne peut pas disposer d'un 420.

COQUOZ

Même un Coquoz, que je réussis à faire rendre à ses parents vu qu'il n'avait pas encore l'âge d'être soldat, n'échappait pas à la hantise de la femme. On lui avait fait raconter des énormités, comment les petits chasseurs des grands hôtels parisiens se livraient certaines nuits à des courses à quatre pattes dans les corridors déserts une bougie allumée plantée dans le derrière et sous l'œil impavide des maîtres d'hôtel et des garçons d'étage; mais le pauvre gosse venait me trouver à l'insu de tous pour que je lui arrangeasse les lettres qu'il adressait à une porteuse de pain auprès de qui je pourrais, me disait-il, aller manger des croissants chauds quand j'irais en permission. La boulangerie où cette commise se trouvait être employée,

était la boulangerie de la *Samaritaine*, une des
mieux achalandées de Paris, et non seulement en
croissants chauds, mais en madeleines, brioches,
chaussons aux pommes, petits pâtés et gâteaux
fourrés, et quand l'hôpital m'eut vidé et que je
me trouvai sur le pavé de Paris, sans un sou,
ayant fait la guerre à un sou par jour, et me trouvant du jour au lendemain sans moyens d'existence, dans une misère noire, et pour la première
fois de ma vie avec une seule main, la main gauche,
dont je ne savais pas encore me servir, cette fille,
alors que je rencontrais à chaque pas des types
qui me payaient à boire mais jamais à boulotter,
cette fille m'a ravitaillé. Elle s'appelait Sophie.
C'était une forte rouquine, très ardente au déduit.
Elle n'avait plus de nouvelles de son petit Coquoz.
Le roi des cocotiers, comme nous l'avions surnommé, le gosse-soldat, avait dû regagner sa
vallée natale du Châtellard, en Suisse.

MADAME KUPKA

N'eût été sa femme, de Kupka non plus je
n'aurais pas grand'chose à dire. Il était Tchèque
et notre aîné d'un bon quart de siècle. Il était

artiste peintre de son métier. Je me souviens
avoir vu de lui des toiles cubistes, chez Bernheim
et en reproduction dans des revues d'avant-garde
étrangères. C'était un fier soldat, calme et placide.
Un taciturne. Il avait dans un visage légèrement
tavelé de petite vérole, des yeux extraordinairement lumineux et amusés. Son front était ridé.
Les cheveux poivre et sel. La barbe blanche. Il était
grand et fort. Mais, que voulez-vous, il n'avait plus
l'âge d'être soldat et malgré son haut moral, sa constance, son courage, son endurance, il était souvent
malade, crises de foie, coliques hépatiques, qui
l'obligeaient à rester couché, mais qui n'eurent
jamais raison de lui. Jamais Kupka ne se fit porter
malade et jamais il ne voulut aller à la visite. Il
fut évacué et réformé pour pieds gelés. Je me
souviens qu'il a été le premier de chez nous à
avoir les pieds gelés, dans les tranchées de Frise
où l'on passait la nuit dans l'eau jusqu'au ventre
et par des températures de 0, de — 2°. D'autres,
beaucoup d'autres devaient suivre. Je regrette
d'avoir perdu de vue un homme aussi bon et
simple. Je ne sais pas pourquoi cet homme s'était
engagé, mais je suppose à l'instigation de sa
femme, qui était une vaillante, une ardente patriote, une femme d'attaque, ce qu'en russe on
appelle une *boïe-baba*, capable à elle seule de faire
marcher droit tout le régiment.

Je me souviens que le jour où nous quittâmes
Paris pour monter au front et que nous contour-

nions la ville par les boulevards extérieurs pour ne pas avoir à défiler dans les rues sous les acclamations (c'était une phobie du colonel), arrivés au rond-point de la Défense, madame Kupka, qui habitait impasse de la Révolte dans les environs, était là, attendant son homme, mue par je ne sais quel pressentiment. Elle s'empara du sac et du fusil de son mari, flanqua la colonne et fit l'étape jusqu'à Écouen. Le lendemain, elle voulait continuer mais le colonel la fit appréhender par les gendarmes, et embarquer d'autorité dans le premier train de Paris.

Ce colonel! C'était un vieux décrépit qui nous venait du service géographique de l'armée, un homme de cabinet, avec un lorgnon et des idées d'un autre âge. Ainsi, pour nous entraîner (comme si nous n'allions pas avoir toutes les misères de la guerre pour nous entraîner!), il eut la malencontreuse idée de nous faire faire la route à pied, de Paris à Rosières (Somme), où nous occupâmes les tranchées, cependant que les trains qui nous étaient destinés nous escortaient à vide, étape par étape, encombrant la voie ferrée, embouteillant les gares, et cela en pleine « course vers la mer du Nord » comme les journaux ont appelé cette manœuvre géniale, attribuée à Foch, et qui devait déborder l'aile droite, l'aile marchante des armées allemandes. Quand on a vécu ça, on ne croit plus aux slogans des stratèges. On est initié. L'art militaire est affaire des culottes de peau. Une sale routine. *Marche ou crève.*

Et nous marchions. Et nous crevions.

Le ruban de route se déroulait. On n'en voyait pas le bout. Écouen. Luzarches. Chantilly (où de la paille jonchait les rues pour amortir le bruit de ces milliers et milliers de godillots qui montaient au front et ne pas déranger Joffre dans ses cogitations). Creil (où Belessort me montra en passant la tréfilerie de son oncle). Clermont. Saint-Just-en-Chaussée. Maignelay. Montdidier. Hangest-en-Santerre. Les hommes se traînaient, des ampoules aux pieds, écrasés par le sac, finissaient par tomber sur les bas-côtés de la route, refusaient de continuer cependant que les mécaniciens des trains vides qui nous rattrapaient d'une gare à l'autre, faisaient aller ironiquement le sifflet de leur locomotive en nous dépassant. Alors le colon eut une autre idée, celle de faire inspecter les sacs et de faire jeter tous les effets non réglementaires. Or, on était à l'entrée de l'hiver. Des ligues patriotiques avaient fait appel au cœur des Françaises. Les mères, les sœurs, les fiancées, les épouses, les maîtresses des soldats, les vieilles filles, toutes les femmes avaient tricoté. Les sacs des hommes étaient bourrés d'effets chauds, chaussettes de laine, gants, mitaines, moufles, tour-de-cou, cache-nez, passe-montagnes, ceintures de flanelle, chandails, tricots, plastrons en poils de chameau. Tout cela étant non réglementaire fut saisi, jeté, mis en tas au bord de la route, arrosé d'essence et brûlé. Cela nous sembla stupéfiant, à nous civils engoncés dans des uniformes, mais parut naturel aux militaires de métier, et les beaux sergents qui accomplissaient cette absurde besogne, se marraient. Cet incident est typique de l'esprit des militaires et de leur sens réaliste et prévoyant. A les entendre tout est fin prêt. Il ne manque pas un bouton de guêtre. (On l'a bien vu en mai 1940!)

Au bout de quatre, cinq jours, nous arrivâmes épuisés à Rosières où nous fîmes surtout de la station debout, de même qu'à Frise, à Dompierre, au bois de la Vache et dans les tranchées de maints autres secteurs durant les mois et les mois qui allaient suivre. Drôle d'entraînement que cette longue marche préliminaire! Probablement, et de même que nous, le colonel ignorait tout de la guerre en général et de la guerre des tranchées en particulier, ainsi que le prouva, le soir même, notre ahurissante montée en ligne.

On était arrivé à la nuit tombante à Rosières. Il pleuvait. On avait formé les faisceaux dans un clos, allumé les feux sous les pommiers, distribué les vivres, chaque escouade faisant sa cuisine, les roulantes n'étant pas encore arrivées (Pourquoi?) Le colon avait rassemblé ses officiers devant le perron de la mairie et tirait dans un chapeau le numéro des compagnies qui

devaient occuper tel ou tel secteur. Les hommes
de liaison du régiment que nous devions aller
relever s'impatientaient. « — Il est fou, le vieux »,
nous disaient-ils. « Il n'y entend rien. C'est l'heure.
Et d'abord, éteignez vos feux, les Boches vont
vous sonner, vous allez voir... » Et cela ne rata pas.
La nuit était tombée. Une rafale d'obus et nous
eûmes nos premiers morts. Comme c'est intelligent! Nouvelle rafale de quatre et nouveaux
morts. C'est ce qu'on appelle le baptême du
feu? Non, pas encore. Patientez. Mais cela continua. Quatre obus à la fois et de temps à autre.
Un persillage. En attendant les blessés gueulaient.
Les hommes se dispersaient. D'autres piétinaient
les feux pour les éteindre. Et nous fûmes bien
couillonnés avec notre bidoche crue. Pas de
soupe. Pas d'ordres. Au premier coup de canon
les sergents s'étaient carapatés. Et entouré de
ses officiers, le vieux maniaque continuait à
tirer ses numéros, éclairé par une lampe-tempête
que tenait son cycliste à bras tendu. « — Il est
cinglé, le mec », faisaient les hommes de liaison de
l'autre régiment. « Qui est-ce? », interrogeaient-
ils. Mais personne ne savait le nom de notre
colonel qui était venu tout juste pour nous
mener au front. « — C'est un géographe, répondit
quelqu'un...

— Ah, merde alors, dit un des hommes de
liaison qui fumait une cibiche avec moi. Il
connaît la carte de France? Eh bien, il va en

faire une, cette nuit, quand il verra le secteur.
C'est à se décharger dans la culotte tellement
c'est un sale coin. Nous y avons laissé du monde.
Il n'y a pas de quoi se poêler... »

Un coup de sifflet retentit. Le régiment s'ali-
gna en bordure des maisons. On distribua les
cartouches, 250 par homme, et « *En avant*...,
marche!... », l'on partit, deux par deux, par un
maudit chemin de traverse en amorce derrière
la mare du village, la 6e Cie, la nôtre, passant en
tête de colonne. Nous avions tiré le mauvais
numéro.

Il pleuvait.

— C'est au Four-à-Chaux que je vous mène,
me dit l'homme de liaison qui marchait à côté
de moi. Vous arrivez d'Afrique?

— Non, de Paname.

— C'est vrai que vous êtes venus à pinces?

— Ben, naturellement.

— On aura tout vu, dit l'homme. C'est tout
de même moche de faire radiner des types à
pied de Paris pour les foutre en ligne le soir
même. Vous avez beau être de la Légion, je vous
plains...

Et l'homme s'éloigna : « — Je vais montrer au
lieutenant l'entrée des boyaux... »

Et il disparut dans la nuit et nul ne le revit.

A 500 mètres du village une butte barrait le
chemin détrempé dans lequel nous étions engagés.
Les ornières menaient à une ébauche de car-

rière ou entrée de four à chaux. Le lieutenant
était en panne. Il se sentait perdu. Il frottait des
allumettes et essayait de s'orienter en consultant
un mauvais croquis qu'il tenait à la main. Derrière nous, la longue colonne piétinait dans la
boue. On entendait des chocs et du brouhaha.
Cela s'ébranlait par à-coups. Les dernières files
n'avaient pas encore dû quitter le village sur
lequel les obus venaient toujours par quatre et
après des temps plus ou moins longs. On devinait
la pagaïe. « — Avancez! » criaient des voix. « Nom
de Dieu, avancez! Mais qu'est-ce que vous foutez?... » Mais nous, nous avions atteint le fond de
l'impasse. Il n'y avait pas moyen de faire un pas
de plus.

— La liaison! la liaison! criait-on de partout.

Mais comme le premier, tous les agents de
liaison de l'autre régiment avaient disparu. Ils
avaient dû se donner le mot pour nous plaquer là
et ne pas avoir à remonter dans les tranchées.

— C'est pourtant bien par ici, disait le lieutenant qui n'avait plus d'allumettes. Personne n'a
un briquet? Sergent, trouvez-moi l'entrée des
boyaux...

— La première escouade, à mon commande-
ment! s'écria le sergent Guidicelli comme s'il
avait été dans la cour de la caserne.

Mais arrivé au fin fond de la carrière, il mit
une sourdine à sa superbe : « — Dis donc,

caporal, toi qui sais tout, comment est-ce l'entrée des boyaux?

— Vous devez être devant, sergent », lui répondis-je en lui désignant sur la droite un trou noir dans le talus.

— Ça?... Ça, ça serait l'entrée des tranchées? s'exclama le sergent stupéfait mais en roulant les « r » car Guidicelli était Corse.

— On peut toujours y aller voir, sergent. Vous ne vous attendiez pas à trouver l'Arc de Triomphe, non? C'est peut-être l'entrée des chiottes, on verra bien...

Et nous nous engageâmes dans un étroit boyau qui montait roide, était très glissant, mais qui au bout d'une cinquantaine de mètres se trouva aller à plat, s'élargissant pour se bifurquer. A la bifurcation était planté un poteau avec deux flèches portant l'une « A », « C », « D », « E », « F », « G », l'autre « B ».

— Je crois que nous sommes arrivés, dit Guidicelli. Allez prévenir le lieutenant.

— Allez-y vous-même, lui répondis-je. Nous, nous restons là puisque aussi bien nous sommes arrivés.

Le sergent repartit pour revenir bientôt avec le lieutenant.

— C'est bien ça, dit le lieutenant. Nous, nous occupons le secteur « A ». Suivez-moi.

Et nous repartîmes.

Pauvres de nous! Nous pensions être arrivés

et le cauchemar ne faisait que commencer. On pataugeait dans la boue jusqu'aux chevilles et jusqu'aux genoux et des mottes gluantes, qui se détachaient des lèvres du boyau quand on s'y frottait, nous glissaient désagréablement dans le cou. Et comme dans un cauchemar nous étions entravés. Le Lebel de l'un se mettait en travers du passage, les musettes de l'autre ne passaient pas autour d'un pare-éclats. Ces pare-éclats faisaient obstacle tous les dix mètres. On ne les distinguait pas dans la nuit noire. On venait buter contre. Il y avait des chutes, des rebondissements, des glissades, des jurons retentissants, un grand bruit de ferblanterie et de gamelles effondrées. On n'avançait que par saccades. Les types râlaient. « — Silence! », faisait le lieutenant qui marchait en tête. « Nous approchons des Allemands. Défense de fumer! Éteignez! Silence!... » Et l'on se transmettait la consigne de bouche à bouche : « — Silence! On est chez les Boches! Ne fumez pas! Silence, nom de Dieu! Vous entendez cette grande gueule? Il n'y en a que pour lui. C'est encore Rossi!... » Et l'on repartait en arrachant ses pieds endoloris par la longue marche sur le dur macadam de la grand'route et que l'on sentait fondre, s'enfoncer avec délices dans la boue molle et glacée, mais qui faisait ventouse, ce qui vous mettait la peur au ventre. Des types s'arrêtaient tous les dix mètres pour pisser. La colonne se

disloquait, s'amenuisait. A chaque nouvelle bifurcation, marquée d'une lettre et d'une flèche,
une compagnie, une section se détachait sur la
gauche pour emprunter le nouvel embranche-
ment. On ne savait plus où l'on était. Le lieutenant fonçait comme un sourd dans la nuit noire,
appuyant toujours à droite. Il avait hâte d'arriver. « — Serrez! serrez! » criait-il. Il perdait
son sang-froid, comme les traînards, d'ailleurs,
qui faisaient un trot d'essai pour rejoindre le
groupe de tête, que l'on entendait s'étaler derrière nous, jurer, sacrer, appeler au secours,
brailler comme des dégueulasses. Mais le pis,
c'est qu'on n'arrivait pas. La pluie tombait
toujours. Cela faisait deux grandes heures déjà
que nous étions engagés dans cette fosse de
malheur qui n'aboutissait pas et ne menait nulle
part. Plus d'un avait pris un bain dans les mauvais pas et quand nous franchissions un passage
où ce satané boyau était comblé par les éboulis,
la tête, le buste émergeant du trou, on percevait
un grand bruit de marée venant du Nord, et
c'était la canonnade lointaine, et une odeur indé-
finissable dans le vent, de chimie et de charogne.
La nuit était impénétrable. « — La pause! la
pause! » criaient les hommes à bout de souffle.
« La pause! » Le lieutenant stoppa derrière un
énorme pare-éclats surmonté d'un cheval-de-
frise.

— Je n'y comprends rien, déclara-t-il. Il y

a longtemps que nous aurions dû être arrivés.
Je crois que nous nous sommes perdus...

— Sac à terre! dis-je à mes hommes. Reposez-
vous...

Et j'allumai une cigarette.

Alors, j'eus une discussion homérique avec le
sergent qui voulait me faire jeter ma cigarette.
Guidicelli ne se possédait plus. Cette course,
cette nuit noire, ce boyau tortueux et plein d'embûches, l'eau, la pluie, la boue, les fondrières, la
compagnie disloquée, le régiment évanoui dans
les ténèbres et, depuis que nous étions arrêtés
là derrière ce gros pare-éclats, *les balles perdues
qui sifflaient au-dessus de nos têtes,* tout cela était
tellement à rebours de ce qu'il avait pu imaginer
de glorieux dans son exaltation de Corse et
contraire à ce qu'on avait pu lui seringuer à
l'instruction pour le faire entrer dans sa caboche
de sous-off que, manifestement, il était à bout de
nerfs et qu'il lui fallait absolument un responsable
de tout ce désordre pour le foutre immédiatement dedans, avec le motif, sinon il ne retrou-
verait jamais son équilibre ni la conscience de
son autorité. Il était prêt à me faire passer en
conseil de guerre et envoyer aux Bat' d'Af'
parce que je ne voulais pas jeter cette cigarette
qui l'épouvantait et qu'il me sommait pour la
troisième fois d'éteindre. Ajoutons, pour être
juste, qu'il y avait beaucoup de fatigue dans
son cas car Guidicelli n'était pas dispensé du sac

et que lui aussi était venu de Paris à pied. Mais mon attitude et mon ironie avaient le don de l'exaspérer et il ne me pardonnait pas l'initiative que j'avais prise d'ordonner aux hommes de mettre sac à terre et de se reposer. Je ne sais comment cette affaire se serait terminée si, au plus fort de notre prise de bec, n'avait retenti une galopade qui nous fit taire, tous deux, et mit tout le monde debout.

Cela venait de l'autre côté du pare-éclats.

Une galopade, un grand bruit de bottes qui nous arrivait droit dessus. Des voix. Une presse. Et bientôt débouchèrent des hommes qui nous bousculèrent. Non, ce n'était pas les Boches! « — Laissez passer, bande de cons », faisaient-ils en nous écrasant dans le boyau, nous flanquant leur flingue, leurs piquets de tente, le manche de leurs outils portatifs dans l'œil. « — C'est vous la relève, salauds? Voilà plus de deux heures qu'on vous attend! Alors, on les met. Débrouillez-vous... » Et les types se cavalèrent comme des spectres, enveloppés qu'ils étaient dans leur toile de tente sur laquelle ruisselait la pluie, mais en nous écrasant les arpions. Ils étaient une quarantaine. Notre lieutenant voulut arrêter au passage le lieutenant qui descendait et qui venait en queue de la bande, mais il se fit joliment enguirlander par l'autre qui s'éloigna, criant, sans se retourner : « — Ne vous en faites pas, mon lieutenant, je ferai mon rapport au général!... »

Tableau. Notre lieutenant n'était pas fier.
Nous, non plus. Du coup, Guidicelli s'était
calmé. Et nous contournâmes le gros pare-éclats
et nous repartîmes mais comme des colimaçons et
à l'aveuglette car derrière ce gros pare-éclats il
n'y avait plus de boyau mais un terrain bouleversé,
plein de sapes et de trous d'obus, de cagnas
effondrées, de parapets soufflés, de sacs de terre
éventrés et éparpillés, d'écheveaux embrouillés
de barbelés et d'amorces peu profondes de
tranchées vaseuses et nauséabondes. Où étions-
nous ? Cela sentait terriblement la merde. Nous
fîmes 100 mètres, nous fîmes 200 mètres le
long d'une espèce de crête ; puis, le lieutenant
disparut dans un boyau qui s'embranchait par
là, sur la droite, nous ordonnant de ne pas bouger,
disant qu'il allait aux renseignements, qu'il
allait revenir, et, bientôt, le sergent suivit son
exemple, disparaissant par la même voie sous
prétexte d'aller à la recherche du lieutenant
qui avait dû se rendre au P.C. du colonel. Alors
j'ordonnai derechef aux hommes de mettre sac
à terre et leur dis de ne pas s'en faire et, comme
moi, d'admirer le paysage.

La canonnade ininterrompue qui descendait
du Nord avait réellement l'ampleur, le gronde-
ment continu, le rythme éternel et sans cesse
renouvelé, la respiration de l'océan. Cela était
grandiose et élémentaire comme la manifestation
d'une force de la nature. Malheureusement le

ciel était bouché et la pluie qui nous cinglait nous obligeait à baisser la tête. La crête que nous occupions devait former une espèce d'éperon car, en fer à cheval autour de nous et à des distances plus ou moins rapprochées et par intermittences, s'élevaient des fusées lumineuses dont le parachute déclenchait un éclairage blanchâtre et éblouissant en se déployant et qui venaient mourir à nos pieds, retombant lentement à quelque dix mètres à contre-bas, ce qui nous permettait d'apercevoir dans un clin d'œil et comme au magnésium des réseaux serrés de barbelés, des lignes enchevêtrées de tranchées crayeuses, un fragment de boyau zigzaguant à travers champ, un carré d'herbe, un tournant de route, un coin de futaie, les cimes d'un bois étrangement proche et peigné. Cela tenait de l'opéra et de la prestidigitation. De la prestidigitation par la rapidité du truquage et de l'opéra par la musique d'accompagnement car chacune de ces fusées était accompagnée du tac-tac-tac d'une mitrailleuse, de coups de fusil plus ou moins précipités et plus ou moins nourris, de l'éclatement comme dans une eau profonde des grenades à main ou des *minen* et, quand la lumière s'était éteinte, de l'explosion d'un gros pétard ou de la détonation d'une bombe à retardement. Par rapport à ces fusées blanches éblouissantes, quand une fusée verte ou rouge s'élevait isolément, elle paraissait perdue à l'horizon et ce décalage d'optique

s'accentuait du fait qu'au signal de l'une de ces
fusées colorées une grande lueur, comme un
éclair de chaleur tressaillant au ras du ciel noir,
ébranlait la nuit opaque, aussitôt suivie d'une
volée d'obus qui éclataient sur les tranchées à
nos pieds ou passaient en hululant bien au-dessus
de nos têtes. Après leur explosion rageuse à
proximité ou fracassante dans le lointain, on
ntendait en écho leur coup de départ. Un, deux,
trois, quatre, cinq, six..., comptais-je à haute
voix pour estimer la distance de l'emplacement
des batteries. Tout cela n'avait rien de précipité,
paraissait bien réglé et n'offrait rien de particulièrement dramatique mais était prenant. On ne
pouvait en détourner les yeux et l'on suivait le
spectacle à l'oreille. C'était comme ça et cela
avait toujours dû être comme ça vu du haut de
cette crête. Et ce n'était pas mal, quoique absurde.
Mais pourquoi nous avoir menés au spectacle?...

— Couchez-vous, dis-je à mes hommes.

En effet, les balles perdues nous arrivaient par
essaims. Elles bourdonnaient comme des guêpes
et se fichaient au hasard dans la boue avec un
petit *floc!* On avait du mal à croire que cela pouvait être mortel. Les hommes étaient plutôt dis-
traits par elles et certains essayaient d'en attraper
avec leur képi, ainsi que des petits éclats phos-
phorescents qui voltigeaient comme des lucioles.
Mais ce qui nous emmerdait c'était de ne pas
savoir où nous étions ni ce que nous faisions là,

et aussi cette réelle odeur de merde dans laquelle
nous plongions et qui nous enduisait.

— Tu en as de bonnes, caporal. Mais c'est
plein de merde par ici!

— Ça porte bonheur! Couchez-vous...

Combien étions-nous? Il m'était difficile de le
savoir. J'avais l'impression que bien du monde
me manquait dans l'escouade, mais d'autres
types, appartenant à d'autres sections, étaient
mêlés aux miens. J'allais et venais. Les hommes
s'installaient tant bien que mal. On défaisait les
paquetages. L'un cassait la croûte. L'autre se
roulait dans sa toile de tente. Beaucoup roupillaient déjà. Mais tous ceux qui ne dormaient pas,
râlaient, juraient, sacraient, maudissaient cette
pute d'existence car le plus beau spectacle, même
gratuit, finit par lasser à la longue et la pluie qui
nous trempait décourageait les plus vaillants.
L'absence prolongée du lieutenant semblait
bizarre et les hommes commencèrent à s'en
inquiéter. Ils se sentaient abandonnés. Ils devenaient nerveux. Certains parlaient de fiche le
camp. Combien n'y en avait-il pas qui avaient
déjà filé vers l'arrière?...

— Chaude-Pisse, dis-je à Garnéro, qui fumait
bravement sa pipe dans un trou où il s'était calé
avec des sacs de terre, va donc voir ce que le
lieutenant et le sergent sont devenus. J'ai dans
l'idée qu'ils ont dû se trouver une bonne planque.
Et puis, je ne suis pas tranquille. Nous ne pou-

vons rester là. Il n'y a qu'à voir le terrain. Il est dans un bel état. Ce coin-ci a été bombardé par l'artillerie. Et cela peut recommencer. Vas-y et grouille-toi.

Garnéro, dit Chaude-Pisse, parce qu'il l'avait, — et une chtouille carabinée! — un barbeau de la Fourche, où il tenait ses assises dans le grand bar-tabac du coin, avenues de Clichy et de Saint-Ouen, était le plus dégourdi de l'escouade et n'avait pas froid aux yeux. Il ne se serait pas dégonflé devant le diable en personne. Je pouvais avoir confiance en lui. Je le conduisis jusqu'à l'entrée du boyau latéral par lequel le lieutenant, puis le sergent avaient disparu et je lui souhaitai bonne chance.

Une demi-heure plus tard, Garnéro était de retour, mais durant cette demi-heure il s'était passé un fait nouveau. On s'était mis à nous tirer dessus. Pas les Allemands. Les Français! On nous tirait dans le dos. Des feux de salve. Les copains. Les nôtres. Les escouades, demi-sections, sections, compagnies du régiment échelonnées derrière nous, probablement dans des positions tout aussi précaires que la nôtre, prenaient peur, s'affolaient. Cela avait commencé par des salves isolées et espacées, mais bientôt toute la ligne avait pris feu sur notre gauche et maintenant c'était un crépitement discontinu qui partait de l'ensemble du secteur. Les paniquards tiraient comme des enragés et comme nous étions en pointe par rapport à l'ensemble de la position tenue par le régiment, c'est nous qui écopions de ces milliers et milliers de balles... Est-ce que les Boches attaquaient ?... Non. A nos pieds le panorama était toujours le même. Le spectacle allait son train. Les Boches continuaient leur pyrotechnie de fusées lumineuses. Tout cela n'était pas pour nous. Tout à coup j'eus la divination que nous nous trouvions en deuxième ligne! Alors ?... Alors, il fallait absolument faire cesser ces fous qui nous tiraient dessus par derrière.

— Restez couchés et ne tirez pas! criais-je aux hommes qui étaient debout en désordre et dont beaucoup avaient déjà épaulé et s'étaient mis à lâcher des coups de fusil dans le noir. Sur quoi tirez-vous? Vous n'y voyez rien. Je vous dis qu'il n'y a pas de danger. Recouchez-vous. Inutile de se faire bigorner par ces ballots qui nous tirent dessus. D'ailleurs, nous n'allons pas rester ici. Mais il me faudrait deux hommes pour aller établir la liaison avec l'arrière et leur dire de ne pas continuer à nous tirer dessus. Et il me faudrait un mec pour découvrir le P.C. du colonel et le sommer de faire cesser le feu. C'est trop bête. C'est la pagaïe qui continue...

Faval, Coquoz partirent pour établir la liaison. Je ne devais pas les revoir de la nuit. Sawo s'en alla trouver le colonel, qui se l'attacha à sa personne jusqu'à la relève. Et le bal continua de milliers et de milliers de balles françaises qui nous clouaient au sol.

Sur ces entrefaites arriva Garnéro qui avait découvert le secteur « A », notre véritable position, abandonné.

— Il faut déménager, caporal. C'est bath. Des tranchées couvertes, avec des banquettes de tir et des créneaux à volets. Des abris profonds avec du feu, des poêles, du charbon et de la paille. Tout le confort moderne. Il y a même un balcon. Il faut déménager, caporal. Cela nous attend...

— Et le lieutenant, et le sergent, tu les as vus ?

— Ah, les vaches !...

— Qu'est-ce qu'ils disent ? qu'est-ce qu'ils font ?

— Eux ? Rien. Ils se chauffent les couilles au fond d'un abri, devant un bon feu...

— Tu leur as parlé ?

— Pour qui me prends-tu, caporal ? Je leur aurais plutôt foutu un coup de pétard...

— Allez, les gars, dis-je aux copains, on déménage. Nous avons paraît-il un secteur pépère. Chaude-Pisse va vous montrer. Trottez-vous, un à un, et gare à la casse !...

Et j'ordonnai un repli en avant, abandonnant le terrain qui servait de but aux feux de salve que le régiment en folie continuait à décharger dans le vide. Nous nous tirions de là sans un mort et sans même un blessé. C'était miraculeux...

Le secteur que Garnéro nous avait dégotté

n'était pas mal du tout. Cela ressemblait un peu
à un poste d'équipage à l'avant d'un navire. Il y
avait un boyau central assez profond sur lequel
s'amorçaient des épis latéraux donnant dans des
éléments de tranchées soigneusement faites, cloi-
sonnées et en forme d'encorbellements. Les créneaux munis d'un volet à glissière ressemblaient
à des sabords. On y accédait par deux, trois marches à usage de banquette de tir. Mais ce n'est
pas une de ces niches surélevées que Garnéro
avait prise pour un balcon. Dans l'axe de notre
position, au fin bout de ce que j'avais deviné être
un éperon et qui se trouva être dans la lumière
du jour, en effet, une espèce de butte marneuse,
un gros pli de terrain, une bave solidifiée domi-
nant d'une dizaine de mètres la plaine plissée,
sillonnée de tranchées crayeuses et de réseaux
serrés de barbelés noirs qui nous entouraient de
toutes parts, dans l'axe de notre position il y avait
un trou d'écubier où l'on descendait par une
échelle qui menait réellement à un balcon aménagé à l'avant, balcon astucieusement camouflé et
qui servait de poste de guet. Le fortin était couvert de bout en bout avec des rondins et solidement étayé avec des troncs d'arbre. De très profonds abris y étaient aménagés. Je répartis les
hommes dans les abris, postai deux guetteurs au
balcon, un homme de garde dans le couloir central, deux sentinelles à l'entrée extérieure, assurai
les tours de garde et dis à mon monde d'en écraser

et de ne plus s'en faire maintenant qu'il était au chaud et à couvert, et conduit par Garnéro je me fis mener à la cagna dans laquelle le lieutenant et le sergent s'étaient réfugiés.

Garnéro ne m'avait pas menti. Les deux dégoûtants étaient là, se chauffant devant un bon feu. Ils ne se parlaient pas. Le sergent tirait sur sa bouffarde. Le lieutenant ne fumait pas. Il se tenait la tête dans les mains.

— Tu vas rester là, Chaude-Pisse, chuchotai-je, et monter la garde discrètement, compris? S'ils veulent sortir, tu leur feras comprendre qu'ils sont nos prisonniers et s'ils font de la rouspétance, tu n'as qu'à leur foutre une balle dans la peau. D'ailleurs, tu n'auras qu'à m'appeler, je ne serai pas loin.

— Et où vas-tu, caporal?

— Moi, je sors. Je vais là-haut. Savoir ce qui se passe dehors...

Dehors, cela n'allait pas mieux. Les autres fous continuaient à tirer des milliers de coups de fusil dans le vide. La pluie, par contre, diminuait d'intensité pour se transformer graduellement comme cela arrive à l'aube dans cette région désolée de la Picardie en un crachin impalpable mais glacé. Les fusées des Boches s'éteignaient. L'aube décousait le ciel dont les nuages bas étalés comme des pannes d'habits mal faufilés sur la table d'un tailleur laissaient voir l'endroit et l'envers, le drap, la doublure, la ouatine et le crin des rembourrages. Je contemplais avec consternation cette aube livide et sa défroque dans la boue. Rien n'était solide dans ce paysage dégoulinant, misérable, ravagé, loqueteux et moi-même j'étais là comme un mendiant au seuil du monde, trempé, glaireux et enduit de merde de la tête aux pieds, cyniquement heureux d'être là et de voir tout cela de mes yeux...

Je m'empresse de dire que la guerre ça n'est pas beau et que, surtout ce qu'on en voit quand on y est mêlé comme exécutant, un homme perdu dans le rang, un matricule parmi des millions d'autres, est par trop bête et ne semble obéir à aucun plan d'ensemble mais au hasard. A la formule *marche ou crève* on peut ajouter cet autre axiome : *va comme je te pousse !* Et c'est bien ça, on va, on pousse, on tombe, on crève, on se relève, on marche et l'on recommence. De tous les tableaux des batailles auxquelles j'ai assisté je n'ai rapporté qu'une image de pagaïe. Je me demande où les types vont chercher ça quand ils racontent qu'ils ont vécu des heures historiques ou sublimes. Sur place et dans le feu de l'action on ne s'en rend pas compte. On n'a pas de recul pour juger et pas le temps de se faire une opinion. L'heure presse. C'est à la minute. *Va comme je te pousse.* Où est l'art militaire là-dedans ? Peut-être qu'à un échelon supérieur, à l'échelon suprême, quand tout se résume à des courbes et à des chiffres, à des directives générales, à la rédaction d'ordres méticuleusement ambigus dans leur précision,

pouvant servir de canevas au délire de l'interprétation, peut-être qu'on a alors l'impression de se
livrer à un art. Mais j'en doute. La fortune des
armes est jeu du hasard. Et, finalement, tous les
grands capitaines sont couronnés par la défaite,
de César à Napoléon, d'Annibal à Hindenburg,
sans parler de la guerre actuelle où de 1939 à
1945 — et ce n'est pas fini! — tout le monde aura
été battu à tour de rôle. Quand on en est là, ça
n'est plus un problème d'art, de science, de préparation, de force, de logique ou de génie, ça
n'est plus qu'une question d'heure. L'heure du
destin. Et quand l'heure sonne tout s'écroule.
Dévastation et ruines. C'est tout ce qui reste des
civilisations. Le Fléau de Dieu les visite toutes,
les unes après les autres. Pas une qui ne succombe
à la guerre. Question du génie humain. Perversité.
Phénomène de la nature de l'homme. L'homme
poursuit sa propre destruction. C'est automatique.
Avec des pieux, des pierres, des frondes, avec des
lance-flammes et des robots électriques, cette dernière incarnation du dernier des conquérants.
Après cela il n'y aura peut-être même plus des
ânes sauvages dans les steppes de l'Asie centrale
ni des émeus dans les solitudes du Brésil [1].

1. Écrit avant l'emploi de la « bombe atomique »,
cette invention de la dernière heure, condamnation
à mort de l'humanité, bombe que j'ai par ailleurs
prévue et décrite, pages 161 et 162 de *Moravagine*
(1 vol., Grasset, Paris, 1926).

Le cœur sur la main, ce que mes yeux voyaient
du sommet de la butte de boue où j'étais accroupi
ne valait pas le dérangement. On se canardait. A
mes pieds. D'une tranchée à l'autre. Et maintenant que la complicité de la nuit ne trompait
plus avec la fantasmagorie des fusées éclairantes
et la profondeur de ses coulisses pleines de ré-
sonances et d'éclats, tout ce que je mesurais
de l'œil était petit, mesquin dans la grisaille, plaqué dans la boue et malgré le kilométrage et le
kilométrage des lignes de tranchées et des réseaux
de barbelés était sans grandeur comme s'il se
fût agi d'un litige entre voisins au sujet d'une
cordée de linge sale et non pas de la conquête du
monde.

On se canardait à mes pieds d'une tranchée à
l'autre. Des misérables coups de fusil hésitant
dans le froid de l'aube, des maigres rafales de
mitrailleuses qui se répondaient dans un caquetage de basse-cour grillagée et en l'absence des
coqs étrangement muets pour un matin à la campagne le cocorico enroué et métallique des grenades qui foiraient sur le sol gorgé d'eau.

J'étais déçu.

Le canon boche s'était tu.

Abstraction faite des paniquards du régiment
qui continuaient à lâcher des milliers de coups
de feu dans le vide et des dizaines de milliers de
balles auxquelles je ne faisais plus attention mais
dont je me garais, couché que j'étais entre des

sacs de terre pour me préserver le dos, ce que je voyais était ridicule avec, au premier plan, les innombrables petits bouts de tuyaux de tôle qui émergeaient au ras du sol et qui crachaient des fumées grasses comme les cheminées des cahutes des chiffonniers de la zone par une matinée d'hiver.

Une grande banlieue misérable, c'était pour les jeter là qu'on avait fait appel à l'élite de la jeunesse du monde et qu'on lui avait fait quitter les plus belles capitales de la terre.

Je voyais là, inscrite sur le terrain, la faillite des écoles de guerre, les Allemands n'ayant pas su éviter la guerre des tranchées et les Français n'ayant pas su la prévoir, les uns et les autres n'arrivant pas à s'en dépêtrer bien que Joffre eût, à la veille de la bataille de la Marne, c'est-à-dire avant le 5 septembre 1914, déjà limogé 28 généraux incapables et le G.Q.G. allemand, toujours avant le 5 septembre 1914, c'est-à-dire après un mois de guerre, eût limogé von Moltke, le généralissime... La pagaïe.

La pagaïe. Aucun contact avec personne. Pas de liaison, ni avec l'avant ni avec l'arrière. Coquoz et Faval ne revenaient pas. Sawo non plus. Je fumais cigarette sur cigarette, inquiet de savoir s'il ne leur était rien arrivé car c'était tout de même mes hommes et, j'en avais soudain la révélation, j'étais comptable de leur vie. Et les autres fous ne se calmaient pas et continuaient à me tirer dans le dos. Cela allait mal tourner. Et, en effet, l'artillerie allemande se mit à bombarder systématiquement toute la position.

Nous étions vernis, secteur « A », en ce sens que nous occupions l'extrême avancée d'un promontoire entouré sur ses trois faces par des tranchées si étroitement enlacées que les obus ennemis ne pouvaient nous arroser sans risquer d'atteindre les leurs ; mais la quatrième face, le terrain même que j'avais fait évacuer par les miens la nuit précédente, fut labouré pendant toute la journée, et à partir de ce terrain jouxtant, tout le restant des positions occupées par le régiment, légèrement en retrait en deuxième et troisième lignes. Les pertes furent sévères.

Au début du bombardement, Bikoff, un taciturne qui ne savait pas un mot de français et avec qui je parlais russe, m'apporta un quart de café bouillant. C'était gentil de sa part. Un peu plus tard je l'accompagnai au balcon faire quelques cartons dans les tranchées allemandes à contrebas. Bikoff était un excellent tireur dont je me suis souvent servi par la suite. Puis je remontai à l'extérieur voir si mes trois coureurs rentraient. A un moment donné Lang vint me voir pour me demander s'il était vrai que Garnéro était dispensé de prendre son tour de garde au créneau ou dans le couloir et si je l'avais effectivement chargé d'une mission particulière. Mais ce grand jaloux ne s'éternisa pas à mes côtés, il trouvait cela malsain. Au plus fort du bombardement je

vis arriver le capitaine Jacottet, qui faisait fonction de chef de bataillon, comme moi, premier
canard, je faisais fonction de chef d'escouade et
qui, comme moi, dut attendre neuf mois avant
d'être titularisé. Nous fûmes de la même promo-
tion, lui, commandant, moi, caporal, le jour de
partir en permission...

C'était un homme.

Je lui offris le jus, ce dont il se montra enchanté
n'ayant encore rien pris depuis 24 heures, le ravitaillement n'arrivant pas. (Pourquoi?)

Il m'annonça que nous allions être relevés la
nuit suivante, non pas à cause des pertes qui
étaient absolument disproportionnées en deuxième ligne, mais parce que le régiment avait
épuisé ses munitions.

— C'est toujours ainsi, m'expliqua-t-il en
riant. Une troupe qui monte pour la première
fois en ligne perd la tête. C'était prévu. Mais
les petits gars ont exagéré. Savez-vous combien
le bataillon a brûlé de cartouches, cette nuit?

— Non.

— 250 000. Ils vont fort.

Alors, je lui parlai du lieutenant et du sergent
et le priai de nous en débarrasser.

— Ils ont perdu la face, vous comprenez?...

Le capitaine Jacottet comprit très bien. Le
sergent fut versé dans un autre bataillon, mais
il gagna un galon au change car il fut nommé adjudant. Il paraît que le sergent Guidicelli y avait

droit. C'était un vieux soldat. Quant au lieutenant nous n'en entendîmes jamais plus parler.
Probablement qu'il reçut une autre affectation et
dans un autre régiment.

La nuit même nous fûmes relevés.

Mais le surlendemain, qu'est-ce que nous n'entendîmes pas au rapport au sujet des 250 000 cartouches brûlées!...

Nous, on s'en tapait.

Le colonel aussi disparut du régiment.

Tel fut notre baptême du feu.

Mon escouade n'avait eu qu'un mort, Saint
Glin-Glin, un Suisse-Allemand qui parlait du
nez, un Argovien dont j'ai malheureusement oublié le nom, enseveli dans son abri par une tor-
pille, une de ces grosses boules noires à longue
tige de cuivre qui s'amenaient en se dandinant
et en faisant un boucan de tous les diables, qui
faisaient généralement beaucoup plus de bruit
que de mal, et que nous appelions des « seaux à
charbon ». C'était un coup malheureux. Saint
Glin-Glin n'a pas eu de chance.

Un mois plus tard, l'escouade était de garde de
nuit à l'entrée de Proyart. Le poste était installé
dans une scierie et les hommes roupillaient dans
les copeaux comme des petits Jésus. Belessort
et Ségouâna étaient de garde devant la porte,
chargés d'arrêter les passants sur la route « *à pied,
à cheval, en bicyclette, en voiture et de contrôler les*

papiers d'identité... » disait la consigne. Mais il n'y avait plus aucune chance d'arrêter personne. Il était passé minuit et il faisait un temps de chien. J'étais acoquiné au coin du feu et feuilletais le livre du poste énumérant la longue liste des suspects circulant dans la région et qu'il eût fallu coffrer depuis le premier jour de la guerre. Leur tête n'était pas mise à prix, mais on donnait leur signalement :

« ... *Une grande femme rousse dans un tilbury attelé d'un cheval blanc. A des papiers au nom de comtesse Adeline de Sainte-Beuve délivrés par autorités militaires, Paris, le 2-9-14. Fort accent étranger. Espionne dangereuse. Est armée...* »

« *Bidault (Charles), cultivateur à Éclusier (Somme), suspect...* »

« ... *le boucher d'Albert circule en bicyclette, le laisser passer à l'aller, l'arrêter au retour et prévenir par téléphone le commandant de la brigade de gendarmerie, à Montdidier. Est accusé de passer les lignes et de porter des messages aux Allemands, Roux (Albert), d'Albert (Somme). Taille : 1,60 m. corpulent. Visage : ovale, glabre, teint coloré, yeux verts. Signes distinctifs : néant. Habillé de velours...* »

« ... *Mademoiselle Claudinier et ses enfants (3 en bas âge). Se saisir des langes... encre sympathique... à ne pas mouiller et à tenir loin du feu... Attention : on dit qu'elle porte perruque. C'est peut-être un homme. Lui passer les menottes en cas d'arrestation. S'est déjà évadée...* »

« *Ricou...* »

« *Un vannier...* »

« *Une limousine, matricule R 2.107...* »

Il y en avait ainsi une quarantaine de pages.
Beaucoup de pages avaient été arrachées, probablement par les soldats du poste pour allumer leur
pipe. Toutes les inscriptions, à l'encre ou au
crayon, étaient tout aussi amorphes, vagues, in-
consistantes, il n'en jaillissait aucune silhouette
vraie, réellement dangereuse, sauf, peut-être,
dans son laconisme, la dernière en date, qui était
de l'avant-veille, 29-11-14 : « *Un curé inconnu.
Ne pas laisser fuir son chien noir. Leur tirer dessus
sans sommation.* »

— Aux armes ! cria Belessort à la porte.

— Hep !... Avancez !... Vous avez le mot de
passe ?... Non ?... Montrez-moi vos papiers, s'il
vous plaît, entendis-je Ségouâna bredouiller cependant qu'embarrassé de son fusil je le voyais
tourner autour d'une femme que Belessort poussait en riant vers la porte.

— Ce n'est pas ma petite sœur, caporal. C'est
une citoyenne qui vient voir son homme. Je la
fais entrer ? me dit Robert.

— Pas possible, c'est vous ?... dis-je à la femme
en lui portant mon fanal à hauteur du visage. Non,
n'entrez pas. Excusez-moi de vous tenir sous la
pluie. Vous devez être éreintée. Mais qu'est-ce
que vous venez chercher ici, madame Kupka ? Vous
en avez de la chance de me trouver de service.

— Laissez-moi entrer !...

— Non, il vaut mieux pas.

— Pourquoi ? J'arrive de Paris et ce n'est pas une petite affaire, vous savez ! Laissez-moi entrer...

— Non. Moins il y aura de monde qui saura que vous êtes là, mieux cela vaudra. Je suppose que vous êtes venue en fraude...

— Bien sûr, on ne délivre pas de laissez-passer !...

— Je m'en doutais. Alors, suivez-moi. Et vous deux, motus ! dis-je à Belessort et à Ségouâna. Pas un mot aux copains, c'est juré ? Cela ferait des jalousies...

Et je conduisis madame Kupka en faisant le tour par les jardins et les vergers, jusqu'à la grange qui servait de cantonnement à l'escouade et où son mari était resté seul cette nuit-là, alité, avec une violente crise de foie.

— Devine qui je t'amène ? demandai-je à Kupka en pénétrant jusqu'au plus profond du gîte où le soldat avait fait son nid avec la paille de l'escouade entière pour être bien au chaud et où le vieil homme était chastement étendu comme un chérubin barbu. Devine qui je t'amène ?

— Dieu !... mais c'est Blanche ! Justement je pensais à toi, chérie...

— Chéri !

Et madame Kupka tomba dans les bras de son homme.

— Ma toute belle !...

Et les deux se roulèrent dans la paille.

— Vous êtes bien mignons, leur dis-je. Amu-sez-vous bien. Mais, Kupka, pas de blague, hein ? Il faut que ta femme décanille demain matin avant la diane !...

Mais madame Kupka se débrouilla pour rester un ou deux jours de plus et quand nous remon-tâmes en ligne le vieux soldat était ingambe.

Durant ces deux, trois jours, il avait rajeuni de dix ans.

Ce que c'est que l'amour ! Personne n'en avait rien su et tout le monde lui en fit compliment.

Le brave homme rayonnait.

B...

Un autre vieux qui n'avait plus l'âge de faire le zouave, avait bon moral, mais était comme Kupka, toujours sur le flanc avec une crise de foie, de goutte, de rhumatisme ou une bonne colique hépatique qui le faisait se tordre de douleur dans la paille des cantonnements et gueuler comme un porc qu'on égorge, c'était B..., le fameux metteur en scène de cinéma, l'auteur du premier film sur Christophe Colomb du temps du muet, un veuf, qui s'était engagé pour ne pas quitter son fils qu'il avait élevé et qui était volontaire chez nous. Malheureusement pour le fiston, papa Gigogne ne tint pas le coup et fut évacué dans les huit jours qui suivirent notre arrivée au front. B... était natif de Neuilly et aurait dû en avoir la bourgeoisie si le fait d'habiter Neuilly et d'avoir acquis les mœurs, les habitudes et l'aspect extérieur des habitants de ce paisible, de ce cossu quartier eût été un titre suffisant pour conférer une nationalité. Même engoncé dans l'uniforme des légionnaires qui ne lui allait pas à cause de son ventre et les godasses aux pieds, B... avait l'air d'un gros bourgeois à guêtres à sous-pied et à haut et raide faux col. Le fiston par contre, toujours tiré à quatre épingles et assez maniéré, avait immédiatement pigé le mauvais genre spécial à la Légion, pâleur, déhanchement, dandinement, visière cassée, air ténébreux, arrogance gouapeuse, poses de frappe. C'était touchant de voir le papa s'inquiéter de la tournure de son fils et y prêter la main (un metteur en scène rend facilement de ces menus services de femme de chambre à une vedette qui piaffe et s'impatiente) et nous demander notre avis sur l'allure martiale du petit. B... était myope et l'amour paternel rend aveugle. Le vieux évacué, le jeune ne tarda pas à mal tourner, c'est-à-dire à filer vers l'arrière, où son élégance d'équivoque légionnaire lui fit un sort, non pas au cinéma (le papa ne l'aurait pas permis), mais à l'Intendance.

BIKOFF (aveugle de guerre, suicidé).

Comme Rossi, chaque fois que l'on arrivait
dans un nouveau secteur, Bikoff recherchait un
coin à l'écart pour faire son installation, mais ce
n'était pas comme Rossi pour s'empiffrer en douce
et ne pas avoir à partager les colis qu'il recevait
de sa femme, mais bien pour choisir un poste de
tir non encore repéré qui lui permettrait de tirer
du Boche sous un angle favorable et d'ajouter
de nouvelles et de nouvelles pièces au tableau.
Bikoff ne recevait jamais de colis. Bikoff ne recevait jamais de lettre. Pas le moindre mandat. Il ne
connaissait personne en France. D'ailleurs, il ne
parlait pas français. C'était un solitaire et un
taciturne. Je lui parlais russe, et tout ce que je pus
apprendre de lui, c'est qu'il était séminariste à
Moscou, que la guerre l'avait surpris en Suisse
où il villégiaturait, qu'il était passé en France
pour venir s'engager, qu'il avait une vieille
grand'mère dans la région de Toula et une petite
sœur, Lénoschka, qui faisait le meilleur miel du
village. Sur le chapitre des abeilles, je suis inépuisable et c'est à force de lui parler rucher, éle-
vage, reine (que ce curieux garçon appelait « *la*

mère des abeilles, les mouches à miel vivant en répu-
blique et n'étant de mœurs bourgeoises », affirmait-
il), noces, essaimage, ouvrières, larves, ponte,
cellules, rayons, sucre, sirop, cristallisation, qualité, saveur, parfum du terroir, que j'avais su lui
inspirer confiance et gagner sa sympathie. Nous
communions également dans une autre passion,
qui est aussi une spécialité : le tir d'adresse. Nous
étions quelques bons fusils à la 6e Cie, moi, dont
le père, champion du monde au pistolet, m'avait
entraîné dès ma plus tendre enfance au tir en
vitesse, à la volée ; Ségouâna, qui avait pratiqué
le tir au pigeon et dont le coup d'œil était infail-
lible, mais qui n'aimait pas tirer au Boche et qui
restait un amateur ; ce petit voyou de Garnéro
qui logeait une balle de Lebel à 200 mètres dans
la nuque d'un chat, mais qui était lent, visait
longtemps, avait besoin de mettre un genou à
terre, de s'assurer d'un point d'appui, d'être bien
calé, de s'entourer de garantie et de sécurité et
avait horreur de l'improvisation, de l'impromptu
et était toujours surpris par une surprise tant il
était nerveux, et Bikoff, l'homme froid, l'homme
aux yeux clairs, le méthodique, le scientifique, le
raisonneur, qui cherchait un angle de tir et une
cible inédits, et qui faisait ses plus beaux coups
sans en rien dire. A Frise, et de sa propre initiative, il avait été s'installer dans le clocher de
l'église, et c'est là que j'avais découvert par hasard
ce tireur émérite, alors que j'étais monté un

après-midi en haut pour avoir une vue d'ensemble et faire un croquis des positions allemandes
qui grimpaient en pente douce des rives du canal
de la Somme au fortin du Calvaire, qui nous do-
minait.

— Qu'est-ce que vous faites là? lui avais-je
demandé surpris.

— Je m'amuse, m'avait répondu ce garçon
imperturbable.

— Je vous croyais dans votre cagna.

— Non. Quand je ne suis pas de garde au
créneau, je viens ici.

— Et qu'est-ce que vous faites?

— Je m'amuse. Regardez...

Bikoff était couché sur un matelas. Son fusil
était placé à côté de lui sur un chevalet. Il déroula
un drap noir qui pendait d'une poutre et qui fit
écran derrière sa tête. Alors il déplaça deux
ardoises du toit et me désignant les tranchées
allemandes inscrites dans le rectangle ainsi dégagé,
il m'expliqua :

— Suivez le boyau du canal. Remontez jusqu'à
mi-côte, jusqu'à cet épaulement, oui, là, le premier ouvrage blanc où vient aboutir la tranchée
qui descend du Calvaire. A gauche, à un doigt de
l'épaulement, vous ne voyez rien?...

— Non...

— Et pourtant il y a une brèche... Là, là, juste
au bout de mon doigt... Vous voyez?...

— Non...

— Ah, quel malheur!... Je vous dis qu'il y a une brèche dans le talus. Oh, un rien, juste une petite excavation de rien du tout mais qui permet de voir passer les casques à pointe, un défaut du parapet qui les découvre jusqu'à mi-tête, un rien... Attendez qu'un Boche passe par là, vous verrez bien...

— Et alors?

— Alors, quand il y en un qui passe, je n'ai qu'à appuyer sur la gâchette. Mon fusil est en position. Je l'ai braqué sur ce point idéal. C'est pourquoi je lui ai construit ce support. Il ne bouge pas d'une ligne. Un enfant pourrait les tirer en fermant les yeux. Je n'en rate pas un...

— Et vous en avez tiré beaucoup?

— Un, deux, trois par jour depuis que nous sommes là.

— Tous d'une balle dans la tête?

— D'une balle dans la tête, *tak totchno*, exactement.

— C'est épatant. Mais pourquoi ce drap noir derrière vous?

— Vous ne comprenez pas pourquoi, caporal? Mais c'est pour que ma tête ne se dessine pas en silhouette dans la lucarne quand j'enlève ces deux ardoises. Vous pensez bien que les Boches ont des guetteurs et que depuis que je les tire ils doivent observer le clocher à la lunette.

— Vous devez avoir de bons yeux, Bikoff. Mais je vous apporterai des jumelles.

— Vous en avez, caporal?

— Non, mon vieux, mais j'en faucherai une paire la prochaine fois que je descendrai à Éclusier. Vous savez bien que je vais de temps à autre à l'état-major servir d'interprète puisque ces messieurs n'ont pas jugé bon d'apprendre l'allemand. Depuis le temps qu'ils se préparent à faire la guerre, je me demande contre qui ils s'imaginaient avoir un jour à se battre. Contre les Chinois? Mais ils n'ont pas davantage appris le chinois...

Quand j'eus apporté une bonne lunette de campagne à Bikoff, celui-ci repéra tous les créneaux d'en face et nous ne fûmes pas de trop à trois ou quatre pour tirer les sentinelles allemandes du matin au soir, en dehors de nos quarts réglementaires et à l'insu de nos gradés. Cela dura jusqu'au jour où les Boches abattirent le clocher de Frise à coups de canon. Ils n'y employèrent pas moins de 122 obus. De toute façon l'église était condamnée car les Allemands détruisirent le village avec des bombes incendiaires quelques jours avant que nous ne quittions le secteur, fin février.

C'est au bois de la Vache que Bikoff reçut une balle dans la tête. Le bois de la Vache, nom sinistre, sale coin. Nous y sommes restés 62 jours consécutifs et c'est la seule et l'unique fois de ma vie que je suis resté 30 jours sans me raser. Le premier mois, je me faisais la barbe au vin rouge car nous n'avions pas d'eau. Mais au bout du mois, et nonobstant les engueulades des copains qui me traitaient de gâcheur, ce savonnage au gros rouge, cette mousse violette finirent par m'écœurer et comme les copains je me laissai pousser une barbe à poux.

Au bois de la Vache, à la corne du bois, nous tenions un petit poste qui n'était séparé du petit poste allemand que par une épaisseur de quelques sacs de terre. On aurait pu s'embrocher à la baïonnette d'une tranchée à l'autre. Un treillage était tendu au-dessus de ce petit poste pour empêcher les grenades d'éclater dans les trous et les niches qui nous servaient de misérables abris. Les Fritz étaient aussi mal lotis que nous. Quand c'était les Saxons qui étaient en ligne, nous étions relativement tranquilles ; mais quand ils étaient relevés par les Bavarois ils nous prévenaient que nous allions la chier dur et, en effet, les Bavarois en ligne, ils nous menaient à la diable, grenades, *minen*, coups de main, tapis d'obus qui écrasaient ce malheureux petit bois grand comme un mouchoir de poche, barrage en arrière. On en rotait. Le ravitaillement n'arrivait pas. Et nous étions harassés de travaux qu'il fallait sans cesse refaire, barbelés, chevaux-de-frise, parapets, corvées de rondins, de grenades, de munitions, forage de sapes, car on commençait à miner le secteur, construction d'un poste blindé pour mitrailleuses consolidation. Il y avait des tranchées qui n'avaient pas plus d'un mètre de profondeur et en bordure du bois il y en avait une qui n'était faite que de macchabées entassés. C'est là que prise dans les barbelés pendouillait une momie, un pauvre type tellement desséché et racorni que les rats qui avaient élu domicile dans son ventre le faisaient sonner et résonner comme un tambour de basque. Nous n'avons jamais pu savoir si le zigue était un Français ou un Allemand. Il devait être là depuis août 14. On s'était furieusement battu dans la région. Ainsi, une vache avait été soufflée par un obus, et sa carcasse pourrissait en l'air, le squelette se détachant par pièces et par morceaux les jours de grand vent, mais la tête, les cornes engagées dans une fourche, restait accrochée au sommet d'un arbre, d'où le nom du bois.

Au bois de la Vache, l'ingénieux Bikoff avait eu une idée diabolique. Ne s'était-il pas avisé de se camoufler en arbre, et cela bien des années avant que ne passât sur les écrans du monde le film de *Charlot soldat*. Il avait menuisé, évidé, articulé une vieille souche qu'il enfilait comme un scaphandre, on lui passait un mousqueton et Bikoff sortait la nuit pour aller se planter à l'orée du bois, au milieu des autres souches et il passait toute la journée dehors guettant l'occasion de faire un beau coup de fusil. C'est en se livrant à ce « jeu » que Bikoff reçut une balle dans la tête. Nous eûmes beaucoup de mal à le ramener et surtout à l'extraire de sa gangue. La balle avait pénétré sous l'oreille droite et était ressortie en faisant sauter le frontal gauche. La blessure était horrible à voir. Mais Bikoff n'était pas mort et je le portai moi-même au poste de secours pour m'assurer qu'il serait rapidement évacué.

Six mois plus tard, à Tilloloy, je reçus des nouvelles de Bikoff. Une infirmière de l'hôpital d'Amiens, où Bikoff était en traitement, m'écrivit pour me dire que si l'on avait pu sauver l'œil droit, Bikoff avait perdu l'œil gauche et que le soldat allait être dirigé sur le Val-de-Grâce à Paris, centrale des blessés de la tête. Bikoff me priait de lui faire tenir des nouvelles de l'escouade et demandait si nous nous distinguions.

Je lui répondis que tout allait au plus mal dans le plus moche des mondes mais qu'à Tilloloy on était bien, vu qu'on n'en foutait pas une datte ; que l'escouade avait fondu à vue d'œil mais que ceux qui restaient se portaient bien ; que l'on irait le voir quand l'un ou l'autre irait en permission.

Naturellement, personne n'alla voir Bikoff à l'hôpital car l'on a bien autre chose à faire quand on vient en perme à Paris et ne serait-ce qu'à cause de ces garces de femmes qui vous mettent le grappin dessus et ne désirent qu'à se montrer partout en compagnie d'un poilu, on n'a pas le temps d'aller serrer la main à un copain blessé.

Il fallut que je sois moi-même en traitement à l'hôpital auxiliaire du lycée Lakanal, à Bourg-la-Reine, pour que je prie mon infirmière de passer un jour au Val-de-Grâce s'informer de Bikoff. Près d'un an s'était écoulé. Mademoiselle Marie V..., mon infirmière, revint m'annoncer que Bikoff était toujours en traitement au Val-de-Grâce mais qu'il était aveugle, ayant perdu le deuxième œil lors d'un accident survenu boulevard du Montparnasse, à deux pas de l'hôpital, l'ambulance automobile qui le transportait ayant été tamponnée par un tramway, Bikoff ayant été projeté hors de son brancard dans le choc et étant tombé la tête en avant sur le pavé.

Quand je revis Bikoff, en 1917, il était sorti de l'hôpital. Des bonnes âmes s'étaient occupées de l'aveugle. On en avait fait un accordeur de piano. On lui avait loué une petite chambre sous les toits dans un vieil immeuble du boulevard du Montparnasse. On lui avait trouvé une clientèle parmi les Américaines du quartier. Une pauvre fille, une Russe, qui s'appelait Douscha, une espèce de boniche, de souillon, au nez en pied de marmite, le visage criblé de taches de rousseur, les cheveux filasse, lourdaude, mal faite, mais qui avait une voix des plus mélodieuses et qui riait comme un sansonnet, le conduisait dans la rue, l'accompagnait chez sa clientèle et faisait ses commissions et sa cuisine. Je crois qu'on lui donnait quarante sous par jour. Bikoff gagnait

une pièce de vingt francs. Comme ces deux-là
ne tardèrent pas à se mettre en ménage, les bonnes
âmes qui veillaient au sort du soldat aveugle
n'eurent de cesse pour régulariser la situation
du couple et c'est ainsi que le jour de l'Armistice,
le 11 novembre 1918, après avoir conduit Guillaume Apollinaire au cimetière du Père-Lachaise,
je servis de témoin à Bikoff à la mairie du 6ᵉ arron-
dissement, où, moi-même, je m'étais marié en
vitesse, la veille de mon départ au front.

Jusque-là, Bikoff avait supporté son infortune
avec pas mal d'indifférence, mais à partir de son
mariage, il donna des signes de dérangement
cérébral.

— Je ne sais pas ce qu'il a, me disait Douscha
qui était désordonnée et étourdie. Je crois qu'il
devient fou. J'ai l'habitude de parler et de rire
toute seule. Hé bien, il s'imagine que j'ai un
homme dans ma cuisine. Il est jaloux. Il m'a déjà
menacée de me tuer. Je ne puis descendre chez
l'épicière du coin sans qu'il croie que je vais
rejoindre un amant. Dans la rue, il me fait des
scènes, prétendant que je z'yeute et que j'aguiche
les passants. La vie est un enfer. Mais cela m'est
égal qu'il me tue car je l'aime bien, le pauvre.

Et Douscha laissait fuser son rire d'étourneau...

Le drame fut rapide et ne dérangea pas les
voisins. Une nuit, Bikoff logea une balle dans la
tête de Douscha endormie, puis il descendit,

alla s'asseoir sur un banc du boulevard, à la hauteur de la Closerie des Lilas, attendit le passage du premier tramway et courut se jeter sous la voiture en marche.

On le ramassa mort et ses yeux vides grands ouverts.

GARNÉRO   (tué à la crête de Vimy,
enterré le même jour,
et retrouvé dix ans plus tard, ressuscité!).

J'ai raconté au début de cette chronique que le 9 mai 1915, à midi et quart, mon escouade et moi nous avions atteint la crête de Vimy avec quelques types, 2-300 hommes en tout, égarés comme nous qui avions poussé de l'avant en sautant quatre lignes de tranchées allemandes *sans tirer un coup de fusil* — et le front était crevé! (Les Canadiens ne devaient reprendre cette crête qu'en 1918.)

Or, un coup de fusil, un seul, avait tout de même été tiré, et cela tout à fait au début de l'action, et il avait été tiré par Garnéro, et sur un lièvre!

Garnéro avait l'œil. Il voyait tout. Comme le

feu roulant de notre artillerie se déplaçait écrasant les tranchées allemandes, Garnéro avait aperçu un lièvre étourdi par les explosions et lui avait envoyé proprement une balle dans la tête, comme il avait coutume de faire, mettant un genou à terre, épaulant, visant longtemps avant de lâcher son coup ; puis il était parti en courant ramasser son gibier.

Garnéro était un adroit chasseur et un fin cuisinier. Il ne pouvait voir fuir un chat sans lui envoyer une balle de Lebel dans la nuque et il nous l'apprêtait en civet, après l'avoir exposé une nuit à la gelée. Nous en mangions deux, trois par semaine ! Tous les chats qui erraient dans les ruines abandonnées des villages du front passaient dans la casserole de Garnéro, et nous nous régalions. Les civets de notre cuisinier improvisé étaient fortement épicés et nous les arrosions de pinard jusqu'à non-soif. C'était fameux. Il n'y en avait pas non plus deux comme lui pour réussir la matelote d'anguilles dont, à Frise, Garnéro qui était fouineur de tempérament, avait découvert une réserve dans les marais de la Somme, et nous vidions les viviers du village, et cela aussi s'arrosait de gros rouge, toujours jusqu'à non-soif. On se payait de bons moments à l'escouade. Il n'y a qu'une panse pleine pour vous faire oublier les horreurs de la guerre. La panse et la gueule. Alors, on s'en mettait jusque-là et l'on dégueuletonnait. C'était autant de pris. Et l'on recommençait à chaque occasion. On s'imagine donc les ovations qui saluèrent Garnéro quand il revint reprendre sa place dans notre ligne de tirailleurs, brandissant son lièvre par les oreilles et qu'il suspendit la bête à son ceinturon. Un lièvre! Cela promettait une belle fricassée. Nous n'allions toujours pas mourir de faim. Cependant les bonshommes tombaient. Nous suivions la progression des obus qui nous précédaient de 60 mètres et sautions allègrement la première, puis la deuxième, puis la troisième, puis la quatrième ligne des tranchées allemandes. Enfin, nous arrivâmes au sommet de la crête, une poignée d'hommes et, immédiatement, notre propre artillerie se mit à nous pilonner.

Nous avions poussé trop vite.

Nous étions en avance sur l'horaire.

Messieurs les artilleurs n'étaient pas contents.

On nous le faisait sentir.

Devant nous il n'y avait plus rien que la grande dépression de la plaine flamande vue comme par transparence, mais derrière nous c'était la pagaïe des régiments décimés, des isolés qui se trottaient, des hommes de liaison qui jetaient leur attirail de signalisation qui les embarrassait, des tas de morts, des blessés qui gueulaient, des tranchées allemandes que nous avions laissées derrière nous et qui se ranimaient, les Boches sortant par paquets de leurs abris pour se mettre à arroser le champ de bataille de balles de mitrailleuses

qui partaient dans toutes les directions, des grenades qui éclataient, des explosions, le tout scandé
par les gros obus allemands qui arrivaient comme
des trains en gare, écrabouillant tout, lâchant des
vilaines fumées noires, jaunes, chocolat, rousses,
surmontées du panache des shrapnells, et les
miaulements fous des 75 qui s'acharnaient à
vouloir raser et nettoyer la crête que nous avions
conquise. On avait beau avoir un carré de drap
blanc cousu dans le dos, brandir et agiter des
fanions et des panneaux de signification pour
demander d'allonger le tir, la mêlée, la confusion
étaient indescriptibles, l'intensité du feu aug-
mentait de minute en minute, se précisait et,
bientôt, les Boches de la dernière ligne, de la quatrième que nous venions de franchir, se mirent
à nous canarder individuellement — nous offrions
une belle cible avec nos carrés blancs dans le dos !

La crête était intenable.

Et, cependant, on s'organisa sur la position.

Un double parapet. Devant et derrière. En vue
d'une contre-attaque allemande dans le dos qui
pouvait se déclencher d'une seconde à l'autre et
pour bien recevoir le renfort allemand que nous
attendions à voir déboucher d'un instant à l'autre,
montant de la Flandre.

Et l'escouade fit demi-tour, car nous étions
désignés comme nettoyeurs de tranchées, et pendant que les restants de la 6ᵉ Cie s'affairaient,
augmentés de petits groupes d'hommes qui

venaient s'y agglomérer pour manier la pelle,
la pioche et le fusil, nous sortîmes pour aller
nettoyer la quatrième ligne allemande, annihiler
ses îlots de résistance, faire sauter les blockhaus
autour desquels on se battait farouchement.

Ah, les damnés !

Je marchais en tête portant dans des musettes
spéciales deux bombes de mélinite de 5 kilos.
En outre, j'étais armé d'un parabellum et d'un
couteau à cran. Garnéro, son lièvre toujours
accroché au ceinturon, Ségouâna, les meilleurs
fusils, prêts à tirer et un sac de grenades sur le
ventre, m'escortaient à droite et à gauche. Plus
loin, d'autres hommes armés comme moi et
pareillement escortés des meilleurs fusils, se
déployaient en éventail. Nous avancions pru-
demment, le fusil haut, cisaillant les barbelés,
jetant des grenades dans tous les abris, plongeant
dans les trous d'obus, rampant pour nous rapprocher et faire sauter une casemate, coiffant un
poste de mitrailleuse, gagnant un mètre, un autre
mètre, enfilant un boyau ravagé ou faisant une
cinquantaine de mètres à découvert, sautant les
pieds en avant dans un bout de tranchée, tuant,
retuant du Boche, chassant les prisonniers devant
nous, descendant au fond des sapes pour les
nettoyer, remonter au jour, nous perdant, nous
appelant, nous retrouvant, ivres de joie et de
fureur. Ce fut un joli massacre. Nous étions noirs,
sales, déchirés, échevelés, la plupart tête nue et

tous avec des balafres et des égratignures, et les bras troussés. On riait. Les Boches aussi étaient surexcités, mais quand nous envoyions nos prisonniers vers l'arrière, ils ne se le faisaient pas dire deux fois, préférant courir tous les risques que représentait la traversée du champ de bataille à découvert et les bras en l'air plutôt que de rester une minute de plus entre les mains des gars de la Légion. « *Die Fremdenlegion!* » Nous leur inspirions une sainte terreur. Et, vraiment, nous n'étions pas beaux.

C'est durant ce nettoyage que j'ai tué d'un coup de couteau un Allemand qui était déjà mort. Il me guettait, embusqué derrière un pare-éclats, le fusil en arrêt. Je lui sautai dessus et lui portai un coup terrible qui lui décolla presque la tête et qui le fit tomber à la renverse, semant son casque à pointe. Alors, je constatai qu'il était déjà mort depuis le matin et qu'il avait eu le ventre ouvert par un obus. Il s'était vidé. Jamais un homme ne m'a fait aussi peur. Mais ce n'est pas pour parler de mes exploits que j'écris ce chapitre. Mon tour viendra plus tard. Je ne veux pas non plus raconter d'autres épisodes de cette bataille. J'en reviens à Garnéro qui avait fait les cent coups et qui n'avait pas perdu son lièvre dans la bagarre.

Après la mêlée, nous remontions éreintés vers la crête, sourds aux appels des blessés, ceux de la crête nous ayant fait le signal pour nous faire savoir que le renfort allemand était en vue et qu'il était temps de rentrer. Garnéro marchait en tête, s'arrêtant, repartant, fouinant partout, pénétrant dans chaque abri effondré, sautant dans chaque élément de tranchée abandonnée, inspectant chaque blockhaus démoli, curieux, amusé, badaud comme un titi parisien, le mot au bout des lèvres, ramassant des choses et des trucs et les rejetant, nous rattrapant pour nous dépasser et se remettre en tête, s'arrêtant encore, se remettant à courir comme un chien qui cherche, qui flaire et qui parcourt dix fois le chemin quand, tout à coup, nous le vîmes disparaître sous terre, le sol ayant cédé sous lui.

Nous nous précipitâmes à son secours et penché sur l'ouverture béante, je l'appelai :

— Hé, Chaude-Pisse! Ça va? Tu n'as rien de cassé?

— Ça va! répondit Garnéro du fond du trou. Je numérote mes abattis...

— Et le lièvre? cria quelqu'un.

— Je l'ai toujours, répondit Garnéro.

— Et où es-tu? demanda un troisième.

— Merde! répondit Garnéro. Je dois être dans une cave, c'est plein de tonneaux...

Immédiatement, deux, trois hommes se laissèrent glisser par l'ouverture pour aller rejoindre Garnéro dans le fond.

— Merde!... les entendait-on s'exclamer.

— C'est vrai, caporal, criait Griffith d'en bas.

C'est de la bière de Munich. Attention! On va vous passer les barriques...

Trois, quatre tonnelets de bière furent hissés à la surface et les hommes qui étaient avec moi s'en emparèrent et se mirent à les faire rouler dans l'herbe.

— Voilà des munitions, disaient-ils. On va rigoler...

— Dépêchons! criai-je à ceux d'en bas. On nous appelle...

En effet, les signaux devenaient pressants et la fusillade commençait à crépiter sur la crête.

— Laissez-ça! criai-je encore. On viendra les chercher cette nuit...

Et nous nous mîmes à courir au baroud.

Mais Garnéro qui était resté en arrière pour rouler un tonneau gueulait de toutes ses forces :

— Bande de vaches! Je vous dégotte de quoi boire et il ne reste pas un pote pour me donner un coup de main! Vous pourrez toujours vous brosser...

Un obus le fit taire. Je me retournai. Garnéro gisait dans son tonneau défoncé.

— En avant! criai-je aux hommes. Ça barde là-haut.

Si ça bardait? Un vrai tir de pipes.

Il était trois heures de l'après-midi. Le renfort allemand débarquait des autobus de Lille. Ils étaient si près que nous pouvions lire la publicité sur les voitures. Nous les canardions avant même

qu'ils pussent sortir, ajustant les feux de salve
sur les plates-formes et dans les vitres, passant
d'une voiture à l'autre. Nos mitrailleuses crépi-
taient. Mais ils étaient trop nombreux. Et il en
débarqua jusqu'au soir. Le baroud dura toute la
nuit, allant crescendo, avec accompagnement de
grenades dont nous déversions des caisses entières
sur les assaillants. Comme je l'ai déjà dit, notre
renfort n'arriva que le lendemain soir. Je crois
que c'est le 272e Territorial qui nous releva et
nous redescendîmes de là-haut, 86 hommes. Dès
le début de l'action, les deux artilleries s'étaient
mises de la partie, mais si le tir des Allemands
était long pour empêcher l'arrivée du renfort
français, ces putains de 75 ne nous rataient pas,
eux. Et ce sont eux qui nous firent le plus de mal.
Naturellement, aucune liaison avec l'arrière ni
par signal optique, ni par téléphone. Et les coureurs ne revenaient pas. Je ne sais pas ce qu'étaient
devenus les sergents. Probablement qu'ils étaient
rentrés dans le rang pour faire le coup de feu. Je
ne me souviens pas non plus d'avoir vu un seul
de nos officiers. Mais quand nous redescendîmes
à 86, ils étaient tous là, au château de Ham (?), à
moins que je ne confonde avec ce qui se passa un
mois plus tard au nord d'Arras, où nous revînmes
de N.-D. de Lorette à 72. Bref, c'était à la grille
d'un château. Un général vint même nous féliciter et distribuer au hasard sept Croix de guerre,
s'excusant de ne pas en avoir davantage. Il y

avait bien un commandant qui tirait des fusées
rouges pour demander des barrages d'artillerie,
mais personne ne le connaissait. Il n'était pas de
chez nous. Il était du 101e d'Infanterie.

— Mon commandant, lui dis-je, vous brûlez de
la poudre pour les moineaux. Laissez là votre
pistolet, prenez un fusil et tirez sur les Boches.
Il n'en manque pas et il en débarque toujours...

Mais cet ahuri me demanda ce qu'était devenu
son bataillon.

Comment s'était-il égaré chez nous ?

— Ils doivent être par là, sur la droite...,
disait-il.

— Ici, vous êtes le seul du 101, lui dis-je.
Tenez, voici un fusil...

Alors, il se mit à tirer comme un simple pioupiou.

La nuit, la ligne de feu s'étendit à notre droite
et à notre gauche. Probablement que de nouveaux
régiments étaient montés en ligne. Mais cela
pouvait également être les Boches qui étendaient
leurs lignes pour cerner notre crête. On ne
savait pas. Toujours aucune liaison ni à gauche
ni à droite. Et cela s'étendait assez loin de nous
et nous avions trop à faire dans notre secteur pour
nous inquiéter de ce qui se passait ailleurs. A nos
pieds les Boches avançaient, reculaient. La
culasse des fusils nous brûlait les mains et les
bras étaient las de balancer des grenades. Saloperie! cela ne finirait donc jamais ?...

Au plus fort de l'action, Griffith vint me trouver :

— Je te cherchais, caporal. Tiens, bois...

— Qu'est-ce que c'est ?

— De la bière, pardine, et elle est bonne...

Je vidai le quart qu'il me tendait.

— D'où as-tu ça ?

— Ben, j'ai été chercher une barrique. On n'allait tout de même pas la perdre, non ?... Tu en veux encore un quart ? Viens avec moi...

Et Griffith m'entraîna dans la tranchée bouleversée où tous les dix pas je butais dans un tonnelet défoncé. Les lascars avaient établi une navette et allaient à tour de rôle chercher un tonneau. C'est peut-être pourquoi ils se battaient si bien. Ils ne lâcheraient pas pied tant qu'il y aurait à boire et les Allemands pouvaient toujours essayer de venir voir. Chaque créneau crachait du feu. Mais ce qui me frappa le plus c'est que chacun de mes hommes avait un cigare planté dans le bec, ce qui, au milieu de cette nuit tragique et de l'horreur des blessés et des morts et de l'enfer des explosions, donnait une comique note de fête.

— Qu'est-ce que c'est que ces cigares, Griffith ?

— Tu en veux un, caporal ? Moi, je ne fume que la pipe...

Et Griffith me tendit un long cigare.

— C'était un sorcier que Garnéro. Il n'y avait que lui pour trouver ça. Il a eu la main heureuse.

Il a mis le nez au bon endroit. Un dépôt allemand.
Il y a bien un cent de barriques et des cigares, en
veux-tu, en voilà, des piles et des caisses. Ils se
soignent bien, les Boches, tu sais. Tu ne voudrais
pas une lampe électrique, tiens...

Et Griffith me tendit une belle lampe de poche
qu'il fit fonctionner.

— Ferme ça, lui dis-je. Et Garnéro, tu l'as vu?

— Il est toujours là, étendu dans son tonneau
comme s'il était saoul. Il ne bouge pas.

— Il est mort?

— Il est mort. Il a la tête emportée.

Un peu plus tard, profitant d'une accalmie, je
pris Rossi, Belessort et Ségouâna avec moi et nous
descendîmes pour enterrer Chaude-Pisse.

Garnéro n'avait pas la tête emportée. Un obus
l'avait décalotté. Il gisait là comme un enfant
mais tout rouge de sang. Je lui remis le scalpe en
place et nous le couchâmes dans un trou d'obus,
le recouvrant de quelques pelletées de terre. Puis
nous remontâmes reprendre notre place au combat, Rossi, le géant, trimbalant deux tonnelets de
bière, Robert, Ségouâna et moi, chacun avec un
caisson de cigares sous le bras et un havane au
bec.

Des cigares d'officier.

Il s'était mis à pleuvoir.

Nous avions enterré Chaude-Pisse avec son
lièvre.

Dix années plus tard. J'avais passé la nuit à Montmartre. Au lieu de rentrer chez moi, je m'étais installé à la terrasse du bar-tabac qui fait le coin du boulevard des Batignolles et de la rue du Mont-Dore pour boire un dernier verre. Je ne pensais à rien de particulier. J'étais heureux d'être là, à Paris, comme toujours après un grand voyage. J'arrivais du Brésil et le paysage si typiquement parisien du boulevard des Batignolles m'allait droit au cœur car ce sont ces perspectives laides et tristes, ces façades salies que j'évoque de préférence quand je séjourne trop longtemps à l'étranger plutôt que le Paris des grands boulevards ou des grands cafés des Champs-Élysées. L'aube tardait à venir. L'ombre se faisait bleue. Un souffle de printemps passait dans les branches dégarnies. A cette heure indécise le large boulevard paraissait vide. Un bruit de poubelles automobiles venait de la place Clichy et les freins du premier métro patinaient à la station de Rome. Et tout à coup mon attention fut attirée par un fourgon noir, attelé d'un grand cheval blanc, qui remontait le boulevard désert. Le cheval allait au pas. La roue arrière du fourgon raclait la bordure du trottoir. Les pattes du cheval faisaient gicler l'eau du ruisseau. Les balayeurs matinaux se mettaient à l'ouvrage. Il y avait quelque chose d'irréel, d'extraordinairement poétique dans ce véhicule qui s'en venait à contre-jour et du coffre profond duquel s'élevait une voix aigrelette

criant : « — *Sciure !... Sciure !...* » Le cheval blanc
s'arrêtait de lui-même à la porte de tous les
bistros. « — *Sciure !...* », criait la voix. On ne
voyait pas l'homme assis parmi les sacs. Le grand
cheval repartait. On entendait sonner ses fers sur
le pavé de bois. La roue arrière grinçait contre la
bordure du trottoir. Je ne pouvais détacher mon
œil de ce curieux manège. Et cela venait lentement, s'arrêtait, repartait, se rapprochait. L'aube
monta d'un cran et le cheval blanc se fit encore
plus grand. Il prenait des tons lilas. Ses sabots
pataugeaient dans l'eau sale et irisée.

Arrivé à ma hauteur, le cheval s'arrêta.

— Nom de Dieu, caporal ! cria la voix.

Et l'homme sauta de la voiture.

Il n'avait qu'une jambe.

— Non... Chaude-Pisse ! fis-je.

Et nous tombâmes dans les bras l'un de l'autre
après une seconde d'hésitation.

— Ah, merde alors, caporal ! J'ai souvent
pensé à toi...

— Et moi, Chaude-Pisse, je te croyais mort !...

— Ah, vous êtes une belle bande de vaches,
mon salaud !

— Comment ça, Chaude-Pisse ?

— Mais vous m'avez plaqué !

Il n'était plus question pour Garnéro de continuer sa tournée ce matin-là, ni pour moi d'aller
me coucher. Nous passâmes à l'intérieur, occupâmes une table du fond, nous fîmes servir des

vieux marcs et Garnéro me raconta sa résurrection
cependant qu'à la porte le cheval blanc, reprenant
des proportions normales dans la lumière du grand
jour, perdait toute poésie et laissait tomber lamen-
tablement sa tête de bête sous-alimentée.

— Oui, vous vous êtes conduits comme une
bande de vaches. Je me vois comme si tout cela
m'était arrivé hier. J'étais en train de faire rouler
mon tonneau de bière et, vous, vous vous trottiez,
vous me plaquiez comme des dégueulasses, moi,
qui étais en train de vous fournir à boire, et je vous
gueulais après quand ce bondieu d'obus m'a fait
rentrer la voix dans la gorge. Cela m'a renversé.
La bière me coulait de partout, mais surtout sur
le visage, et je ne pouvais plus gueuler, ma voix
rentrée m'étranglait. Je suffoquais. J'ai dû me
débattre. Et je suis tombé dans le noir. Quand je
suis revenu à moi il faisait encore grand jour. Je
le devinais car je ne pouvais pas ouvrir les yeux.
Cela me poissait sur les yeux. J'enrageais. Je ne
pouvais pas bouger, même pas remuer le petit
doigt. Et je ne pouvais pas gueuler. J'avais toujours ma voix rentrée au fond de la gorge qui
faisait boule et qui me suffoquait. Je ne pouvais
pas respirer. Cela m'étranglait. Nom de Dieu,
qu'est-ce qui avait bien pu m'arriver? J'allais
mourir. Je ne souffrais pas. Le sommet du crâne
me brûlait. Mon cerveau était en feu. Je voyais
rouge. Mais cela me poissait les paupières et je ne
pouvais ouvrir les yeux. Surtout, je ne pouvais

pas gueuler. J'enrageais. Tu me vois, hein ? Mais c'était tout de même marrant car j'entendais tout ce qui se passait autour de moi, les bruits de la bataille, les explosions, la fusillade, des hommes qui se rapprochaient et qui s'éloignaient et, quelque part derrière moi, un pauvre type qui appelait sa maman d'une voix geignarde et pleurnicheuse. J'aurais voulu me retourner et lui dire merde, une bonne fois, car le type en question chiala ainsi durant des heures avant de se taire, mais je ne pouvais toujours pas bouger et ma voix rentrée au fond de ma gorge faisait boule comme si j'avais ravalé ma langue. J'étouffais. J'enrageais. Mais j'ai aussi dû roupiller. Mais le plus marrant, c'est quand vous êtes venus. Je vous ai immédiatement reconnus. J'ai pensé que vous alliez m'enlever de là et je me suis réjoui et j'en aurais pleuré si j'avais pu. Mais je ne pouvais pas. Je ne pouvais pas non plus vous faire signe. Il y avait là Belessort et son copain Ségouâna. Belessort était énervé, cela s'entendait. Ségouâna avait un tremblement dans la voix, ce qui ne m'étonnait pas de lui, c'est un sensible et je ne devais pas être beau à voir. Je reconnaissais aussi la grosse voix de Rossi, cette vache, qui parlait d'aller chercher des tonneaux. Toi, tu as dit comme ça que j'étais mort, et nom de Dieu, je ne pouvais pas protester car déjà les copains qui étaient venus avant vous chercher de la bière avaient dit ça en passant devant moi et je n'avais pas pu me redresser pour les traiter de couillons et leur dire que ce n'était pas vrai. Mais toi, quand tu as dit ça, que j'étais mort, je t'aurais bien foutu sur la gueule. Alors, je ne sais pas ce que tu m'as fait. Tu as pris le truc qui me poissait le visage et tu me l'as rabattu sur la tête, par derrière, en le pressant ou en l'attachant fort, ce qui m'a fait si mal au sommet du crâne que j'aurais gueulé comme en enfer si ma voix avait voulu sortir. Mais ma voix ne sortait toujours pas. La boule était toujours là qui m'étranglait. Je ne pouvais même pas respirer. J'étais raide comme un manche à balai. Et vous m'avez soulevé pour me coucher à quelques pas de là dans un trou d'obus et vous m'avez enterré. C'est drôle, ça. Est-ce que j'étais vraiment mort, caporal? Je l'ai cru quand vous m'avez flanqué des pelletées de terre sur la figure et que je vous ai entendus vous éloigner. Oui, j'étais bien mort ou tout au moins en train de crever pour de bon, lentement, sûrement, et je tournais de l'œil quand une douleur fulgurante m'a fait revenir à moi. C'était ce bondieu d'obus qui m'a emporté la jambe qui m'avait déterré et envoyé dinguer à 100 mètres. Alors, je me suis mis à gueuler. Oh, veine! ma voix sortait et l'on est venu me ramasser. Mais si vous, salauds, n'étiez pas venus me changer de place, jamais le deuxième obus ne m'aurait trouvé justement là pour me prendre la jambe et me rendre la voix, et j'aime mieux parler que courir. A la tienne, caporal! Tu ne l'as pas fait exprès mais tu m'as tout de même sauvé la vie.

— A la tienne, vieux!... Et le lièvre?

— Comment, tu te souviens du lièvre, caporal!

— Diable, nous t'avions enterré avec.

— Ça c'est gentil. Le lièvre, eh bien, ce sont ces cornards de brancardiers qui me l'ont fauché et qui l'ont boulotté...

Il me manquait un bras. Il lui manquait une jambe. Nous souriions au souvenir du lièvre... Non, ce n'était pas le bon temps ; mais le bon temps c'est d'avoir vécu...

Garnéro n'avait pas changé. On ne lui voyait aucune cicatrice apparente à la tête. Il avait toujours son air de voyou, le mégot collé au coin de la lèvre et ses yeux arrogants et fureteurs. Il était de Cagna (vallée de l'Aoste). Il était petit, sec, noiraud et extraordinairement nerveux et vindicatif, mais il nous avait souvent fait rire avec ses bons mots. Du premier coup d'œil il jugeait les gens et leur trouvait un qualificatif.

— Dis donc, Chaude-Pisse, tu n'as pas de pilon?

— J'ai même une jambe américaine, mais je ne la mets que le dimanche pour aller au cinéma. J'ai laissé mon pilon dans la voiture, mon moignon me fait mal.

— C'est comme moi, tu vois, ma manche est vide. Je ne supporte pas d'appareil, mon moignon me fait mal.

— C'est un joli cadeau qu'on nous a fait.

— Tu parles.

— Dis donc, caporal, viens donc dîner samedi soir à la maison. C'est ma femme qui sera contente de te revoir. Je lui ai souvent parlé de toi, vieille vache.

— Samedi soir ? C'est entendu.

— Je te dis samedi parce que je ne fais pas la tournée le dimanche matin. On pourra traîner plus longtemps, car nous aurons des histoires à nous raconter.

— Bon. Samedi soir. Ça va.

— Dis donc, caporal, ne m'appelle pas Chaude-Pisse devant ma femme. Ça la foutrait en rogne. Elle ferait du foin...

— Tu es toujours avec...

— Avec Lucie, oui. Que veux-tu, je l'ai dans la peau.

— Et comment ça va ?

— Ça n'est pas brillant, tu sais. Je n'ai pas de métier. Lucie ne peut plus faire le truc, rapport à sa maladie, et la sciure ça ne rend pas. Mais ne t'en fais pas pour samedi, il y aura de quoi croû-ter. Je dirai à Lucie d'aller porter ma jambe américaine au clou. On aura le pot-au-feu et le gigot...

— Et moi, j'apporterai les vins...

« *J'ai pour amant un ange du ciel qui me couvre de ses ailes...* » Je ne sais pas pourquoi je me réci-tais ce passage de l'office de sainte Cécile dans le

taxi qui me menait le samedi soir chez Chaude-
Pisse, au bout de la rue Ordener. J'habitais alors
rue des Marronniers, dans le bas de la rue
Raynouard, et j'avais tout Paris à traverser pour
me rendre chez mon copain. Un panier de bouteilles dûment assorties brinqueballait devant
moi sur le strapontin. J'y avais fait ajouter un
jéroboam de champagne brut pour nous deux
et une bouteille de chartreuse verte pour Lucie.
Je lui apportais aussi pour deux sous de mimosa.

Lucie. Je me souvenais vaguement d'elle. Elle
était de Nice. Le jour de son arrivée au régiment
Garnéro s'était rendu célèbre en s'amenant dans
la cour du bastion 19, où nous étions pour lors
cantonnés, porte de Picpus, en s'amenant avec
tout un troupeau de filles, des radeuses et des
marmites de La Fourche, où ce jeune marlou
tenait ses ébats, parmi lesquelles sa poule, une
petite moricaude oxygénée, maigrichonne, arrogante, mal embouchée et vindicative comme lui.
L'officier de service avait fait fourrer Garnéro
dedans, ce qui avait donné lieu à une échauffourée
dans la cour, ces dames n'en revenant pas qu'on
menât leur homme au trou, un engagé volontaire,
un étranger qui venait offrir son sang, qui venait
se battre pour la France! Mais la discipline militaire a de ces exigences que les femmes ne com-
prennent pas. Cette réception inattendue refroidit
singulièrement l'enthousiasme de Garnéro qui à
partir de ce jour-là se montra toujours mal luné

à l'égard de nos officiers. Il chercha à tirer au flanc et dès le lendemain matin il se fit porter malade. « — J'ai le filon », disait-il à l'homme de garde qui l'accompagnait à la visite, « j'ai la chtouille... » Le toubib le reconnut, mais lui infligea 60 jours de salle de police, lui disant : « — Cela t'apprendra. Au moins pendant ce temps-là tu ne pourras pas aller retremper ton biscuit dans l'outre de pus qui t'a foutu ça. Tu n'as pas honte!... » Garnéro n'avait pas honte. Il avait sa femme dans la peau, comme il me l'avait encore dit l'autre jour. Seulement, la salle de police ne faisait pas son affaire. Il sautait le mur pour aller rejoindre sa ménesse qui rôdait autour du bastion, seule ou avec des copines, et tous les hommes de garde facilitaient leurs rendez-vous. « — Elle est encore là. Vas-y! », lui disaient-ils. Et on lui faisait la courte échelle. Et Garnéro sautait le mur pour aller rejoindre sa poule et ses autres femmes dans l'herbe des fortifs. Les hommes le regardaient filer avec envie. « — Sacré Chaude-Pisse, va! » Et le surnom lui était resté. Mais il lui venait d'elle. Et c'était tout de même un grand amour...

J'avais un vague souvenir de Lucie. Quand j'entrai dans leur taudis, au fond d'une cour à l'italienne où des logis de pauvres gens alternaient avec des remises et des écuries et où l'on montait par un escalier extérieur qui donnait sur un balcon de bois avec une balustrade branlante, la femme

usée, ridée, ravagée, chétive, à la bouche fendue
comme celle d'une vipère, car elle n'avait plus de
dents, qui vint m'ouvrir ne me rappelait en rien
l'arrogante garce au verbe sonore qui avait fait
tant de pétard dans la cour du bastion de Picpus
quand l'officier avait foutu son homme dedans et
qu'il avait fallu faire appel au poste de garde pour
la mettre dehors, trépidante, rageuse et jouant
des pieds et des mains, des ongles et des dents
pour ne pas se laisser faire, inondant l'officier
d'un torrent d'injures méridionales. C'était un
être amorphe qui me recevait, enveloppé de lai-
nages, avec des chaînes dorées et des pendeloques
sur sa poitrine plate, un mince collet d'hermine
autour de son cou maigrichon, des anneaux sici-
liens aux oreilles dont le cartilage était très écarté,
des pellicules sur les épaules. Les mains étaient
soignées, les ongles faits. Les pieds étaient
mignons. Mais si son visage était outrageusement
maquillé et ses cheveux toujours oxygénés, les
boucles avaient perdu leur éclat, on les eût dits en
kapok, en bourre à coussin, et le visage ressemblait à une tête de mort tant les orbites étaient
profondes et fiévreux les yeux qui brillaient au
fond. Les paupières battues s'écaillaient. N.-D.
de la Drogue, probablement de la coco, car le
nez était rongé.

Le dîner fut très bon. Garnéro s'était distingué
et il était fin cuisinier. Lucie avait mis les petits
dans les grands plats. Les vins soutenaient le to-

nus de la soirée. Nous bûmes le champagne. Lucie
apprécia beaucoup la chartreuse dont je m'étais
souvenu qu'elle était gourmande pour lui en avoir
payé deux ou trois fois quand elle venait voir son
poilu à Saint-Cucufa, à la Malmaison, à Rueil,
où nous fûmes un temps en caserne avant de
monter au front, et elle vida la bouteille à elle
seule. Garnéro et moi bavardions, évoquant des
souvenirs du front, parlant des copains, Garnéro
ayant toujours les officiers à la merde à cause de
sa réception au régiment.

— Dis donc, tu te souviens... et Plein-de-
Soupe...

— Tu te souviens quand il voulut me faire
passer au tourniquet parce que, prétendait-il,
j'avais pillé les maisons de Frise et que j'empor-
tais un gramophone...

— Tu te souviens quand tu m'as dit de lui
tirer dessus, bien sûr, sans le blesser, mais juste
de quoi lui faire siffler les balles aux oreilles, histoire de voir comment le gros pépère se compor-
terait...

— Ah, ah, ah!...

— Ha, ha, ha!...

Nous riions.

PLEIN-DE-SOUPE (les gradés).

Plein-de-Soupe était le lieutenant qui avait remplacé celui que j'avais fait dégommer après notre premier contact dans les tranchées. Comme son surnom l'indique, Plein-de-Soupe était bouffi, mais les circonvolutions de son cerveau devaient être en pur boudin. Il était lieutenant de réserve alors que le premier était de l'active. Il était huissier dans le civil, je crois dans un gros bourg normand, et je me demande ce que cet homme épais était venu chercher chez nous en se faisant verser dans la Légion. Il devait se prendre pour un héros. Il nous avait rejoints à Frise. Il ne comprenait absolument rien à notre mentalité comme d'ailleurs la plupart de nos officiers qui n'y comprenaient rien non plus. Mais Plein-de-Soupe était maladroit, gaffeur. Il ne comprit jamais combien parmi nous étaient susceptibles. Il ne cherchait pas à s'imposer, non. Il était plein de suffisance. Il se croyait encore dans son bourg et jouer un rôle de par ses fonctions et son titre d'officier ministériel. Il était sûr de soi, satisfait, gras, et

puis, officier français, petit bourgeois à la tête
d'une compagnie de la Légion étrangère, il se
croyait d'une essence supérieure et devait nous
prendre pour un ramassis de délinquants. Avec
ça, dans aucune circonstance, il ne fit preuve de
courage physique. C'est lui qui le premier nous
traita un jour de « bouffeurs de gamelle » parce
que nous étions des engagés volontaires et il se
rendit profondément antipathique. Comme cette
injure avait été prononcée au rapport, les sergents, nos ennemis-nés, s'en emparèrent et nous
la servirent souvent par la suite. Or, il y avait
chez nous des étrangers qui s'étaient engagés
par amour pour la France beaucoup plus que par
haine de l'Allemagne, et non seulement des intellectuels et des artistes, mais aussi des commer-
çants et des négociants ; et non seulement ils
avaient quitté leur boutique, leur commerce et
leur standing de vie à Paris ou en province pour
mériter leur naturalisation ou gagner la régula-
risation de leur situation politique ou de famille,
mais beaucoup étaient venus de l'étranger, voire
des pays d'outre-mer, avaient quitté femmes et
enfants, car tous n'étaient pas jeunes, et sans
aucun esprit d'aventure ils étaient venus en France
signer un engagement pour la durée de la guerre,
puis ils s'en retourneraient dans leur pays d'origine. Tous n'avaient donc pas obéi à des sordides
intérêts d'ordre alimentaire ou de basse police,
et tout le monde fut ulcéré des paroles du lieute-

nant. Nous lui rendîmes, donc, la vie dure. Plein-
de-Soupe ne comprit jamais. Il méprisait ses
hommes. Il voulut le faire à l'autorité, nous traitant de *fortes têtes*, autre axiome cher aux militaires. Alors, ce fut la guerre déclarée. Finalement, comme beaucoup de ceux qui avaient
dépassé la quarantaine, Plein-de-Soupe fut évacué pour maladie et nous n'entendîmes plus
parler de lui.

J'adore le secret. Un des grands charmes de
la Légion c'est que l'on peut s'y engager sous un
faux nom et que l'on y respecte votre incognito.

Le 29 juillet 1914, deux jours avant la déclaration de la guerre, je signais avec Riccioto Canudo, cet enthousiaste et romantique disciple de
d'Annunzio, un « *Appel* » qui parut dans tous les
journaux de Paris et eut un grand retentissement.
Cet appel qui était le premier et devait être répété
des centaines de fois dans tous les journaux du
pays et par tous les comités nationaux des engagés
volontaires étrangers qui se constituèrent les jours
suivants à la suite de notre premier appel, cet
appel s'adressait à tous les étrangers amis de la
France et les sommait de s'engager dans l'armée
française pour la durée de la guerre. Cet appel
fut efficace puisque les engagements se chiffrèrent
par milliers dès la première heure et qu'à la fin
de l'année 1914, 88 000 engagés volontaires étrangers étaient venus renforcer les rangs de l'armée

française, et cela malgré les défaites du début de
la guerre [1].

J'aurais pu en rester là et, comme d'autres,
nager parmi les huiles et les honneurs. Mais le
3 septembre 1914, premier jour officiel des engagements — il avait fallu un bon mois de pourparlers avec le ministère de la Guerre pour lui
faire accepter cette énorme masse d'hommes de
bonne volonté et faire admettre aux bureaux que
cette armée de volontaires étrangers formait pour
la cause de la France la meilleure des propagandes
dans le monde (les Boches auraient compris du
premier coup ; ils rageaient de ne pas nous avoir ;
on l'a bien vu en 1940 quand ils ont constitué le
Propaganda-Staffel en France) — le 3 septembre,
dès l'ouverture des bureaux, je fus reconnu
bon » et signai mon engagement aux Invalides.
Une heure après j'étais à la caserne de Reuilly,
où l'on m'habilla et me nomma soldat de 1re classe,

---

1. Je n'écris pas l'Histoire. Le lecteur curieux de
connaître l'historique, la formation, l'ampleur, les
détails de ce grand mouvement d'enthousiasme des
journées du mois d'août 1914 qui porta tant de milliers
et de milliers d'étrangers, amis de la France, à s'engager dans les rangs de l'armée française aux heures les
plus graves de son histoire — après Charleroi et avant
la Marne — lira avec intérêt la brochure de F.-C. Poin-
sot : *Les Engagés volontaires étrangers dans l'armée
française* (Berger-Levrault, éditeurs, Paris, 1919). Il
y trouvera également le texte du premier « *Appel* » que
j'ai rédigé avec Canudo. Il est vrai que mon nom y est
orthographié : Blaise Gendrars. C'est une coquille.

faisant fonction de chef d'escouade, faute d'autres gradés pour rassembler les hommes qui affluaient. La pagaïe commençait...

J'avais signé le manifeste de mon nom de poète ; mais j'avais signé mon engagement d'un faux nom anglais. Au régiment, je restai un inconnu. Nul ne savait que j'étais un écrivain. Et aujourd'hui (1946) je ne fais pas encore partie des « *Écrivains anciens combattants* ». Au front, j'étais soldat. J'ai tiré des coups de fusil. Je n'ai pas écrit. Je laissais ça à mes hommes qui n'arrêtaient pas de pondre, pondre, pondre, écrivant à leurs femmes : mère, épouse, sœur, fiancée, amie, maîtresse, flirt, voisine, copine, rencontre, demoiselle de magasin ou serveuse de café et, à la dernière, cette nouvelle venue, la marraine de guerre, ce beau mensonge issu du cafard ou qui, peut-être, l'engendra.

Sortant des Invalides, je fis route avec un Canadien, un grand efflanqué qui faisait des enjambées de coureur de bois, qui tirait sur une pipe recourbée qui lui pendait plus bas que menton et qui, sans jamais retirer sa pipe de la bouche, avec ce curieux accent qui laisse supposer que les Canadiens parlent français sans desserrer les dents, exhalait sa mauvaise humeur et me raconta ses aventures et qui, dans l'état d'indignation où il se trouvait, refusa le verre que je voulais lui offrir avant de nous rendre de conserve à la caserne de

Reuilly. C'était mon bon ami Colon, qui n'était pas Bas-de-Cuir, malgré ses apparences (il était en tenue de cavalier de la prairie, pantalon cuir, mocassins de daim, poignets cloutés, foulard à carreaux, grand chapeau), mais le plus riche droguiste (retiré des affaires) de la bonne ville de Winnipeg, avait trois jeunes filles à marier (Colon était âgé de 53 ans), une femme charmante (comme sont souvent les Canadiennes un peu mûres qui n'ont jamais connu aucune tribulation dans l'existence, tellement la vie est placide que l'on mène dans ces grandes plaines à blé du sud du Canada), du bien au soleil (mon ami était gentleman-farmer et c'est chassant, pêchant, montant à cheval, roulant en auto que j'avais passé quelques semaines dans son domaine la dernière fois que je l'avais vu, deux, trois ans auparavant et que je venais de rencontrer par hasard aux Invalides), était parti se battre pour la France (« — Comme ça », me disait-il, « et aussi parce que j'étais trop âgé pour m'engager au Canada, les gars de Winnipeg se seraient moqués de moi... ») et qui a perdu une jambe en Champagne.

Et voici ce qui était arrivé à Paris à mon don Quichotte écervelé (Colon avait un tout petit crâne d'oiseau) :

Prenant le dernier bateau à la veille de la déclaration de la guerre, Colon n'avait pas voulu arriver en France les mains vides d'autant plus qu'il craignait, vu son âge, de ne pas être reconnu bon

pour le service armé. Il embarqua donc à Halifax
avec 300 chevaux payés de ses deniers. La traversée fut sans histoire, mais les histoires commencèrent au débarquement au Havre, où il tombait de la lune avec ses 300 chevaux et ses six
cow-boys dans un port occupé par les autorités
anglaises, une ville embouteillée par les réfugiés
belges et une France désemparée par les premiers
revers de la guerre et désorganisée par l'invasion
ennemie. Les Boches étaient aux portes de Paris.
Nul ne se souciait de cet idiot qui avait franchi
l'Atlantique pour venir s'engager avec ses bergers et qui voulait offrir 300 chevaux à demi sauvages à la patrie, et nul ne voulut l'écouter. Néanmoins, la douane payée et après des démêlés sans
fin avec les services vétérinaires du port, cet entêté
tint bon et Colon s'engagea bravement sur la route
de Paris, en tête de son troupeau, ses six cow-boys
flanquant, escortant, pressant la cavalcade à coups
de fouet, brandissant le lasso, poussant des cris
gutturaux pour s'insinuer entre les colonnes montantes des militaires et celles, plus encombrantes
encore, des réfugiés affolés qui descendaient en
désordre, femmes, vieillards, enfants perchés
dans des chars à bancs parmi les meubles et les
matelas et traînés par des haridelles. Je n'insiste
pas sur les incidents de route et les quiproquos
avec la gendarmerie qui prenait mon ami, ses
hommes, ses chevaux, pour un cirque ambulant
ou des bohémiens voleurs de chevaux ni de la

petite fortune que Colon dut dépenser en cours
de route pour la nourriture et l'hébergement de
sa caravane et des dommages et intérêts qu'il eut
à payer dans chaque village traversé pour de
l'herbe foulée ou broutée, la véritable aventure
ne commençant qu'à Paris, et dans les bureaux,
dont pas un n'était habilité pour recevoir pareil don.

Colon s'était rendu directement au ministère
de la Guerre où, après lui avoir fait beaucoup
d'embarras, on finit par l'aiguiller sur le service
de la cavalerie. Mais là, on lui avait ri au nez et
on l'avait adressé à la remonte de l'artillerie qui
l'avait adressé au train des équipages. Le train
des équipages l'avait envoyé lon-laire, lui disant
d'aller voir la commission d'achat, qui l'avait
dirigé sur les services vétérinaires. Les vétérinaires lui avaient conseillé d'aller voir à l'intendance générale, où on lui avait dit de retourner
au ministère, service social, bureau des dons qui,
lui avait-on certifié, était habilité pour recevoir
les dons aux armées. Mais le guichet en question
ne recevait que les dons en espèces et non en
nature et, Dieu! comment aurait-on fait pour
réceptionner 300 chevaux dans le bureau, dites?
Il devait donc remplir une demande pour qu'on
lui désignât d'office une écurie réquisitionnée,
faire viser la feuille, faire établir un acte de don
par-devant notaire et retourner au service de la
cavalerie, escalier B, 3e étage, aile sud, porte 101
qui...

— Et finalement, qu'as-tu fait ?

— De guerre lasse, j'ai loué une écurie chez un Juif, un marchand de chevaux, avenue Daumesnil, derrière la gare de Lyon, et ce marchand m'a offert une fortune pour mes chevaux. Je gagnais du 1 000 %.

— Alors ?

— Alors, ce matin, comme je me rendais aux Invalides signer mon engagement, j'ai ramené mes chevaux avec moi pour tenter une dernière fois la chance.

— Et... on les a enfin acceptés ?

— Mais pas du tout ! s'écria Colon avec véhémence. Imagine-toi, quand j'ai été reconnu bon, ce qui m'a fait plaisir, et que j'ai eu dûment signé mon engagement, j'ai exposé une fois de plus ma requête à l'officier recruteur, celui-ci s'est mis en colère. « — Qu'est-ce que c'est que cette histoire de chevaux ? », s'écria-t-il. « Est-ce que par hasard vous vous fichez de moi, monsieur ?... Sortez, vous dis-je, sortez, sinon je vous fiche dedans et n'oubliez pas que dorénavant vous êtes militaire ! » Et pour mieux me dévisager, le petit vieux fixait d'une main son lorgnon qui avait tendance de lui glisser du nez et de l'autre, il me désignait la porte. J'ai eu l'impression qu'il me prenait pour un fou. Que dis-tu de cette réception ?

— Rien. Que veux-tu, c'est la pagaïe. Mais tes chevaux ?

— Les chevaux... Je les ai laissés dans la cour

intérieure de l'hôtel des Invalides. Je suppose que l'armée s'en saisira puisqu'elle n'a pas voulu les accepter bénévolement.

— Rien n'est moins sûr, mon vieux. Peut-être qu'on les aura menés à la fourrière de la Préfecture de police, où on les asphyxiera comme bêtes divaguant sur la voie publique. Et même personne n'aura l'idée de les envoyer aux abattoirs parce que tout le monde s'en fout. Je te dis que c'est la pagaïe.

— Qu'est-ce que c'est que ce mot que tu emploies si souvent, ami Cendrars?

— La pagaïe? Mais c'est quand les événements débordent les règlements édictés dans un État bien policé qui n'a rien laissé à l'imprévu. Les Boches aux portes de Paris, toi, vieux frère, te présentant au ministère de la Guerre, boulevard Saint-Germain, avec 300 chevaux du Canada, vous créez la pagaïe, vous êtes imprévus. Mais attends, je vais alerter un journal...

Ainsi, nous entrâmes tout de même dans un bistro et je pus offrir un verre à Colon.

— Avale ça, ça te remettra de tes émotions.

Je téléphonai à *L'Intransigeant* pour leur dire d'envoyer un rédacteur aux Invalides et leur signaler l'histoire des chevaux. Mais à *L'Intran* c'était également la pagaïe. Ils firent un écho pittoresque, mais ne s'occupèrent pas de la chose, si bien que mon ami Colon ne sut jamais ce que ses chevaux sont finalement devenus.

Mais il avait un bien autre sujet de peine et de chagrin. C'était le sort de ses bergers qui étaient venus de son ranch s'engager avec lui. Trois cowboys étaient Indiens et trois Français d'origine. Les Français furent coffrés séance tenante comme déserteurs et les trois Peaux-Rouges disparurent dans la cohue des Invalides. Malgré les plus actives recherches on n'a jamais pu retrouver leurs traces. Et ce pauvre Colon se faisait des cheveux.

Notre régiment était le *3ᵉ régiment de marche du camp retranché de Paris*. Nos plaques d'identité, en plus du matricule, portaient la mention « *engagé volontaire étranger* ». Nous avions bien signé notre engagement au titre étranger, il n'y avait pas d'autre disposition de loi qui l'autorisât, mais jamais il ne pourrait être question de nous verser d'office dans la Légion étrangère ; c'est du moins, ce que les hautes personnalités politiques, artistiques et littéraires que Canudo et moi avions mises en branle en faveur de notre mouvement pour intervenir au ministère et à la présidence, nous avaient fait entendre et formellement promis. D'ailleurs, notre engagement n'était pas de cinq ans comme celui de la Légion, mais seulement pour la durée de la guerre. Nous ne portions pas non plus l'uniforme de la Légion d'Afrique. Nous avions touché le képi, le fameux « pot de fleur », et portions la capote de l'infanterie de ligne. L'intendance étant démunie, on nous

avait distribué des vareuses des pompiers de la
ville de Paris et des pantalons bleus d'artilleur,
à larges bandes rouges. Ces pantalons eurent le
don d'exaspérer le général de Castelnau quand
nous montâmes en ligne. Juché sur un tas de cailloux, le petit homme entouré des brillants officiers
de son état-major nous regardait défiler au tournant de la route, au bas de la côte de Montdidier.

— Qu'est-ce que c'est que ce régiment? l'en-
tendîmes-nous interpeller notre colonel qui se
présentait à lui. Est-ce de l'infanterie de forteresse? Ce n'est pas une tenue. Je croyais que l'on
m'envoyait un régiment de la Légion. Et qu'est-ce
que c'est que ce numéro 3 au collet? Ce n'est pas
régulier. Je ne connais que le 1er et le 2e Étranger. Je vous donne huit jours pour habiller conve-
nablement vos hommes. Rompez!...

Alors, aussitôt descendus de Rosières où nous
avions fait de si brillants débuts, on nous fit dé-
coudre nos pantalons et arracher ces larges bandes
rouges réservées aux artilleurs. Or, ces pantalons
étaient de première qualité et façonnés comme
on ne le fait plus ; les bandes rouges prises dans
la couture étaient aussi largement ourlées à l'intérieur qu'elles étaient étalées à l'extérieur. Il fallut
défaire et arracher tout ça, et comme la plupart
des hommes ne savaient pas coudre (personnellement je n'ai jamais su tenir une aiguille), le résultat de ce beau travail fut que nous passâmes l'hiver en loques, les coutures béantes ou ne tenant

pas, laissant voir la peau, maintenues qu'elles
étaient par des épingles de nourrice et des agrafes
faites avec des bouts de fil de fer, les jambes
du pantalon faisant des plis en accordéon, des
boursouflures aux genoux et des crevés aux
cuisses. En décembre nous touchâmes des pantalons rouge garance, puis, huit jours plus tard,
des housses en toile bleue à revêtir par-dessus
pour cacher ce rouge par trop voyant. Puis, dans
les mois suivants et de quinze en quinze jours,
tous les modèles de tenue que les tailleurs des
bureaux de l'intendance imaginaient au ministère
à Paris pour moderniser l'aspect extérieur du
pioupiou français, trouver un modèle adéquat
aux nécessités de la guerre et des teintes de camou-
flage allant du jaune de Naples sali au blanc
crayeux, en passant par toutes les nuances fanées
ou rouillées du réséda et du kaki avant d'opter
définitivement pour le bleu horizon. Jamais nous
n'avons vu autant d'officiers supérieurs s'occuper
de nous. Je ne sais pas pourquoi notre régiment
— et plus particulièrement notre 6e Cie — fut
spécialement choisi pour servir d'expérience à
ces fantaisies vestimentaires. Mais comme les
effets nouveaux n'arrivaient que par petits paquets, nous ne fûmes jamais plus de deux poilus
à être habillés de façon identique, si bien que
nous faisions taches et que sur la route le régi-
ment-caméléon défilait maintenant comme une
mascarade versicolore, et je ne sais pas ce que le

général de Castelnau en eût alors pensé ; mais nous ne rencontrâmes jamais plus cette culotte de peau à un tournant de route ; probablement que le général s'en foutait lui aussi et que ce petit bout d'homme rageur n'y pensait plus. Seulement, quel gâchis ! Chaque fois que l'on changeait de tenue, on brûlait la précédente, même si elle n'avait été portée que huit jours, et, quand à la fin du printemps tout le régiment fut uniformément habillé de la tenue bleu horizon, le régiment fut versé dans la Légion et nous touchâmes l'uniforme kaki de la Légion d'Afrique (division marocaine) et la tenue bleu horizon que le régiment venait de revêtir fut également brûlée quoique toute neuve. Cela se passait à Tilloloy, à la veille de partir en permission. C'est donc déguisé en légionnaire que je passai ma perme à Paris et c'est grâce à cet uniforme glorieux et légendaire que je fus si bien accueilli au Chabanais. L'uniforme était seyant, avec la ceinture bleue large de deux bons empans dans laquelle on s'enroule vingt-cinq fois et que l'on portait à l'extérieur, par-dessus la capote, sous le ceinturon. Mais tout l'hiver j'avais fait la guerre dans les pantalons noirs d'un curé, falzar que j'avais découvert au presbytère de Frise, en fouinant dans un placard, entre un corset roulé, des bottines de femme éculées, une bouteille de champagne vide, une boîte de marrons glacés écrasée et des pelures d'orange. Je n'étais pas douillet, mais ce pantalon ecclésiastique, d'une coupe désuète mais d'un bon drap, me tint chaud.

La Légion. Il en était question depuis notre départ de Paris et c'est le général de Castelnau qui en prononça officiellement le nom pour la première fois, juché comme un oracle de mauvais augure sur son tas de cailloux. Quand la chose devint effective, huit mois plus tard, quand le 3e de marche de la garnison de Paris (le « 3e déménageur » l'appelions-nous, parce que nous avions servi de bouche-trou dans les plus sales coins du front du Nord) fut dissous pour être versé au 1er Étranger, la démoralisation fut générale, surtout parmi les volontaires venus des trois Amériques, tellement le renom de la Légion était sinistre outre-Atlantique, et je connais plus d'un Américain qui s'était vaillamment comporté jusque-là, qui avait secrètement envie de déserter. C'est d'ailleurs à cette époque que les premières désertions à l'intérieur (qui furent toutes exceptionnelles) se produisirent chez nous. Mais les premiers à avoir donné le mauvais exemple furent nos officiers et nos sous-offs car il y a différents degrés dans la désertion et j'estime qu'un chef qui lâche sa troupe à l'heure du danger pour se faire verser dans une unité moins exposée, quoique agissant régulièrement et à l'abri du règlement, déserte en fait ; il est comparable à un plaideur qui n'a pas la conscience tranquille et qui se réfu-

gie dans le maquis de la procédure. Ce cas fut
très fréquent chez nous parmi nos gradés et rares
sont ceux qui restèrent avec nous jusqu'au bout.

Au début, les sous-offs qui nous encadraient,
venaient tous du bataillon des sapeurs-pompiers
de Paris. C'étaient des rengagés. En se faisant
verser chez nous comme instructeurs, ils avaient
tous été nommés sergents et en entrant dans la
zone de feu ou après un court séjour au front, ils
eurent pour la plupart de l'avancement. C'était
pour ces humbles une occasion inespérée de
gagner du galon. Ils étaient de fins gymnastes et
tous à cheval sur le règlement. Ils étaient forts sur
le maniement d'arme, les exercices dans la cour
de la caserne et très stricts sur la tenue et la façon
de rendre les signes extérieurs du respect. Mais
comme entraîneurs d'hommes, ils étaient nuls,
car il y a loin de la théorie à la pratique. Gâtés
comme le sont les pompiers de Paris, ils y avaient
des habitudes de fainéantise et de galanterie, et
ils firent tous une drôle de tête quand il s'avéra
que nous allions quitter la garnison de Paris pour
monter au front. Sortis de la caserne, ils déchan-
tèrent. Il n'est pas question de leur courage, mais
de la routine dans laquelle ils s'étaient enlisés et
de leur façon habituelle d'envisager leur avenir
et leurs droits à la retraite. Tout le monde sait
combien ces braves se dépensent sans compter
et sont toujours prêts à exposer leur vie au cours
d'un incendie, mais aucun d'eux n'avait envie de

se faire trouer la peau avec nous. Ils étaient
dépaysés au milieu de nous, n'entendaient rien à
notre mentalité d'engagés volontaires étrangers
qu'ils considéraient comme un ramassis de
« bouffeurs de gamelle », nous traitant mal, nous
houspillant et brimant ceux d'entre nous qui
avaient de l'argent, qu'ils prenaient pour des fils
de famille ou des fous, les plus âgés, comme Colon,
qui arrivaient des pays d'outre-mer. Cela dépassait leur entendement que tous ces types soient
venus se battre bénévolement, ils ne pouvaient y
croire, et si cela les épatait, ils cherchaient des
motifs honteux, des mobiles avilissants et
n'étaient pas éloignés de nous considérer comme
des criminels. Ils faisaient bloc à part et étaient
cordialement détestés. Mais ils se sentirent perdus
quand il fut question de la Légion. Pour ces vieux
soldats de la métropole cela était une avanie immé-
ritée que de s'y voir incorporés d'office et tous en
chœur et chacun en particulier ils firent valoir
leurs droits pour aller rejoindre leur ancien régiment métropolitain ou leur spécialité au corps
des pompiers pour faire retour à leur bataillon
d'origine. Naturellement, les galons gagnés chez
nous leur restaient acquis et le séjour au front
comptait double pour la retraite. Ils avaient pesé
tout cela. A deux ou trois exceptions près — le
sergent Chrétien (tué à la crête de Vimy), l'adjudant Angéli (tué en Champagne) et le sergent
Jean (tué en Alsace) — ils nous lâchèrent les uns

après les autres durant les premiers mois et je
crois qu'il ne restait plus un seul instructeur du
début, de ces hommes qui auraient dû nous
donner l'exemple, quand le « Déménageur » fut
dissous pour être versé au 1ᵉʳ Étranger à Tilloloy.

J'en dirai autant de nos officiers du début. Ils
s'éclipsèrent tous, sauf qu'ils le firent avec plus
de souplesse que les sous-offs, ayant de meilleurs
motifs et de plus hautes relations et beaucoup
plus de bonnes raisons encore à invoquer sous
prétexte de spécialité, de compétence, de cours
de perfectionnement à suivre, de stages à faire
dans des formations particulières, et, surtout
après les coups durs, ils partaient un à un rejoindre l'école, le ministère, un état-major ou une
unité régulière de l'armée française, ayant tous
également horreur de la Légion. Ce n'étaient pas
des casse-cou ni des têtes brûlées. Six mois de
présence à la Légion étaient bien suffisants pour
ces arrivistes et eux faisaient valoir leurs droits.
Dans l'ensemble, ils nous méprisaient. Ils n'avaient
aucun contact avec nous. Dans la vie des tranchées
ils étaient inexistants. Au feu, ils brillèrent par
leur absence ou se distinguèrent par leur incapa-
cité. J'ai beau faire des efforts de mémoire, je
n'arrive pas à situer à l'avant le poste de tel ou tel
lieutenant ni à dire la part que tel ou tel à pu
prendre à l'action. Qu'on ne croie pas à du parti
pris de ma part. J'en ai tellement vu défiler chez
nous durant les huits premiers mois de ces offi-

ciers hâbleurs venant de toutes les armes et arbo-
rant les tenues les plus variées, de celle des chasseurs à pied à celle des spahis, qu'à une ou deux
exceptions près, comme le capitaine Jacottet
(qui nous resta fidèle et même à la Légion) ou le
lieutenant Barrière (qui passa capitaine pour sa
vaillante conduite au feu mais qui nous quitta
trois mois après), je ne puis citer aucun nom bien
que me souvenant de plus d'une vacherie. S'ils
avaient été si brillants dans leur arme d'origine
aucun de ces officiers passagers ne serait venu
chez nous! Ils venaient par intrigue et repartaient
dare-dare poursuivre ailleurs leur carrière d'in-
trigants car aucun d'eux ne manquait de piston.
La stratégie de Joffre, à l'époque, son fameux
« grignotement », favorisait d'ailleurs ce jeu de
passe-passe. On passait dans la Légion parce que
cela compte dans un état de service, mais on y
restait quinze jours, trois semaines, histoire de
commander un coup de main et de tâcher de
décrocher une citation. Je ne voudrais pas géné-
raliser. Je ne parle que de ce que j'ai vu et l'horizon
du soldat est borné et ne dépasse guère la limite
de son escouade, de sa section, de sa compagnie ;
la notion du régiment frise déjà la fiction, sauf
dans les grands jours d'éclat, revue, offensive,
défilé de la Victoire ; de même que l'esprit de
corps ne se manifeste dans sa conscience que les
soirs de sortie, de quartier libre, de ribouldingue.
Ce n'est donc pas le courage personnel de chacun

de ces officiers que je mets en question, mais je
souligne un trait général de leur caractère, comme
qui dirait une déformation professionnelle qui
fait que messieurs les officiers ont par trop tendance à se mettre toujours du côté du manche.
C'est peut-être leur fonction qui veut ça puisque
le but de leur carrière est non pas de finir en héros,
mais, chacun, chef d'état-major, généralissime.
« *Les généraux meurent dans leur lit* », dit un pro-
verbe canadien. Ou alors, c'est nous, étrangers,
qui étions trop sensibles à ce mode de procédé
désinvolte, au lâchage de nos officiers. Nous nous
sentions abandonnés, notre sort n'intéressait
personne et la question pouvait se poser de savoir
si au G.Q.G. on nous jugeait assez bons pour faire
de la chair à canon. En tout cas, moi, je me le
demandais, bien qu'il me fût absolument égal d'être
ou de ne pas être de la Légion. Je n'avais encore
jamais été soldat. En toute candeur, je croyais que
le colonel était, comme on dit, « le père du régiment ». Mais les colonels aussi défilaient chez
nous à la va-vite et je n'exagère pas en affirmant
que nous en eûmes une bonne demi-douzaine en
moins d'un an. Cela me semble symptomatique.
Pour les officiers supérieurs, il n'y a que la carrière
qui compte. Il n'y a pas d'autre considéra-
tion.

Légion ou pas Légion. Personnellement cela
me laissait absolument indifférent. Je ne me paie
pas de mots. Je m'étais engagé, et comme plusieurs

fois déjà dans ma vie, j'étais prêt à aller jusqu'au
bout de mon acte. Mais je ne savais pas que la
Légion me ferait boire ce calice jusqu'à la lie et
que cette lie me saoulerait, et que prenant une
joie cynique à me déconsidérer et à m'avilir
(comme la sous-maîtresse du Chabanais qui, me
prenant dans ses bras lors de ma permission à
Paris, m'appelait « le petit légionnaire de son
cœur », jouissait de me raconter qu'elle était la
fille unique d'un colonel breveté d'état-major,
était orgueilleuse de se prostituer à un simple
soldat et se sentait diaboliquement possédée) je
finirais par m'affranchir de tout pour conquérir
ma liberté d'homme. Être. Être un homme. Et
découvrir la solitude. Voilà ce que je dois à la
Légion et aux vieux lascars d'Afrique, soldats,
sous-offs, officiers, qui vinrent nous encadrer et
se mêler à nous en camarades, des *desperados*, les
survivants de Dieu sait quelles épopées coloniales,
mais qui étaient des hommes, tous. Et cela valait
bien la peine de risquer la mort pour les rencontrer, ces damnés, qui sentaient la chiourme et
portaient des tatouages. Aucun d'eux ne nous a
jamais plaqués et chacun d'eux était prêt à payer
de sa personne, pour rien, par gloriole, par ivro-
gnerie, par défi, pour rigoler, pour en mettre un
sacré coup, nom de Dieu, et que ça barde, et que
ça bande, chacun ayant subi des avatars, un choc
en retour, un coup de bambou, ou sous l'emprise
de la drogue, de l'alcool, du cafard ou de l'amour

avait déjà été rétrogradé une ou deux fois, tous étaient revenus de tout.

Pourtant, ils étaient durs et leur discipline était de fer. C'étaient des hommes de métier. Et le métier d'homme de guerre est une chose abominable et pleine de cicatrices, comme la poésie.

On en a ou l'on n'en a pas.

Il n'y a pas de triche car rien n'use davantage l'âme et marque de stigmates le visage (et secrètement le cœur) de l'homme et n'est plus vain que de tuer, que de recommencer.

Et vivat! c'est la vie...

— Alors, qu'est-ce que tu veux que je réponde au ministre, que tu ne veux pas aller dans l'aviation?

— Je ne vous ai pas dit ça, colonel. Répondez au ministre que s'il désire que j'entre dans l'aviation, je demande d'emmener tous les copains avec moi. Il n'y a pas de raison...

— Mais qui es-tu pour poser tes conditions, tu n'es même pas caporal!

— Je ne suis rien du tout, mon colonel, et je ne demande rien.

— Allez, va boucler ton sac et tu pars cette nuit avec la voiture du régiment.

— Permettez, mon colonel. Pas cette nuit.

— Et pourquoi pas?

— C'est la nuit de Noël.

— Alors?

— Alors, je ne veux pas quitter les copains.

— C'est ton dernier mot ?

— Oui, mon colonel.

— Tu te rends bien compte de ce que c'est qu'une dépêche ministérielle qui vient te relancer ici ? Cela ne se reproduira pas deux fois. C'est ta chance unique.

— Ma chance ou ma malchance, colonel...

J'avais hâte de m'en aller. J'étais pressé d'aller rejoindre les copains. Sawo, Garnéro, Griffith m'attendaient à la ferme Ancelle et nous nous étions promis de faire une belle surprise aux Boches pour leur Noël. Nous avions préparé la chose dans le plus grand secret et voilà que cette malencontreuse dépêche ministérielle qui me réclamait risquait de tout faire avorter ou tout au moins de me faire rater le feu d'artifice si le colonel me retenait encore longtemps. De Cappy-les-Fontaines-sur-Somme à Frise, il y avait six kilomètres par le chemin de halage et encore deux par un boyau détrempé pour rejoindre la ferme Ancelle, au pied du Calvaire. Je venais de les parcourir, cet après-midi, quand le colonel avait envoyé son cycliste venir me chercher pour une communication d'extrême urgence. Six et six douze, et deux quatorze, et deux seize, j'aurais donc fait seize bons kilomètres quand je sortirais en rampant de la ferme Ancelle pour aller placer notre gramophone dans les barbelés du Calvaire. Le colonel ne pensait pas au kilométrage ; il n'était pas comme son cycliste qui n'avait pas

arrêté de râler et de m'injurier pour s'être trouvé
dans l'obligation de venir me chercher en première ligne, où il s'était aventuré pour la première
fois, à pinces, bien entendu, car il ne pouvait
rouler sur sa bécane dans la boue glacée du chemin de halage sans courir le risque de choir dans
le canal comme cela était arrivé deux ou trois fois
à des soldats quand nous descendions éreintés
des lignes et que les hommes dormaient en marchant, faculté extraordinaire qui m'a toujours
épaté. Comment cela était-il possible ? Le dernier
en date qui s'était noyé, à la dernière relève, était
Machin, l'Alsacien, le tampon des sergents qui
faisait des rapports sur l'escouade pour passer
caporal et qui aurait trahi père et mère. Ce fou-
triquet est tout de même mort pour la France,
ainsi, bêtement, en se noyant dans le canal de la
Somme pour avoir pris l'habitude de dormir en
marchant.

— Sais-tu ce qu'il y a dans ce télégramme ?
avais-je demandé au cycliste du colonel comme
nous longions le canal en descendant.

— Je ne sais pas, m'avait répondu le cycliste
qui était en rogne.

— Tu ne l'as pas vu ?

— Si.

— Alors ?

— Ça ne me regarde pas. Tu dois bien le savoir !

— Je te jure que non.

— Mais il est du ministre! Tu ne vas pas me faire croire que tu ne sais pas de quoi il en retourne.

Il n'y avait pas moyen de lui tirer les vers du nez. Le cycliste était de mauvaise foi : « — C'est à cause de toi, calotin, que mon gueuleton de Noël est gâché », bougonnait-il.

Je me perdais en conjectures. Et voilà que le colonel venait de m'apprendre que l'on me réclamait dans l'aviation! Ça alors, je n'en revenais pas. Qui, mais qui avait bien pu intervenir au ministère et en ma faveur?...

Je m'excuse de ne pas savoir le nom de notre colonel. C'était le deuxième ou le troisième chez nous. Je ne l'ai vu que cette fois-là car bientôt il fut remplacé par un autre, une espèce de Bourbaki ronchonneux, ventru, joufflu et barbu. Lui était un homme grand, distingué et assez paternel.

— Sacré cabochard, va! Mais le capitaine Jacottet m'avait prévenu. Il paraît que tu es le meilleur soldat de la compagnie et la plus mauvaise tête du régiment. Qu'est-ce que tu faisais dans le civil?

— Je suis poète.

Et je me mordis la langue de m'être coupé.

— Qu'est-ce que la poésie a de commun avec l'aviation?

— J'étais aussi secrétaire général des « *Alouettes de France* ».

— Qu'est-ce que c'est que cela?

— Le premier groupement civil des jeunes de l'aviation française.

— Tu es pilote?

— Non, mon colonel.

— Tu as tes brevets?

— Non, mon colonel.

— Alors, pourquoi est-ce que le ministre te réclame?

— Je ne sais pas. Je n'ai rien demandé.

— Enfin, tu t'es bien occupé d'aviation?

— Oui, mon colonel.

— Où ça?

— A Chartres.

— A quel titre?

— J'étais constructeur, en association.

— Tu sais voler?

— Mais bien sûr. On était assez bon pour casser du bois.

— Alors, qu'est-ce que je réponds au ministre? Est-ce oui?... est-ce non?...

— Répondez-lui ce que je vous ai dit, colonel. Je veux bien partir mais avec l'escouade.

— Alors, c'est non?

— C'est non.

— C'est bien. Je transmettrai. Tu peux disposer.

Je saluai en claquant les talons, je fis demi-tour et je sortis rapidement.

Dehors, il faisait déjà nuit. Je me mis à courir jusqu'au canal. J'avais peur que le colonel ne se

ravisât et ne me fît rappeler. Je ne me sentis en
sûreté que lorsque les balles perdues qui venaient
de l'autre rive des marais de la Somme, du côté
de Curlu, se mirent à siffler et à éclater autour de
moi comme vesses ou bulles d'air dans l'eau.

J'avais pris par les raccourcis et par les découverts pour arriver plus vite et quand je fus rendu
à la ferme Ancelle, j'étais exténué mais content :
j'arrivais à temps, les gars n'étaient pas partis
sans moi.

— Tout est prêt? demandai-je. Versez-moi
à boire, je crève la soif, le colon ne m'a rien
offert...

Garnéro s'affairait après le gramophone. Sawo
étoupillait les mèches. Griffith tirait sur sa bouffarde tout en couvant des yeux deux bombes de
mélinite et quatre gros pétards. Deux pelles-
bêches et quatre musettes remplies de grenades
étaient à côté de lui rangées sur la banquette.

Garnéro releva la tête : « — Je crois que ça va
fonctionner », dit-il en rangeant son tournevis
dans la trousse à outils. « Non, mais tu le vois cet
enflé qui fume sa pipe sur la mélinite? Pas de ça,
mon vieux, tu vas nous faire sauter. »

Pour une fois, Griffith ne protesta pas et se mit
à vider son culot de pipe par petits coups sur son
talon.

— Non, mais tu n'es pas cinglé, des fois?
Voilà maintenant qu'il veut nous faire flamber!

Et Garnéro de piétiner la paille dont notre

poste de guet était jonché. Griffith gloussait de joie, sardonique.

— Qu'est-ce qu'il te voulait le colon? me demanda Sawo qui refermait son couteau ayant fini de faire ses épissures.

— Oh rien, lui dis-je. Ce sont des emmerdeurs...

Le petit poste dont nous allions sortir tous les quatre pour aller souhaiter à notre façon la Noël aux Boches, était situé entre deux meules de paille, en avant de la ferme Ancelle. La ferme — dont j'ai retenu le nom parce qu'Ancelle était également celui du notaire de madame la Générale Aupick, la mère de Baudelaire et que j'étais fervent baudelairien à l'époque — était un carré de bâtiments juste au pied du Calvaire. De leur fortin, là-haut, les Boches plongeaient dans la cour et avec leur petit canon Maxim ils aspergeaient tout le secteur, de la ferme Ancelle à l'église de Frise. Ils nous avaient fait beaucoup de mal depuis deux mois et rares étaient les hommes qui osaient circuler dans les boyaux en plein jour car l'on ne savait jamais si l'on était hors vue, les Boches ayant posté des guetteurs et des tireurs très adroits. Seuls, Bikoff, du haut de son clocher, réussissait parfois à les bigorner. C'était un sale coin.

Nous avions décidé, Sawo, Garnéro, Griffith et moi, non pas de faire sauter le fortin, nous n'étions pas équipés pour et cela eût été une opération d'envergure qui dépassait la capacité

de quatre hommes et qui aurait demandé l'appui
de l'artillerie, or, le régiment ne disposait pas de
l'appui de l'artillerie à Frise, qui faisait poche
dans les marais et où nous serions proprement
pris au piège en cas d'attaque sur Albert, le gou-
let par lequel la Légion se faufilait le long du
canal pour gagner nos positions n'ayant pas un
kilomètre de largeur près d'Albert, nous avions
décidé, nous quatre, histoire de rire et de nous
dégourdir un peu, de profiter de la nuit de Noël,
quand les Allemands chanteraient leurs cantiques
et que les sentinelles elles-mêmes deviendraient
sentimentales, prises de *Sehnsucht*, leur fameux
mal du pays, pour tâcher de monter au Calvaire.
J'avais trouvé un gramophone dans le village
abandonné. Garnéro, qui était bricoleur, en avait
changé le ressort pour faire durer son action plus
longtemps sans avoir besoin de le remonter et
placé un dispositif ingénieux, je crois une
simple vis d'Archimède, contre lequel l'aiguille
venait buter à fin de course et reprenait automatiquement sa position première pour une deuxième, une troisième audition. Nous avions
l'intention d'aller placer le gramo dans le réseau
des barbelés allemands qui enserraient le Calvaire
de très près. Pour corser la chose, nous placerions
les deux bombes sous l'appareil et les quatre
pétards autour. C'est Sawo, le Gitan, donc un
heimatlos, qui avait eu l'idée première de cette
machine infernale, Garnéro qui avait assumé la

responsabilité du bon fonctionnement de l'instrument, moi qui avais choisis le disque et Griffith, ce cynique, ce sceptique, ce frigide Anglais, s'était montré enchanté de pouvoir participer à notre équipée dont il attendait une forte émotion car il broyait du noir. Le secret avait été bien gardé et personne ne se doutait de rien.

Il y avait à peu près 400 mètres des meules de paille aux barbelés du Calvaire. Il faisait un beau clair de lune. La nuit était sereine. Il gelait dur. On entendait les cris des oiseaux aquatiques dans les marais, le bruit du ravitaillement allemand qui roulait derrière la colline d'en face, la voix lointaine de la canonnade qui descendait du Nord, le déclic des fusées éclairantes, quelques rares coups de fusil et le « clac » des balles perdues et presque mortes qui venaient tomber on ne sait où. Couchés sur le ventre et chacun chargé de ses *impedimenta*, nous étions sortis de notre trou, attendant l'heure.

A Frise, ce sont les Fridolins qui nous donnaient l'heure. En gens méthodiques qu'ils sont, ils avaient braqué quelque part dans leur ligne un fusil sur la cloche de l'église du village en ruine et une sentinelle de service sonnait les heures, les quarts, les demies en tirant sur la cloche, dont le bronze vibrait ému, un nombre correspondant de coups. Nous avait-il assez fait enrager ce tireur de malheur que ni Bikoff ni moi n'avions jamais pu repérer, même pas à la

jumelle! Tout ce dont j'étais sûr, c'est que les
coups de feu ne partaient pas du Calvaire, ce qui
était important pour nous quatre, cette nuit-là,
car le maniaque de service ne devait se laisser
distraire par rien, c'était à supposer, et même pas
par des cantiques et un arbre de Noël, le temps
ne s'arrêtant pas comme l'étoile de Bethléem et,
lui, étant chargé de marquer le temps. J'avais
estimé qu'il nous faudrait deux heures pour parcourir les 400 mètres qui nous séparaient du
Calvaire et pour mettre le gramophone en place
et prendre nos dispositions. Je voulais mettre le
disque en marche à minuit précis. Il nous fallait
donc partir à 10 heures et j'attendais avec l'impatience que l'on imagine que cet horloger de
tous les diables tirât ses dix coups. Enfin, ils
retentirent et nous nous mîmes à avancer à plat
ventre.

J'allais en tête. J'avais soigneusement étudié
l'itinéraire à suivre. Il fallait monter obliquement
à droite jusqu'à la hauteur d'un buisson en bordure du chemin creux et dont la touffe sombre
me servait de repère à mi-côte. Le chemin creux
était impraticable. Il montait en ligne droite du
village au Calvaire, son dernier tronçon se ter-
minant par un raidillon. Mais il était violemment
éclairé par les fusées, souvent balayé de bout en
bout par des salves de mitrailleuse et au bas du
raidillon les Boches avaient installé un barrage
fait d'instruments agricoles, semoir, charrue, rou-

leau, charreton, tonneau, brabant enchevêtrés. A partir du buisson, où nous nous retrouvâmes réunis après une demi-heure de reptation, il fallait appuyer obliquement à gauche et la montée se faisait beaucoup plus raide en suivant la bordure nord d'une pièce de terre qui, vue du haut du clocher, ressemblait à un rectangle de rapiéçage posé au flanc du coteau. Une herse dressée debout, dans l'angle supérieur du rectangle, me servait de deuxième point de repère.

Cette herse dressée se trouvait en bordure même du réseau du Calvaire et à une quinzaine de mètres du sommet. A sa gauche, elle était flanquée d'une levée de terre, probablement une grande cagna ou un poste de mitrailleurs, l'ouvrage blanc au-delà duquel Bikoff avait découvert un défaut dans le parapet adverse, ce qui lui avait permis de tirer tant de corvées allemandes, l'endroit étant très passager, et quelques jours auparavant il m'avait signalé qu'il avait vu monter un sapin, l'arbre de Noël de la garnison du Calvaire ; à sa droite, j'avais observé une coulée de terre fraîchement remuée, probablement une chicane ouverte sous les barbelés que la herse dressée devait fermer en se rabattant en cas d'attaque. L'amusant eût été d'installer notre gramo à cette charnière et si possible de faire sauter le tout quand les Boches se précipiteraient pour venir voir ce qui se passait sur ce point en entendant de la musique ; mais atteindre ce point était dangereux à cause de la

proximité du poste et il devait y avoir là un guetteur en permanence.

Nous nous élevions mètre par mètre, sans bruit,
retenant notre souffle, avec des ondulations de
chenille, Griffith, qui venait en queue chargé des
outils et des quatre pétards, le nez sur les talons
de Sawo qui le précédait ; Sawo, les longues mèches
enroulées autour du corps et armé d'un mousqueton à chargeur, le nez sur les talons de Garnéro ; Garnéro derrière moi, chargé des bombes
et du gramophone ; moi, une grenade dans chaque
main, responsable de la bonne direction, m'arrêtant tous les dix centimètres pour m'orienter,
écouter, voir, entendre, flairer le danger, aux
aguets, sur le qui-vive, toutes mes facultés tendues
et le cœur mortellement chahuté. Nous gagnions
pouce par pouce, aplatis contre terre, lustrés par
le clair de lune qui givrait les herbes folles et
dessinait des ombres inquiétantes derrière chaque
motte qui prenait des proportions surhumaines et
se profilait démesurément pour nous qui les
voyions successivement de bas en haut nous dé-
plaçant le nez dans le sillon, ayant la sensation
d'être vus non seulement par les millions d'étoiles
qui nous contemplaient du haut des cieux et nous
criblaient de leurs dards rayonnants mais par
tous les yeux des deux armées rangées en demi-
cercle autour de nous et, au centre, point de mire
vers lequel nous avancions comme hypnotisés, par
l'œil ennemi qui nous découvrirait soudain, un

œil unique au milieu du front anonyme de la nuit, un œil rouge qui tel l'œil d'un cyclope nous foudroierait à bout portant. Je devais souvent marquer un temps d'arrêt parce que mon pouls me faisait mal et que je perdais conscience à force de prendre conscience du danger. Tout était par trop réel et je crois bien que je serais mort asphyxié si cette tension avait dû durer une seconde de plus. Mais, tout à coup, nous fûmes là, le cœur battant, suant de peur, couchés au ras de la coulée de terre fraîche qui dévalait du sommet du Calvaire, écrasant, tellement nous nous aplatissions, les grumeaux gelés que nous sentions se pétrir sous notre ventre, dans les barbelés, à moins d'un mètre de la herse dressée qui, les barreaux noirs et ses dents frottées de lune, ressemblait à l'entrée d'une cage fantastique contenant non pas des oiseaux des îles ou, par cette nuit de Noël, des anges planeurs annonçant la paix aux hommes de bonne volonté mais un bruit de bottes et des rires rauques et, comme oiseau rare, le tube astiqué d'un canon de mitrailleuse.

Entendre ces hommes rire et plaisanter, entendre le bruit des bottes d'une sentinelle qui battait la semelle sur le sol gelé calma nos esprits et nous nous mîmes silencieusement à l'œuvre et avec une merveilleuse légèreté car les agents du mal aussi sont des anges planeurs. Garnéro posa ses bombes, Griffith ses pétards, Sawo fit ses ligatures réunissant toutes les mèches en une seule

qu'il déroulait derrière soi tandis que le trio s'éloignait, redescendait dans le sillon par lequel nous
étions venus pour se mettre à l'écart, et je restai
en tête à tête avec le gramophone, attendant que
sonnât minuit pour mettre le disque en marche.
Je n'avais plus peur et l'attente ne me parut pas
longue.

A quelques pas de moi, j'entendais la sentinelle allemande battre la semelle et aller et venir
dans le boyau. On riait à proximité. Probablement
que l'on devait boire dans une cagna. Quelqu'un
appela : « — *Karl, Karl! komm mal...* » J'étais
tout oreilles. Soudain, une fusée partit du sommet
même du Calvaire et éclaira intensément le paysage
qui me parut immense et se ratatina en un relief
lilliputien. Étions-nous découverts ? Non, puisque
cette première fusée éteinte d'autres fusées partirent toutes à la fois, cinq, dix, vingt, qui commencèrent leur trajectoire lumineuse, cependant
qu'un accordéon se mit à jouer et que les hommes
du fortin entonnèrent en chœur le fameux can-
tique de Noël, cher à tout fils de l'Allemagne :

O Tannenbaum...

Il était minuit. On y voyait comme en plein
jour. Je n'avais pas entendu sonner l'heure. La
sentinelle s'était portée à la sortie du boyau, probablement à la rencontre de la relève de minuit
qui se faisait désirer cette nuit-là et qui avait dû

se mettre en retard pour assister à l'allumage du
sapin et boire un verre de schnaps. J'appuyai sur
le ressort du gramophone. Je me dressai debout
et je jetai une grenade dans l'embrasure de la
mitrailleuse et une deuxième en direction de la
sentinelle, et comme la voix de « *La Marseillaise* »
retentissait, je détalai comme un lièvre pour aller
rejoindre les copains, prenant toutefois bien garde
de ne pas emmêler ni de désarmorcer les mèches.

Je fis un dernier saut et allai m'étaler tout du
long un peu plus bas que mes camarades. Griffith
et Garnéro étaient là, à genoux, une grenade dans
la main droite, prêts à la balancer. Un peu plus
haut, Sawo, allongé dans l'herbe, battait le briquet
dans son képi. Je me glissai prestement auprès
d'eux : « — Couchez-vous! » dis-je à Griffith et
Garnéro. « — Attends encore un peu », soufflai-je
à Sawo, « attends le deuxième refrain. Ils vont
peut-être sortir, venir voir. Ne te presse pas. »

Notre gramophone était un appareil de salon
et non un gramophone de bistro à grand pavillon
et à la voix glapissante, néanmoins, il me semblait
que l'on n'entendait que lui.

Aux armes, citoyens!...

beuglait-il, cependant qu'au-dessus de nos têtes
le Calvaire s'était transformé en un cratère cra-
chant du feu par toutes ses meurtrières, coups de
fusil, canon Maxim et moulin à café des **mitrail-**

leuses lourdes et légères et le départ ininterrompu
des fusées éclairantes. Alerte! alerte! Les Boches
se croyaient attaqués en nombre. On les entendait
courir, crier. Ils étaient affolés. Ils avaient été
surpris et ne voyant pas l'ennemi, leurs coups de
feu étaient longs. Mais comme toujours, en pareille occurrence, ce beau charivari alerta nos
lignes de proche en proche et sur une grande
étendue et les coups de fusil et les rafales de mitrailleuses se mirent à crépiter et les balles nous
sifflaient par milliers aux oreilles qui venaient de
nos tranchées. Notre situation n'était pas drôle.
Il s'agissait pour nous de nous carapater.

— Vas-y! dis-je à Sawo comme les Allemands
commençaient à rectifier leur tir et que les grenades
se faisaient plus nombreuses qui éclataient autour
de nous. Attention, vous autres, on va faire un
cent mètres en direction de la ferme. Il s'agit de
se trotter. Et vivement!

Sawo alluma la mèche. Une petite flammèche
zigzagua dans l'herbe. Le gramo chantait toujours.
Une explosion formidable retentit, du moins elle
nous parut telle dans notre fuite éperdue qui nous
jeta cul par-dessus tête dans un champ de betteraves où nous atterrîmes à cinquante mètres à
contre-bas. Impossible de courir plus loin. Nous
étions à bout. La réaction se produisait. Nous
avions les jambes coupées. Plus de souffle. Le
cœur nous battait dans la gorge. Les mains trem-
blaient. Un flot de sueur nous coulait le long de

l'échine. Les omoplates, les lombes étaient moites.
Le squelette mou. On ne tenait plus debout. Nous
nous tassâmes donc dans les sillons, heureux et
consternés, blottis les uns contre les autres. D'ailleurs, on n'aurait pu pousser plus loin, les feux
français se faisaient plus nourris et les allemands
de mieux en mieux ajustés. Attendre, il ne nous
restait rien d'autre à faire puisque nous étions là
et ce n'était déjà pas si mal d'être là, tous les
quatre.

Griffith se mit à suçoter sa pipe vide. Garnéro,
le plus exalté de nous quatre, se réjouissait. « — Ça
n'a pas mal marché, hein », disait-il en se frottant
les mains. « Nous avons eu de la chance, hein ? »
Sawo constatait : « — Tu ne dis rien, caporal. »
Puis il me demanda : « — Tu crois que j'en ai fait
beaucoup sauter, de ces vaches ? » Je ne pouvais
pas parler. Un sourire me crispait les lèvres. C'était
nerveux. Mais, au fond, j'étais content. Je serrai
la main à Sawo. Au fond, nous rigolions tous les
quatre.

Il fallait attendre. Se terrer et attendre. A 60
mètres des Boches. Il n'y avait rien d'autre à faire.
Attendre. Nous étions pris entre deux feux. Là-
haut le boucan battait son plein et les nôtres tiraient comme des enragés car personne dans les
deux camps ne devait savoir ce qui se passait.
Bientôt l'artillerie allemande se mit de la partie,
lâchant des volées d'obus sur le village et l'un
d'eux mit le feu à nos meules de paille qui se mirent

à flamber haut. On devait nous voir de partout. Nous ne bougions pas, pesant de tout notre poids sur le sol pour faire corps avec les mottes, les compénétrer. Mais c'est le froid qui nous compénétrait. Nous étions raides. C'était douloureux et intolérable à la longue, car nous dûmes rester immobiles jusqu'au petit jour pour attendre une accalmie et réussir un nouveau rush d'une cinquantaine de mètres, ce qui nous mena derrière un silo de betteraves à l'intérieur duquel nous nous glissâmes et passâmes toute la journée en train de roupiller et d'en écraser. Ce n'est que le soir suivant que nous pûmes rentrer dans nos lignes, sains et saufs, et aller casser la croûte à la cuisine de la ferme Ancelle.

Je ne sais pas le mal que nous avions pu faire à la garnison du Calvaire mais, là-haut, la herse avait disparu. La cage était ouverte. Les anges avaient dû s'envoler en se voilant la face. Il ne restait que les mauvais diables et ces oiseaux phénix que sont les mitrailleuses à la voix de feu et qui renaissent sans cesse de leurs cendres. Les hommes n'en viendront-ils jamais à bout?...

Telle fut notre nuit de Noël 1914.

C'est au sujet du gramophone du Calvaire qu'avait eu lieu l'incident avec Plein-de-Soupe, auquel j'ai fait allusion à la fin de la soirée passée chez Garnéro, rue Ordener, et dont le souvenir nous faisait rigoler, Chaude-Pisse et moi, cepen-

dant que Lucie qui était schlasse, se pochardait
en reluquant, attendrie, la bouteille de chartreuse
verte dont le niveau baissait à vue d'œil.

Voici comment la chose était arrivée :

À Frise, il y avait une maison que j'avais baptisée
la maison du « Collectionneur » parce qu'elle
contenait quelques beaux meubles, quelques vieux
tableaux, des images et des statuettes de saints,
un rouet ancien, des cuivres et une bibliothèque
assez bien achalandée. C'était une maison bourgeoise, en bordure de la place, devant l'église,
mais elle avait été soufflée par un obus et le toit
reposait à même le sol. On y pénétrait de plain-
pied, en s'introduisant par une étroite lucarne. La
première fois que je m'étais glissé en rampant
par cette ouverture, j'avais été attaqué par une
bête furieuse et j'avais eu beaucoup de mal à me
protéger les yeux des coups de bec qu'une poule
enfermée là-dedans depuis Dieu sait quand et que
la solitude avait rendue manifestement folle ou la
faim enragée et qui se précipitait sur moi comme
un serpentaire sur un crotale, les plumes héris-
sées, le bec, les serres en avant. Cela se passait
dans le clair-obscur, dans une pièce qui avait dû
être le salon. J'empoignai une chaufferette de
cuivre à long manche et je vins difficilement à
bout de cette boule de plumes épileptique et ca-
quetante qui voltigeait comme une insensée en
soulevant des bouquets de poussière de briques
pulvérisées. Enfin, la volaille finit tout de même

dans la casserole de Garnéro à laquelle elle était destinée, mais jamais je n'aurais pu croire qu'une poule de basse-cour fût un volatile aussi dangereux qu'un oiseau de proie.

Au petit jour, en rentrant de patrouille et avant de me rendre à La Grenouillère où nous avions fini par édifier de somptueuses cagnas avec les matériaux et les meubles du village — nous couchions sur des matelas en première ligne et nous avions même monté un piano dans notre remblai du bord de l'eau — j'allais souvent faire un tour à la maison du « Collectionneur » pour bouquiner un peu ou histoire de ramener des petits riens, un moulin à café, une pelle à feu, dont nous étions démunis, inspectant les armoires écrasées, les placards, ne cherchant pas tant du linge et des vêtements dont nous avions grandement besoin que de la boustifaille inespérée, cette hantise du soldat. Hélas! inutile d'aller faire un tour à la cave, il y avait longtemps qu'elle avait été vidée, et peut-être déjà au mois d'août, et par les Allemands. Cependant, les ordres sont formels : défense de piller. Tout maraudeur surpris sur le fait est passible de conseil de guerre et même d'être fusillé sur place, ce qui n'a jamais empêché un soldat d'aucune armée du monde d'apporter un peu de confort à sa cagna, de se remplir le ventre s'il en a l'occasion et même d'emporter un souvenir. C'est humain. Et pourquoi cette rigueur? Comme si les villes et les villages sur la ligne de feu n'étaient pas voués à la destruction, surtout dans une guerre moderne. Frise n'échappa pas à sa destinée. Et bien des choses, ustensiles, vaisselle, meubles, literie que nous avions tirées de ses maisons en ruine ont pu nous servir et nous être utiles ou nous faire plaisir et nous amuser, tel que le piano, une lampe à suspension qui faisait bien dans le paysage, une couronne de mariée sous son globe de verre qu'un poilu avait mise en bonne place dans sa cagna, des photographies, des gravures, des pages d'illustrés qui décoraient tout le secteur.

Un matin je m'étais attardé à lire le *Tiers Livre* de Rabelais. Il faisait déjà grand jour. Il était l'heure de m'en aller. Au moment de sortir, mon choix se porta sur un gramophone et un album de disques. Cela distrairait les copains. Je passai l'appareil et les disques par la lucarne au ras du pavé et commençai à m'extraire de l'ouverture qui était un peu juste, puis je rabattis derrière moi le carreau dont la vitre était miraculeusement intacte Je n'avais que la place de l'église à traverser pour sauter dans le boyau qui menait à La Grenouillère. Ce boyau était à vingt mètres. Mais les abords de l'église étaient très surveillés par les guetteurs allemands du Calvaire qui ne manquaient jamais de saluer d'une salve de coups de fusil toute silhouette qui se profilait sur un mur. J'hésitai, je pris mon élan, traversai la place en courant et sautai les pieds en avant dans le boyau, le gramophone et les disques serrés contre la poitrine.

Mais je devais jouer de malheur. Je tombai dans
les bras de Plein-de-Soupe. Qu'est-ce que cet im
bécile pouvait bien foutre dans ces parages ? C'éta
bien la première fois qu'on y voyait le lieutenant.

— Ah, je te tiens, voleur! qu'est-ce que tu as là ?

— Vous le voyez bien, mon lieutenant, un
gramophone et des disques.

— Espèce de salopard! **Ton nom?** ton matri
cule?

Et Plein-de-Soupe de sortir son calepin et son
crayon.

— Mais vous me connaissez bien, mon lieutenant, je suis le caporal de la section franche.

— Pas d'explication. Tais-toi. Je te demande
ton nom, ton matricule. Je vais verbaliser. Je t'ai
pris en flagrant délit. Ton compte est bon. C'est
le conseil de guerre. Biribi. L'Afrique. Les tas
de cailloux. Il y a plus d'une heure que je te guette.
Je t'ai vu t'introduire comme un voleur dans la
maison. Ton...

— Mais, mon lieutenant...

— Pas de rouspétance. Tais-toi!... Ton nom?...
ton matricule?... Tu ne veux rien dire?... Alors
j'ai le droit de t'abattre comme un chien.

Et Plein-de-Soupe de sortir et d'armer son
revolver d'ordonnance, une arme dont je n'aurais
pas voulu et qu'il maniait comme un maladroit.

Alors je déboutonnai ma capote, ma vareuse,
ma chemise et j'offris ma poitrine nue au lieutenant :

— Si vous êtes un homme, Plein-de-Soupe, tuez-moi! Montrez-moi que vous avez du courage. Vous pouvez y aller. Nous sommes seuls. Il n'y a pas de témoins. Mais si vous me ratez je vous fous sur la gueule...

Et je m'avançai sur lui.

Le lieutenant eut un mouvement de recul. Il s'épongea le front.

— Tu n'es qu'un lâche, dit-il, un grand lâche. Insulter son lieutenant...

Il rengaina son revolver.

— Je m'en vais, bredouilla-t-il, je ne veux pas faire un malheur. Mais je reviendrai et tu auras de mes nouvelles. De toute façon, ton compte est bon...

— C'est ça, lui dis-je, revenez. C'est tout ce que nous désirons. Nous sommes au grand complet à La Grenouillère et c'est bien la première fois que nous y verrons notre lieutenant! Je vous ferai les honneurs du secteur et vous pourrez verbaliser et dresser un inventaire. Ce sera le plus beau de votre vie...

De retour à La Grenouillère, avec le gramo qui était la seule chose qui comptât dans cette ridicule histoire, je mis Garnéro et Sawo au courant de l'incident.

— Toi, Chaude-Pisse, tu vas aller t'embusquer à la sortie du boyau et dès que tu verras poindre le képi du lieutenant, tu as ordre de lui tirer dessus. Toi, Sawo, tu vas aller te planquer dans la

deuxième ou la troisième dérivation d'eau, tu lais-
seras passer le lieutenant et quand il sera bien
engagé, tu lui tireras dessus par derrière. Mais,
grands dieux, ne me le blessez pas! Je doute,
d'ailleurs, qu'il s'amène jusqu'ici. Il n'aura pas le
courage. Ce n'est pas son genre, mais je voudrais
qu'il prenne un bain de pieds...

Pour arriver à La Grenouillère, qui était de
l'autre côté du canal, il n'y avait pas d'autre voie
d'accès que d'emprunter le boyau qui passait
devant l'église et qui, au sortir du village, s'engageait dans les roseaux pour longer la rive même
des marais. Ce dernier tronçon avait 500 mètres
de long et était toujours à moitié plein d'eau.
Nous avions creusé deux, trois rigoles pour la
dérivation des eaux, mais cela n'avait servi à rien
et après chaque période de mauvais temps les
marais débordaient dans le boyau. On y pataugeait
dans la fange jusqu'au genou. J'avais presque la
certitude que Plein-de-Soupe ne s'y aventurerait
pas et je le regrettais car j'aurais bien voulu lui
donner une leçon avant que l'animal ne machinât
dans sa cervelle d'homme de loi Dieu sait quelle
manigance contre moi, et comme je pouvais être
salé dans l'affaire, autant me payer d'avance.

Mais Plein-de-Soupe vint et mes deux hommes
lui firent une de ces réceptions dont le lieutenant
lui-même doit se souvenir aujourd'hui, s'il n'est
pas mort entre-temps, et doit se vanter au *Café
du Commerce* de son gros bourg normand dont,

je me plais à l'imaginer, il est peut-être devenu maire.

La matinée s'était écoulée et nous venions de manger la soupe quand Garnéro lâcha ses premiers coups de flingot. Ah, les lascars, ils ont failli me faire mourir de rire! Garnéro tirait à sa façon des coups très espacés sur le képi qui s'avançait et, par derrière, on entendait la voix de gavroche de Sawo qui s'élevait et qui criait : « —Mon lieutenant, couchez-vous! Le boyau est repéré. Couchez-vous, couchez-vous! » Ah, les hypocrites et les parfaits comédiens! Garnéro tira encore deux, trois coups de feu, puis il s'élança lui aussi au secours du lieutenant, et les deux gaillards qui se tordaient et nous faisaient des grimaces dans son dos, nous amenèrent un Plein-de-Soupe glaiseux, fangeux, gluant, tout ruisselant d'eau sale, qu'ils soutenaient sous les aisselles et à qui ils venaient de faire parcourir 200 mètres à plat ventre dans la boue, récurant le fond de l'immonde boyau.

Je me précipitai à mon tour, gouailleur :

— Mon lieutenant! Dans quel état! Entrez, entrez! Venez vous sécher. Nous avons un bon feu. Ce boyau est très dangereux. J'aurais dû vous prévenir. Mais entrez donc. Remettez-vous. On va vous donner un air de gramophone et vous faire boire un bon grog.

Nous lui servîmes de la gniole dont nous n'étions jamais dépourvus à La Grenouillère.

L'affaire n'eut pas de suites.

Mais Plein-de-Soupe resta convaincu avoir échappé à un danger mortel.

En vérité, il peut le dire, il a entendu siffler les balles, et même de très près, et de plus près, peut-être, qu'il ne le pense.

DIEU EST ABSENT

Dieu est absent des champs de bataille et les morts du début de la guerre, ces pauvres petits pioupious en pantalons rouge garance oubliés dans l'herbe, faisaient des taches aussi nombreuses mais pas plus importantes que des bouses de vache dans un pré.

C'était pitoyable à voir.

A Frise, avant de nous installer dans nos cagnas du bord de l'eau qui, comme les cavernes des troglodytes, étaient du moins bien orientées, au soleil, nous avions occupé des tranchées misérables et peu profondes, derrière la sucrerie. Dans cet autre coin du secteur, nous occupions un fond boueux, à l'abandon ; c'était le bout du monde et nous ne savions pas au juste où finissaient nos lignes et où commençaient les lignes allemandes,

les deux tracés se perdant dans une prairie marécageuse plantée de jeunes peupliers jaunissants,
maladifs et rabougris qui s'étendait jusqu'aux
marais, où les lignes s'interrompaient forcément
pour reprendre de l'autre côté de la vallée inondée
et des méandres compliqués de la Somme, sur
l'autre rive, à Curlu, haut perché, et au-delà. Cette
prairie était toute parsemée des petites taches
rouges que faisaient les morts de septembre et
dans sa partie la plus éloignée, par-devant un fossé
de drainage jalonné d'une rangée de saules étêtés,
il y en avait un gros tas. Les pauvres types avaient
dû être fauchés par les mitrailleuses. A la lunette
on voyait qu'ils avaient été pris dans un réseau
de barbelés que l'on ne distinguait pas à l'œil nu
tellement il courait au ras du sol devant une traî-
née blanchâtre qui ressemblait de loin à une sablonnière. On voyait aussi les vestiges d'une
cahute. Il y avait toujours quelques poilus en train
de considérer cette prairie maudite tellement
l'abandon des morts était dégueulasse à voir ainsi,
pourrissant en plein air, dans cette étendue verte,
lavés, délavés par les pluies d'automne et se rata-
tinant tous les jours davantage, leurs seuls vêtements, leur pantalon garance se gonflant d'eau
vineuse au milieu des flaques des pissenlits et des
colchiques acaules, et les discussions allaient bon
train pour savoir si la Sablonnière était toujours
occupée. Mais comme il ne venait jamais un coup
de feu de ce coin perdu, nous en avions conclu

que les Boches n'y étaient pas ou alors qu'ils n'y
venaient que la nuit.

Un jour le capitaine Jacottet, qui aimait bien
parcourir le secteur de son bataillon, non pour
le passer en inspection, mais pour y faire des dé-
couvertes et qui avait toujours un mot gentil
quand il rencontrait un homme, était planté là
et contemplait lui aussi la prairie.

— C'est malheureux, disait-il. Il faudrait faire
quelque chose. Je me suis renseigné à l'État-
Major, on ne sait même pas qui a attaqué. C'est
déjà de l'histoire ancienne. Mais il faudrait y aller
voir. Si seulement quelqu'un me rapportait les
plaques d'identité et les papiers de ces pauvres
bougres, je pourrais prévenir les familles...

Personne ne soufflait mot.

— Gy, on y va, caporal ? me fit Sawo.

— Ah, mes petits gars, si vous faites ça, je vous
donne une perme pour Paris, nous dit le capitaine.

— Alors, à Paname ! cria Sawo.

Et il franchit le talus.

Je le suivis sans mot dire.

Le capitaine cria quelque chose derrière nous
mais, de l'autre côté du talus, nous étions comme
de l'autre côté du monde perdus entre un sol qui
se dérobait et un ciel lourd, spongieux, d'où gi-
claient, par en dessous, des rayons tronqués. Il
était déjà tard dans l'après-midi. Il fallait faire
attention où l'on posait les pieds. Nos empreintes
se remplissaient d'eau. La pluie menaçait. Cela

devenait scabreux. Après deux, trois vaines tentatives pour atteindre le centre de la prairie par des rigoles de drainage ou des fossés de dérivation, j'étais d'avis de renoncer.

— Nous ne passerons pas, dis-je à Sawo.

— Ils y sont bien allés, eux, les petits gars, me répondit-il. Il doit y avoir un passage.

— C'était l'été, mon vieux. Le terrain était à sec. Ils ont pu passer, mais depuis et avec ces pluies... Regarde, la prairie déborde et il va encore flotter.

— Merde, me dit Sawo. Moi, j'y vais.

Nous fîmes encore une demi-douzaine de tentatives sans résultat. Nous nous éloignions de nos tranchées mais sans gagner un pouce sur la prairie dont le sol devenait mouvant, les herbes flottantes et l'eau de plus en plus envahissante. Le ciel s'épaississait d'une grosse nuée noire. Le crépuscule se noyait dans la pluie. La nuit menaçait. Nous avions poussé beaucoup plus loin que nous ne le croyions en direction des lignes ennemies qui, elles aussi, aboutissaient à cette prairie submergée.

— J'ai une idée, me dit Sawo. On va faire le grand tour par le bord et peut-être pourrons-nous gagner la Sablonnière par la rangée des saules. C'est sûrement plus solide par là, ici c'est une tourbière.

— Bien sûr. Et les Boches ?

— Mais, justement, je veux en avoir le cœur

net. Savoir s'ils viennent ou s'ils ne viennent pas
la nuit. Tu viens? Moi, j'y vais. Je veux gagner
ma perme.

Nous nous remîmes en marche. Je n'étais pas
en train. Je trouvais cela stupide d'aller s'occuper
des morts des autres comme si l'on n'avait pas
assez de tintouin avec les siens propres. Et puis
il faisait un trop sale temps. La pluie s'était mise
à tomber serrée, serrée et des bourrasques la faisaient tourbillonner si bien que nous la recevions
de partout, dans le dos et la figure. Avec ça, nous
pataugions dans une eau de plus en plus profonde.

— Tu sais nager? demandai-je à Sawo.

— Tu as peur? me répondit-il.

— Non, mais j'en ai marre. Cela ne rime à rien.

— Et Paris, alors? Ça ne te dit rien?

— Paris vaut bien une messe, a dit le roi.

— De quoi le roi? cria Sawo dans le vent en
s'arrêtant.

Je le rejoignis, car il marchait devant : « — C'est
un roi de France qui l'a dit. Paris vaut bien une
messe. Mais pas le baptême, et à l'eau! Tu as du
pinard, toi?

— Je n'ai pas mon bidon.

— Moi, non plus. Eh bien, nous sommes
frais... »

Sawo était reparti de l'avant. Heureusement
que nous avions chacun notre flingue, et peut-
être aussi quelques cartouches dans nos cartou-

chières. Vrai, nous étions frais. Nous étions partis
comme des ballots.

Je ne sais comment, mais nous finîmes tout de
même par arriver à la rangée des saules et nous
n'eûmes qu'à sauter un méchant fossé pour nous
trouver sur un chemin empierré qui nous menait
tout droit à la Sablonnière. Nous n'en revenions
pas de nous trouver soudain sur le sol ferme.

— On y va, caporal?

— Allons-y puisqu'il ne nous reste rien d'autre
à faire. On ira passer la nuit dans la cahute. Mais
gare aux Boches... Tu as des cartouches?...

J'en avais trois. Mes cartouchières étaient bourrées de cigarettes. Sawo me passa un paquet de
cartouches. J'avais une envie folle de fumer.
Nous chargeâmes nos fusils et nous repartîmes.

— Tiens, marche sur le bas-côté, dis-je à Sawo.
Tu te planqueras derrière un saule, devant
la cahute, moi, j'irai voir si elle est habitée.

Il faisait noir comme dans un four. On n'y
voyait pas à un mètre. Pour rien au monde je n'aurais voulu quitter le milieu du chemin caillouteux
dont les bosses soutenaient mes semelles. J'étais
glacé jusqu'au cœur. Je partis au pas de course
et c'est en trombe que je fis irruption dans la cahute, l'arme haute.

La cahute était vide.

Tant mieux.

J'étais en rogne. J'aurais fait du vilain.

Je voulus allumer une cigarette mais ma boîte
d'allumettes était trempée.

Il régnait une drôle d'odeur sucrée dans   la
cahute.

Je sortis voir pourquoi Sawo n'arrivait pas.

Il faisait nuit noire. La pluie redoublait. Les
bourrasques secouaient les peupliers et les joncs
et les roseaux bruissaient dans mon dos comme
des castagnettes assourdies. On entendait de très
rares coups de fusil dans le lointain et les molles
fusées allemandes qui montaient par intermittence
dans ce déluge me donnaient une vague indication
sur le tracé des lignes ennemies dans les environs.
Tout cela était comme noyé au fond de la nuit et
me semblait hors de portée. Seules l'haleine gla-
ciale des marais tout proches et les grosses gouttes
d'eau qui tombaient du rebord du toit m'impressionnaient, me donnant le frisson. Cette solitude
était désespérée. Mais où donc était passé Sawo?
Je n'y voyais rien. Je ne l'entendais pas. Je devinais vaguement la présence d'un saule à deux pas
de moi, opaque comme une énigme. Il n'avait pas
de forme. Rien ne bougeait.

— Sawo! criai-je doucement et en faisant un
pas en avant dans la direction de l'arbre, Sawo!
tu peux venir, il n'y a personne...

Alors me vint de la direction opposée un bruit
de chute, un juron et j'entendis Sawo se débattre
dans le fossé plein d'eau. Il avait dépassé la cahute
sans la voir, s'était pris les pieds dans le barbelé

qui courait au ras du sol et avait culbuté dans le
fossé, du côté des morts.

— Merde, disait-il. J'ai perdu mon fusil dans
ma chute et je ne le retrouve pas.

— Cela ne fait rien, lui dis-je. Viens. Tu peux
venir. Il n'y a pas un chat, même le bon Dieu ne
s'égarerait pas dans un bled pareil. On n'a pas idée
de ça. Nous sommes vraiment au bout du monde...

Sawo s'ébrouait au seuil de la cahute.

— Entre, lui dis-je. Il n'y a personne. Est-ce
que ton briquet marche?...

Sawo battit le briquet.

Nous eûmes un mouvement de recul.

Il y avait trois Boches dans la cahute, trois
morts, non, trois squelettes en uniforme affaissés
sur une mitrailleuse. Le servant était cassé en
deux, son casque à pointe avait roulé à ses pieds.
Les deux autres étaient chapeautés, l'un d'un
casque, l'autre d'un calot. Tous les trois nous
montraient les dents et l'on pouvait compter leurs
phalanges.

— Merde, fit Sawo. Ce n'est pas une blague
à faire. J'ai eu peur, tu sais.

— Je te jure que je ne le savais pas, lui dis-je.
Je suis entré là-dedans. Je n'ai rien vu. Mes allumettes ne voulaient pas prendre. Passe-moi ton
briquet que j'en grille une.

Et j'allumai une cigarette...

— Qu'est-ce qu'on fait? demanda Sawo. On
reste là?

— Et où veux-tu aller, mon pauvre vieux ? On reste là et au petit jour on verra de trouver un autre chemin pour nous en retourner sans passer par la prairie. Tu en repinces toujours pour tes morts ?

— Plus que jamais, me répondit Sawo, maintenant que j'y suis. Et Paname, tu n'y penses pas ? Et le capitaine, qu'est-ce qu'il dira si nous rentrons bredouilles ?

— Le capitaine, il se contentera de la mitrailleuse. Une mitrailleuse boche, tu parles, cela vaut bien une perme...

Nous allumâmes un petit feu bien maigrichon dans un coin de la cahute et nous nous mîmes en devoir de récupérer la mitrailleuse. C'était un modèle à gros tube refroidisseur, monté sur un support qui se repliait, ce qui permettait de porter l'engin à deux comme une civière. Une bande à moitié tirée était encore engagée dans la culasse rouillée mais prête à fonctionner. Les types avaient été tués à leur poste, devant leur tas de morts. Ils avaient fait du joli travail. L'un était *Feldwebel*. Je ramassai les portefeuilles de tous les trois. Il s'en échappa des lettres et des photographies de femmes et d'enfants. C'était puant.

— Eh bien, tu vas t'amuser demain matin en faisant les poches aux pauvres zigues qui sont là, devant la porte. Quel métier !...

— Oui, me répondit Sawo. C'est moche. On aura tout vu !...

Et il se mit à casser une planche à coups de talon pour alimenter le feu.

Nous passâmes la nuit sans plus parler, chargeant le feu de tout petits morceaux de bois et de brindilles, et nous tendions nos pieds et nos mains. Je fumais cigarette sur cigarette dans un profond sentiment de sécurité. Personne n'allait venir jusqu'ici puisque personne n'était venu ramasser les morts. Ils étaient oubliés. Nous oubliions la guerre. Sawo ne disait rien. Moi, non plus. La pluie ne cessait pas. Et c'est durant cette nuit qu'est née notre longue amitié puisqu'elle dure encore aujourd'hui, en 1945, que Sawo s'est fait gangster, après avoir été décoré de la Médaille militaire (« ... *pour avoir ramené dans nos lignes une mitrailleuse ennemie...* », dit sa citation), après avoir été porté déserteur à Tilloloy (à l'époque, Sawo n'avait pas tout à fait vingt ans, il était un de mes rares poilus de l'escouade qui n'écrivait jamais et qui ne recevait jamais une lettre ; connaissait-il seulement sa famille, cet enfant de nomades ? — et pourtant il avait déserté parce qu'il attendait toujours sa fameuse permission pour aller faire un tour à Paris) et que, moi, j'écris ce livre.

J'ai oublié de dire que ces morts avaient chacun des limaces dans les orbites.

FAIRE UN PRISONNIER

J'avais des démêlés avec Bourbaki, notre nouveau colonel (le troisième ou le quatrième).

Je m'étais emparé d'un bateau et cela donna
lieu à un tel échange de notes entre les différents
états-majors du secteur et créa une telle émotion
que je crus bien que l'affaire allait se terminer par
un ultimatum entre la rue Saint-Dominique, dont
je dépendais en dernier ressort, et la rue Royale,
la Marine, dont l'autorité devait s'étendre même
sur la demi-douzaine de bachots qui pourris-
saient, amarrés dans un bief, derrière l'église de
Frise, et que les shrapnells allemands qui éclataient à toute heure du jour sur le malheureux
village taraudaient comme écumoires.

C'est Garnéro qui m'avait signalé ces bachots.
— On en fauche un, caporal? Ça serait bath.
J'ai dégotté une réserve d'anguilles. On irait relever les viviers et les nasses et je pourrais vous faire
bouffer une matelote tous les jours.

J'aimais assez la petite guerre dans la grande
que nous menions dans mon escouade. A ce point
de vue Frise était un secteur épatant. Comme
nous étions au bout du monde, au terminus des

tranchées, au seul point du front où elles étaient
interrompues sur une largeur d'une quinzaine de
kilomètres par les marais et les méandres de la
Somme, nous étions chargés de faire deux fois
par nuit une patrouille pour établir la liaison avec
le régiment de la biffe qui tenait Curlu sur l'autre
rive (après guerre, j'ai appris que Georges Braque,
le génial maître du cubisme, était lieutenant dans
ce régiment dont j'ai oublié le numéro. Ah, si je
l'avais su, je serais allé serrer la main à mon bon
ami Braque!...). Cela nous donnait beaucoup
d'indépendance. On ne foutait rien dans la journée. On ne montait pas la garde aux créneaux.
On n'était d'aucune corvée. On coupait à la routine militaire encore plus pénible à supporter au
front qu'à la caserne. On ne dépendait pas de la
roulante. Nous avions le privilège de faire notre
popote nous-mêmes (et je vous prie de croire que
Garnéro nous soignait!). Nous touchions double
portion de vin et triple ration de rhum. Mais si
nous baguenaudions dans la journée et si nous
prenions nos aises, la nuit il fallait faire preuve
de courage et d'initiative. Cela m'allait, et bien
que les patrouilles ne fussent pas toujours drôles,
la nuit, sous la pluie, dans les marais, où le risque
était grand de perdre pied, de s'enliser dans une
fondrière ou de manquer le sentier et de disparaître dans une tourbière, cela était plus excitant
que de faire le pied de grue devant un créneau,
d'avoir les pieds gelés, de manier la pelle et la

pioche plus souvent que le fusil, de s'appuyer
d'épuisantes corvées et d'être perpétuellement
sous la coupe des sergents et de leurs absurdes
consignes comme les autres sections du régiment.
Nous étions libres autant que l'on peut l'être à
l'armée et menions une petite guerre d'Indiens
dans la grande guerre usinière. Et quand nous
allâmes nous installer à La Grenouillère et que
nous édifiâmes nos somptueuses cagnas avec tout
le confort que nous avions pu tirer du village, on
nous considéra comme des veinards. Spécialiste
de la patrouille et des coups de main, mon
escouade devint le noyau de la section franche et
les amateurs étaient nombreux qui se présentaient
pour en faire partie, bien entendu à cause du supplément de pinard et du triple boujaron de rhum
dont nous jouissions, mais aussi parce que j'ai
toujours eu beaucoup de veine en patrouille et que
jamais je n'ai eu un homme ni blessé ni perdu.
Aller en patrouille s'appelait chez nous aller *Nach
Paris!* et *Nach Paris!* était aussi notre mot de
passe et notre cri de reconnaissance ou de rallie-
ment, la nuit, dans les marais, car si nous avions
la chance de ramener un prisonnier nous avions
droit à 48 heures de permission, tout au moins le
capitaine Jacottet nous les avait promises et, en
attendant que le colonel nous les accordât et que
l'État-Major de la brigade ou de la division ou de
l'armée ne les ratifiât, le capitaine nous les capi-
talisait, nous disant que nous aurions du rabiot

de perme quand le régime des permissions serait régularisé et généralisé, question qui était à l'étude au G.Q.G., paraît-il.

— Sauf toi, mon pauvre vieux, me disait le capitaine. Tu as toujours trente jours de prison à tirer. Je t'ai proposé comme caporal, mais le nouveau colonel ne veut rien savoir à cause de cette vieille histoire des photographies du Christ de Dompierre. Tu es mal noté. Tu ne te gênes pas de dire ton opinion. Tu es trop hardi. Tu es trop libre de la langue. Les sergents font des rapports. Je ne veux pas savoir ce que tu fais ni comment tu t'y prends pour te mettre tous les gradés à dos, mais mets-toi bien cet axiome dans la tête : *pas vu, pas pris !* C'est le début de la sagesse au régiment et je ne veux plus entendre parler de toi. Pas d'histoires, hein, et tâche de marcher droit... Mais heureusement que je suis là, ajoutait-il avec un sourire.

Ma situation était absolument irrégulière. Je n'étais que premier canard faisant fonction de caporal depuis le début et depuis que nous étions établis à La Grenouillère j'étais devenu chef de la section franche et ne dépendais que du chef du bataillon. Mais Jacottet avait confiance en moi. Si je n'avais pas de galons, la section franche ne portait pas d'insigne spécial. Cela s'était fait tout naturellement et par la force des choses, jour après jour depuis notre arrivée au front.

— Maintenant que vous êtes officiellement des

patrouilleurs, faites-moi des prisonniers, nous
avait dit le capitaine Jacottet une fois pour toutes.

Faire un prisonnier. C'est facile à dire. J'ai fait
une centaine de patrouilles et cinq ou six fois seulement il m'a réussi d'en faire un, j'entends :
d'aller cueillir une sentinelle dans les lignes allemandes.

Les Allemands n'avaient pas plus de chance
que nous bien que leurs patrouilles eussent beaucoup de mordant, étant mieux équipées que les
nôtres.

Le Lebel est un excellent fusil mais il ne vaut
rien dans les tranchées. Il est beaucoup trop fragile. La boue, un grain de sable l'enraye et il est
beaucoup trop encombrant. En patrouille je préférais m'armer d'un mousqueton. Nous disposions de deux, trois mousquetons à chargeur, des
mousquetons de cavalerie que nous avions fauchés, réduits que nous étions à pratiquer le « système D ». De même, nous disposions de quelques
revolvers pris à l'ennemi. On se débrouillait. Pour
ma part, j'avais un magnifique *parabellum*, mon
arme de prédilection. Plus tard on nous munit
d'un long couteau à cran d'arrêt, l'eustache des
assassins ; mais durant les premiers mois les grenades dont nous nous servions en patrouille ou
pour faire un coup de main étaient des grenades
allemandes également prises à l'ennemi, comme
les lampes électriques à éclipse, les torches casse-

tête, les matraques en caoutchouc et les fusées
éclairantes dont les patrouilles allemandes étaient
amplement fournies. Nous, nous sortions comme
des pauvres avec notre flingue à un coup et ce
ridicule fourreau métallique de la baïonnette qui
vous gêne dans tous vos mouvements, se coince
entre les jambes quand on rampe, sonne comme
un grelot sur le moindre caillou et vous révèle à
chaque pas. Comment cela se fait-il que les Allemands soient toujours d'une idée en avance et
leur équipement étudié et mis au point jusque
dans ses moindres détails ? Leur diversité d'armes
grandes et petites est aussi étonnante qu'ingé-
nieuse et quand on était entre les lignes, couché
dans les herbes folles ou les betteraves montées
en graine, il était caractéristique de constater que
la ligne allemande était tout animée de fusées, cré-
pitante d'armes de tous calibres et aux voix les
plus diverses et que la ligne française derrière soi
était noire et restait muette, faute de munitions
et d'armes appropriées. A la longue ce contraste
devenait impressionnant et j'ai souvent pensé que
les Allemands ne devaient pas croire à notre pénu-
rie de moyens mais à une astuce de notre part, à
une ruse de guerre qu'ils n'arrivaient pas à comprendre, ce qui les rendait enragés et les tenait
sur le qui-vive, d'où leur débauche de munitions,
la nuit, et l'emploi de moyens de plus en plus per-
fectionnés pour tâcher de percer ce mystère de
l'obscurité et du silence qui les inquiétait : que

font les Français? que préparent-ils la nuit? Ils
avaient peur d'être surpris. Et cela dura des mois
et des mois. Ils n'arrivaient pas à croire que nous
étions à ce point démunis et qu'à Frise, notamment, nous n'avions pas d'artillerie, pas d'obusiers, pas de crapouillots pour nous accompagner
et pas même des grenades françaises pour faire
un coup de main. En janvier, ils braquèrent des
projecteurs sur le village et, fin février, ils le détruisirent par obus incendiaires, ce malheureux
trou leur causant trop de soucis. L'affaire du Calvaire leur avait foutu la trouille.

Donc, moins de huit jours après l'affaire du
Calvaire qui avait mis le secteur en effervescence
et qui était restée mystérieuse pour tous : « — Il
y a de la 1ᵉʳ escouade là-dessous! », avait affirmé
le capitaine Jacottet qui m'avait fait convoquer
pour m'interroger à ce sujet, mais je n'avais
rien avoué ni désavoué — moins de huit jours
après, nous voguions en bachot, toujours la
même équipe, Garnéro, Sawo, Griffith et moi,
et dans laquelle j'avais admis parce qu'il était
batelier de son métier et même que, sur l'eau, je
l'avais désigné comme chef de bord, un Belge,
un Flamand, un nommé Jean Opphopf, dont
l'orthographe du nom m'enchantait. C'était
un petit boulot qui n'était pas très dégourdi ou,
s'il l'était, réfléchissait, parlait, agissait avec tant
de lenteur qu'il en paraissait stupide. Mais il

connaissait bien son affaire et à la godille ou à
la perche, il était aussi vif qu'une truite. A terre,
c'était un soiffard qui pouvait entonner des kiles
et des kiles et des kiles de pinard et que rien ne
pouvait faire remuer, même pas la présence
tonnante de Dieu-le-Père en uniforme d'adjudant
le sommant de rectifier sa tenue, le menaçant des
pires représailles, de le déférer en conseil de guerre
avec le motif : « *...refus d'obéissance, injures
envers un supérieur, voies de fait, coups et bles-
sures...* », car c'est en bagarre que se terminaient
généralement ces algarades dans les invraisem-
blables bistros des cantonnements de l'arrière,
à Morcourt ou à Méricourt, où notre homme se
soûlait la gueule sous prétexte de prêter la main
à la femme ou à la fille du pétzouille qui débitait
en famille saucisson et camemberts, Opphopf
faisant gratuitement son plein de pinasse à la
barbe des sous-offs qui, eux, buvaient leur solde,
ce qui avait le don de les mettre en rage. Les
sous-offs avaient le vin mauvais et ils étaient
jaloux. Ils étaient jaloux de voir dans ces invrai-
semblables bistros des cantonnements de l'arrière « les bouffeurs de gamelle » déboucher des
flacons de « sniff » (quand il y en avait) alors
qu'eux en étaient réduits au gros rouge, car si
Griffith, Sawo, moi et bien d'autres, nous ne
disposions que de notre prêt, c'est-à-dire d'un
sou par jour, il y avait quelques rupins dans
l'escouade, le Polonais de Przybyszewski, ce

noble chevalier qui était planteur à Tahiti, l'Américain Chapman, le fils d'un roi de Chicago, pneumatiques ou pharmacie, je ne sais, qui portait une ceinture remplie de louis d'or et qui l'oubliait à la fontaine chaque fois qu'il se lavait le torse nu, car il était myope et distrait, l'ami Colon, rentier et gentleman-farmer, Ségouâna, le fourreur de la rue de Babylone, qui ne faisaient pas bande à part et qui nous régalaient, camaraderie que les sous-offs voyaient grandir d'un mauvais œil et qui les faisait fulminer quand nous levions ironiquement nos verres à leur santé en avalant des lampées de ce vin de riches.

Les débits se transformaient instantanément en champs de bataille à l'heure du couvre-feu car, sept fois sur dix, au premier coup de langue du clairon un coup de poing ou une bouteille vide dans la suspension faisait le noir et la bagarre saccageait tout, hommes et matériel. Les sous-offs avaient fatalement le dessous dans le noir mais sortaient finalement vainqueurs car, immédiatement après la batterie, ils se livraient à un, deux, trois contre-appels dans les granges des cantonnements pour repérer les manquants, les hommes ivres ou ceux qui s'étaient planqués pour la nuit ; allaient cueillir à six ou huit parmi les tables et les bancs renversés de la sacrée boutique l'inamovible pochard qui n'avait pas bronché durant la bagarre, qui trônait parmi les camemberts écrasés et les saucissons écrabouillés,

qui continuait dans l'éclairage d'un rat de cave
ou le lumignon d'une chandelle de suif d'entonner
coup sur coup des bouteilles de vin en déroute,
la fille saoule ou la patronne dépoitraillée entre
les genoux, cependant que le patron inventoriait
la casse ; alors les sergents de se ruer sur Opphopf,
de le secouer, de le tirailler, de le houspiller pour
le mener au corps de garde tout en évitant
précautionneusement l'agitation de ses battoirs,
dangereuse comme des coups de gaffe quand le
butor se mettait enfin à se débattre et accompagnait chaque poussée d'un grand coup de gueule,
et l'adjudant de charger le bon bougre, d'ajouter
des nouveaux motifs à son rapport : « ...*bris de
clôture, défilade rapide, ivresse manifeste, tapage
nocturne*... », lui promettant de le faire envoyer à
Biribi, lui jurant le poteau, la mort, et... d'avoir
ma peau!

Car voilà le hic : le lendemain matin, je m'ame-
nais au poste de garde réclamer mon homme et
je ne m'en allais pas sans qu'on ne me le délivrât.
Ça n'était pas toujours facile car les sous-offs
de service prenaient ma présence pour une bravade, tant ils me détestaient. J'étais leur bête
noire. Ils m'avaient visé. Ils ne s'en cachaient
pas. Ils me promettaient le tourniquet. La prise
de gueule était sérieuse. Je discutais avec l'adjudant du bataillon les termes mêmes de son rapport, lui disant qu'il n'y entendait rien, que les
accusations qu'il portait ne rimaient à rien du

tout, que les motifs étaient contradictoires, qu'à
la lumière de la loi loin d'être un crime, l'ivresse
manifeste était une circonstance atténuante, et
que je me chargerais d'en faire la preuve et de le
couvrir, lui, de ridicule devant le conseil de
guerre ; mais que, d'ailleurs, jamais il n'arri-
verait à faire passer un de mes hommes au tourniquet et que c'est lui, tout adjudant qu'il était,
qui y passerait en premier, que je le chargerais,
oui, que je l'accuserais de prévarication, de
couardise, d'indiscipline, d'ignorance, de forfaiture, parfaitement, de forfaiture pour se
faire rincer, oui, rincer la dalle par des deuxièmes
classes qui avaient du pognon, et cela après la
fermeture des bistros, après le couvre-feu, après
l'heure légale, ce qui est à proprement parler
un scandale, un odieux abus de pouvoir, et qu'il
serait cassé, que j'avais mes témoins, que le
conseil de guerre apprécierait ; d'ailleurs, qu'il
n'y avait pas plus innocent que notre soiffard
qui n'avait jamais fait de mal à personne, ce
dont tout le régiment pouvait témoigner et les
sergents, tout les premiers, qui ne pouvaient
déclarer sous la foi du serment qui, mais qui
leur avait foutu des beignes dans le noir...
 Cette musique aurait pu durer longtemps ;
mais je faisais un tel raffut que le chef de bataillon sortait impatienté de son bureau :
 — C'est encore toi! s'écriait Jacottet. Je t'ai
déjà dit que je n'aime pas les histoires. Allez,

ouste, fous le camp et emmène ton homme!...

— Mais, mon capitaine, plaidais-je encore pendant que les sergents de garde allaient tirer Opphopf du violon et me le ramenaient roupillant et ignoblement hilare car on me l'avait passé à tabac, mon capitaine, c'est comme Lépine, le préfet, l'a dit au président de la République, ou à la Commission du Sénat, ou à je ne sais qui : je ne puis faire des patrouilles avec des archevêques!... Comprenez-le, capitaine.

— Tais-toi! hurlait Jacottet.

Et il faisait mettre Opphopf au garde-à-vous, l'asticotait et lui passait un savon de première.

Puis il nous flanquait à la porte.

— Ramenez-moi des prisonniers et vous aurez la Croix de guerre! nous criait-il dans le dos.

Je me retournais : « — On aime mieux du pinard que la Croix de guerre, pas vrai Opphopf?

— Oui, commandant », répondait mon matelot avec le plus grand sérieux.

Le capitaine nous congédiait en riant. (Il était bien, le capitaine Jacottet, et avait le rire facile.)

L'adjudant du bataillon en restait baba.

Nous deux, on se la tirait...

(On était bien mieux là-haut, à La Grenouillère, dans notre bachot.)

... Et, un jour, j'ai tout de même fait avoir la Croix de guerre à ce brave couillon...

(Fin janvier 1939, flânant au bord de la Seine,

quai de Javel, je fus interpellé par le gardien
d'un bateau-lavoir amarré par là. C'était mon
poilu. Opphopf.

— Pauvre vieux, qu'est-ce que tu fais là ?
Viens boire un verre...

— J'peux pas, caporal, j'peux pas bouger,
j'suis prisonnier à bord. Non seulement elle a
remisé la passerelle mais encore, la Nini, elle a
emporté ma jambe de bois et les béquilles. Et
c'est dimanche ! J'peux même pas aller boire,
m'en jeter un...

Il disait vrai, c'était dimanche. Le quai était
désert et les abords du bateau-lavoir balayés,
et pas par la bise qui soufflait. A part ses amarres
qui se tendaient et se distendaient en grinçant
sur le coffre-mort et sous l'action du courant et
des remous, rien ne reliait le ponton au quai,
même pas un malheureux bout de planche, tout
avait été remisé et mis sous clef dans un hangar
du voisinage. La Nini devait être une maîtresse-
femme, ou sa maîtresse, ou tout simplement la
femme du bateau-lavoir qui avait engagé l'inva-
lide comme gardien, et il est vrai que comme un
héron déplumé et chagrin, le pauvre vieux se
tenait debout sur une seule patte (l'autre jambe
était amputée au ras de la cuisse) et regardait
couler toute l'eau de la Seine avec mélancolie...
Il ne pouvait aller à terre... Et moi qui le croyais
mort et enterré depuis longtemps en Champagne !...
Avec Sawo, Coquoz, caporal-chasseur à l'hôtel

Meurice, Garnéro, l'ami Colon au Canada, moi,
maintenant nous étions six survivants de l'escouade, voire sept avec cet embusqué de Raphaël
Vieil, le joueur de mandoline, et j'avais mis vingt
ans pour nous dénombrer...

— Tu as du tabac?

— Oui, pourquoi?

— Alors, attends-moi. Fume une pipe et ne
bouge pas, et prépare en attendant une corde
avec un nœud coulant, on filera des bouteilles.
Je vais te chercher de quoi boire, et du bon...

— ... elle va en faire une tête, la patronne,
quand elle rentrera ce soir!...

— Tu tiendras bien le coup, hein?...

— ... A la tienne, vieux, à la tienne!...

— ... Et vive la Légion!... Et salut à la Nini!...)

Donc, nous voguions dans notre bachot,
d'abord petitement, entre chien et loup, Garnéro
se contentant d'aller à la pointe du jour explorer
et relever les nasses et les viviers de la réserve
d'anguilles qu'il avait dégottée dans les alentours
et il rentrait furtivement, musettes pleines, pour
nous apprêter et nous faire bouffer une matelote
au vin, à l'heure de la soupe, vers les 10 heures
du matin ; mais, bientôt, Sawo, qui ne pouvait
rester en place et que le caquetage incessant des
canards sauvages, des poules d'eau et des sar-
celles dans les marais surexcitait et ne pouvait
refréner plus longtemps ses instincts de Gitan

écumeur et braconnier et à qui la pêche mira-
culeuse de son camarade faisait envie, se joignit
à lui, et la paire d'aminches d'aller chasser au
crépuscule, Garnéro au Lebel et Sawo avec un
fusil à deux coups qu'il s'était procuré je ne sais
comment, et de s'aventurer fort loin et fort tard
dans les marais, ne rentrant qu'à la nuit, après
une bonne pétarade, chargés de plume, et l'escouade faisait bombance dans la cuisine de Garnéro, que ce démerdard avait installée dans la
maison du boucher, une maison isolée, la seule
construction de pierre dans notre cité lacustre
de La Grenouillère. Mais alors, les joues calées,
la panse pleine, le ventre au chaud, les pieds au
sec, le pinard regorgeant par les yeux, ayant bu
le café, le pousse-café et la rincette, et encore
un dernier coup de gniole, les pipes allumées,
il nous semblait pénible d'avoir à se lever de
table et inique de s'équiper, de s'armer pour
partir en patrouille quand venait l'heure de sortir
et d'aller patauger dans la nuit et la froidure pour
prendre contact de l'autre côté des marais avec
le petit poste du régiment de Braque, au diable
vauvert, et c'est ce qui me donna idée de nous
servir de notre bachot pour nous véhiculer et
traverser l'étendue d'eau qui séparait Frise de
Curlu.

Il se trouva qu'essayer ce nouveau mode de
transport c'était l'adopter, et c'est ainsi que nous
nous mîmes à naviguer, poussant au large pour

faire nos deux patrouilles de nuit. Mais comme
le trajet par eau était beaucoup moins long qu'à
pied, par les sentiers, les sentes, les embûches, les
détours dans les tourbières, les écluses, les
planches, les coulées, les rigoles à franchir, les
fondrières à contourner et que nous avions du
temps de reste pour arriver à l'heure à Curlu,
nous nous mîmes à partir en exploration dans
notre nouveau domaine, d'abord dans l'axe
général de notre itinéraire, puis du côté des
lignes ennemies, où nous poussâmes une fois
ou deux des pointes hardies, vers Hem-Monacu,
sur la rive gauche, vers Bescourt, sur la rive
droite, toujours en direction de Péronne, qui
nous attirait...

Qu'on était bien dans notre bachot! Il y avait
des nuits si belles, si pures, si enchantées que l'on
avait envie d'entonner une barcarolle aux étoiles.
Mais dès le début Opphopf nous avait mis en
garde contre la propagation du son qui porte loin
et fait écho sur l'eau. Opphopf manœuvrait le
bachot à la perche. Il était à son affaire. C'était
un fin batelier, vigilant et méfiant. Il avait passé
beaucoup de contrebande en Belgique, sur la Lys
et sur l'Escaut, et il n'allait pas à l'aveuglette mais
maintenait l'esquif à couvert et dans la zone
d'ombre. Mais nous, on ne se souciait de rien.
On se laissait porter silencieusement sur l'onde.
On glissait. On se faufilait. On abordait une île
et tout le monde sautait à terre pour allumer une

pipe. On avait le temps. Ceux de Curlu ne nous attendaient pas encore. Ce n'était pas l'heure. On était en avance. On camouflait la barque avec des roseaux (un bon truc d'Opphopf). On allait encore faire un tour. On sortait du couvert des joncs. L'eau miroitait. Le fond plat du bachot écrasait en grinçant des hautes herbes et des touffes dont le chaume s'envolait. On allait se laisser aller au fil de l'eau. Il n'y avait pas de danger. On était seuls, dans toute cette immense étendue. C'était merveilleux. Mais Opphopf était prudent et ne s'y risquait qu'à bon escient. On pouvait avoir confiance en lui.

Les Boches étaient à terre. On voyait leurs fusées sur les deux rives. On entendait le crépitement habituel de la fusillade nocturne et les tirs désarticulés des mitrailleuses éparpillées à la ronde. Comme nous, les oiseaux aquatiques que l'on devinait partout se remuer dans la profondeur des plantes et des tiges devaient être accoutumés au roulement de la canonnade qui nous arrivait du Nord, de Bapaume, dans un flux de plus en plus furieux au fur et à mesure que les jours, les semaines s'écoulaient et que progressait l'hiver, et qui prenait certaines nuits, surtout les nuits de gel, une telle amplitude, une telle résonance et atteignait un tel paroxysme de violence, d'exaspération qu'on ne l'écoutait plus et que l'on se disait que maintenant le flot était étale, tellement ça cognait, et que la guerre allait finir car les

oiseaux aquatiques continuaient leur bavardage
et leurs petits cris au nid comme si de rien n'était,
et seule l'approche de notre bachot les effarou-
chait, et c'était alors un envol sous notre nez, un
battement d'ailes tapageuses qui nous surprenait
chaque fois, un frémissement de choses affolées
dans les ténèbres qui nous impressionnait et nous
paraissait plus dangereux que les balles perdues
qui nous venaient des deux rives, qui sifflaient
méchamment, qui tombaient par places dru
comme grêle, qui semblaient éclater au contact
de l'eau.

A notre insu, ces flâneries nous aguerrissaient.

Car il y avait encore pour nous désorienter
tout en nous rappelant à l'ordre des effets surpre-
nants de brume et des enroulements et des
désenroulements de brouillard sur l'eau, des mouvements et des éclairages de nuages et des apparitions et des disparitions subites de lune dans les
déchirures et les coulisses du ciel et de l'onde
moirée de reflets et de trous d'ombres mobiles ;
et la mise en scène au sol et au niveau de l'eau,
arbre mort, touffes nageantes, paquets d'herbes à
la dérive, silhouette anthropomorphe d'un saule
étêté, remue-ménage dans les roseaux et les joncs,
froissements de robes, cimes agitées, signes mys-
térieux, branches contorsionnées, froufrous de
manches dans le vent, bourrasques brusques
faisant gesticuler les rameaux et les ramillons et
se dérouler les baguettes dont les rares feuilles

pendantes, proches, tout proches, se tendaient à
nous toucher le visage comme des mains humides
aux doigts glacés pour nous alerter, et pour nous
faire peur et pour nous tenir malgré nous sur le
qui-vive au point de nous couper le souffle, le
saut inattendu de quelque bête, gros rat, loutre,
dans l'eau, dont nous entendions le gémissement
de frayeur, la fuite précipitée dans la fange et
dont nous croyions sentir sur notre face l'haleine
rauque et enfiévrée d'épouvante animale.

Nous rentrions souvent drôlement impressionnés par la nature, mais sans jamais perdre la
boussole, justement à cause du rôle absurde que
nous y tenions.

Ainsi nous abordions toujours à quelques
centaines de mètres en avant du petit poste de
Curlu pour ne pas vendre la mèche de notre
navigation nocturne et ne pas donner envie aux
autres de se servir d'un bateau.

Nous voulions rester maîtres de notre domaine
d'eau.

Par très mauvais temps ou nuit de tempête,
nous abordions directement dans un coin familier, car nous avions des repaires dans les méandres des marais, maintenant que nous en connais-
sions tous les détours, biefs, canaux, rigoles,
courants morbides ou sournois, déversoirs, trop-
pleins, lacs, étangs, eaux-mortes, et allions nous
abriter dans une cahute de pêcheur ou un affût
de chasseur, attendant l'heure de paraître.

Et, là, nous discutions longuement le coup de savoir comment cela était possible que dans ce secteur inondé qui s'y prêtait si bien, les Boches n'eussent pas encore songé à organiser selon leur méthode des patrouilles en bateau, hors-bord, hydro glisseur, sous-marin — bien sûr, pas en bachot! — et pour une fois nous étions fiers d'en avoir eu la première idée.

Mais ce sacré rabat-joie de Griffith qui avait l'esprit de contradiction chevillé au corps et qui n'en manquait pas une pour se moquer de notre enthousiasme, se marrait en nous prophétisant : « — C' quê vou-zêtes godiches, vou-zautres, non, c'est poêlant! Scron-gneû-gneû, est-ce qu'vous vou-zêtes engagés à la Légion, oui ou merde, ou dans la marine? Vous l'avez oublié? Que diable, vous croyez que c'la va encore durer longtemps et qu' l'on va vous laisser faire vos parties de canotage? Vous n'êtes rien square, les gâ's, pour des vadrouilleux. O ma mère, regarde tes bleus, i' n' connaissent pa-zencore les offmars et les grands bonzes des états-majormuches! Ça f'ra du vilain quand ça s' saura et ça s' terminera par un coup d' chiasse, et avant peu, c'est moi qui l' dit. Y' aura dê-quoi s' marrer! »

Comme le cynique égoutier de Londres était neurasthénique depuis longtemps et en avait marre de la vie, il était de toutes nos sorties et n'aurait pas cédé sa place pour tout l'or de la Banque d'Angleterre, dont il devait regretter de ne pas avoir fait le cambriolage quand une fois dans sa vie il avait eu la chance d'en avoir l'occasion et de tout ratisser [1] !

L'on restait quatre jours en ligne et l'on redescendait pour quatre jours à l'arrière, et l'on remontait à l'avant pour quatre jours, et ainsi de suite jusqu'à la fin s'il devait jamais y avoir une fin à cette triste histoire. Les poilus étaient découragés. Ce va-et-vient était bien la plus grande saloperie de cette guerre, et la plus démoralisatrice, et il ne manquait qu'une sirène à l'entrée des boyaux — une sirène et une horloge et un système de contrôle à poinçon qui leur aurait délivré une fiche et un petit portillon de fer à fermeture automatique — pour rappeler aux pauvres bougres leur boulot à l'usine, sans rien dire des blessés qui croyaient en être quittes, et qui remontaient, et qui remettaient ça, à l'usine de la mort, une fois, deux fois, trois fois, quatre jours en première ligne, quatre jours dans les cantonnements de l'arrière.

Ces cantonnements étaient la deuxième grande saloperie de cette guerre. Il y avait de quoi vous foutre le cafard. On logeait dans des granges

1. En somme, Griffith avait fait un marché de dupe avec Lord So-and-So, je m'en rends compte aujourd'hui, et c'est le remords de s'être laissé rouler qui devait ronger ce cockney désenchanté, cf. *L'égoutier de Londres*, p. 361, t. III (Éd. Denoël).

déglinguées. On couchait sur de la paille pourrie
dans laquelle les hommes enfouissaient non pas
leurs pauvres guibolles esquintées, mais ces saucissons de Chicago qui schlinguaient, qu'on
appelait de « la viande électrique » car aussitôt
portée à la bouche elle vous soulevait le cœur
(c'était instantané!) et dont les rats se régalaient
comme de bonne merde. Mais plus fumiers que
les rats qui empestaient nos cantonnements étaient
nos gradés à l'arrière. On ne voyait qu'eux!

Nous autres, on serait bien restés jusqu'à la
fin de la guerre à La Grenouillère, tellement on
y était pépère ; mais quand on descendait, on ne
savait jamais si l'on allait y remonter, et cela
c'était bien la troisième grande saloperie de cette
guerre que de ne jamais savoir si l'on reverrait
le coin tranquille que vaille que vaille on s'était
aménagé, et même dans le secteur le plus chahuté,
les cagnas que l'on avait construites avec tant de
peines, le peu de confort que l'on avait pu se
procurer à ses risques et périls, la tranchée que
l'on avait mise en état avec tant de travail, de
courage, de constance, d'entêtement exténuant
car il avait fallu s'y reprendre des centaines et
des milliers de fois, écrasés sous les rondins, les
bobines de barbelés, les poutres, les plaques de
blindage ou les feuilles de tôle ondulée, les far-
deaux de toutes sortes, les corvées de munitions,
et la défendant plus souvent avec la pelle, avec la
pioche qu'à coups de fusil. Ces souffrances étaient

sans grandeur. Tout cela manquait de gloire.
Mais j'ai connu plus d'un type qui finissait par
chérir son créneau, même s'il y était planté tout
l'hiver dans l'eau et jusqu'au ventre, car c'était
là le seul coin de cette terre aimée de France qu'il
posséderait jamais en propre, et qu'il était venu
défendre, ce trou d'homme qui le moulait, qui
avait fini par épouser sa forme tellement il s'y
était accoudé, adossé, frotté par devant et par
derrière durant ses heures de veille épuisante et
de cafard, et même si dans la journée son horizon
était bouché par la trogne d'un macchabée ou
borné par le créneau d'en face, ce trou d'homme
qui s'éboulait en revêtant le soldat d'un uniforme de boue et où, à chaque relève, l'un ou
l'autre restait enseveli comme dans une chiotte
sans issue, douce France, ô mon beau tombeau!

Nous étions remontés en ligne devant Herbécourt, dans la tranchée Clara, où tout l'héroïsme
consistait de résister durant quatre jours à la succion de la boue qui faisait ventouse par en bas.
Cette tranchée Clara était une position allemande
qui avait été prise et reprise je ne sais combien de
fois le mois précédent et si nous l'occupions, ce
n'était peut-être que provisoirement. Pour un sale
coin c'était un sale coin, un lac de bouillasse d'où
émergeaient des tas de boue qui s'arrondissaient
en forme de croûtes molles et boursouflées que
crevaient les obus qui faisaient jaillir des geysers

giclant épais à différentes hauteurs, le trou des entonnoirs se remplissant lentement mais inexorablement d'une eau lourde et crayeuse. Dans ce magma les hommes glissaient, sautaient, nageaient, étaient plus souvent sur le dos ou sur le ventre que sur pieds et, comme des naufragés vidés dans un lagon, allaient munis d'une grosse canne ou d'un bâton, pataugeaient, s'enlisaient, perdaient le fond, plongeaient dans la flotte jusqu'au menton, se cramponnaient à des pieux ou à des bouts de planche coincés entre deux monticules bavants ou fichés de travers le long des parois glissantes comme les échelons d'une échelle démantibulée dont les deux bouts eussent été engloutis, et les hommes se sentaient perdus et restaient cramponnés à leurs misérables appuis, comme suspendus au bord du gouffre qui digérait tout ce qui y tombait, et si l'immonde bouillasse ne montait pas jusqu'à leur instable point d'appui pour leur faire lâcher prise à la longue, on voyait dans leurs yeux monter l'horreur et la détresse au fur et à mesure qu'ils prenaient conscience de leur situation et sentaient grandir leur faiblesse.

Nous faisions corps avec des chasseurs à cheval mis à pied faute de montures et qui venaient avec nous à la Clara comme renfort, l'effectif des escouades étant réduit et allant chaque jour s'amenuisant à la suite des évacuations de plus en plus nombreuses vu les pieds gelés, les bronchites, les pneumonies, les rhumatismes, les conjonctivites,

les maux de dents, et autres séquelles dues aux
misères de ce premier hiver de guerre, et c'est
dans la tranchée Clara que j'ai vu un de ces mala-
droits cavaliers, gênés qu'ils étaient dans leurs
mouvements par leur haut shako, leurs éperons,
leur grand sabre, leur manteau de cavalerie à pèle-
rine et à traîne, leurs houseaux, être lentement
aspiré et disparaître dans le fond sans que nous
puissions le tirer de là, et nous étions bien dix à
l'entourer, à lui tendre la main, des perches ou
nos fusils, à lui donner des bons conseils pour se
dépêtrer, lui criant surtout de ne pas bouger car
il s'enfonçait à chaque mouvement qu'il faisait,
à lui placer des bouts de bois sous les bras,
essayant de faire levier avec une grosse tige de
fer sans arriver à l'arracher, même au risque de
lui défoncer la poitrine ou de lui faire sauter les
omoplates tant nos manœuvres se faisaient brusques dans notre désarroi, ses houseaux faisant
succion, l'ignoble ventouse ayant raison de nous.
Le malheureux !...

Le troisième jour, Jacottet me fit appeler :

— Mais qu'est-ce que vous foutez là-haut, on
n'a pas de vos nouvelles !

— ...? ...

— Je vous avais dit de faire des prisonniers.
Et alors ?... où sont-ils ?...

— Mais, mon capitaine...

— Je vois ce que c'est, vous avez la tremblote...

— Nous n'avons pas la pétoche, mais nous

sommes comme des harengs dans de la saumure. On ne peut pas bouger. C'est de la caque!...

— Je le sais bien, mon pauvre vieux, me dit Jacottet. Mais ce n'est pas tout ça. Il me faut des prisonniers et pas plus tard que cette nuit, tu entends. J'ai reçu un avis de l'État-Major. Il leur faut absolument un prisonnier pour l'interroger. Il paraît que les Boches ont hissé un drapeau polonais dans leur barbelé. Le renseignement est exact. J'ai pu le contrôler cet après-midi à la jumelle. Alors on se demande ce que cela signifie. Il nous faut absolument un prisonnier cette nuit ou, au plus tard, demain soir, avant la relève. Je ne voudrais pas redescendre bredouille puisque l'État-Major s'est adressé à moi. Le prestige de la 6e Cie est en jeu. Je ne voudrais pas laisser cet honneur à d'autres.

— Un prisonnier... c'est facile à dire, capitaine, mais...

— Ta, ta, ta... Qu'est-ce que tu me racontes là? Je...

— Les hommes sont...

— Alors, vous vous dégonflez?...

— Non, mon capitaine!

— Et moi, qui étais si fier de ma section franche, la première de...

— Mais...

— Écoute. Tiens, regarde cette carte. Là, tu vois ce petit réseau en forme d'« X », là..., c'est là que les Boches ont planté leur foutu drapeau, à

100 mètres de la Clara, à gauche de la G.C.I, la route qui mène à Herbécourt..., là, tu vois, il y a un bouquet d'arbres derrière l'ouvrage qui peut te servir de repère, tu le vois?... C'est un petit ouvrage de rien qui flanque la route. Là. On peut très bien s'en approcher en longeant le talus, et, saperlipopette, vous aurez du sol ferme sous les pieds en prenant carrément par la route. L'affaire peut être rondement menée. Qu'est-ce que tu crains? J'ai étudié le coin à la lunette cet après-midi. On peut y aller.

— Je ne vous dis pas non, capitaine, mais les hommes sont...

— Quoi?... On suppose que si les Boches y ont planté un drapeau polonais, c'est qu'ils ont amené des Polonais dans le secteur. On voudrait en avoir la certitude... De la nouvelle troupe... Peut-être bien des recrues... Alors, tu piges, c'est une occasion unique pour en ramener...

— Peut-être, mon capitaine.

— ... et pour cueillir des déserteurs.

— Des déserteurs, capitaine?

— Mais certainement! Quand le général m'a téléphoné, j'ai immédiatement pensé à toi. Tu sais le russe. Et voici comment vous allez procéder à trois ou quatre. Vous vous planquez à proximité du réseau « X ». Vous guettez pour vous rendre compte. Vous attendez. Et tu te mets à fredonner un air de balalaïka qui leur foutra le cafard, autrement dit le mal du pays. Nous ne sommes pas en guerre avec la Pologne et ça leur fera sûrement quelque chose de savoir qu'il y a des Polonais chez nous. Et tu verras qu'ils vont rappliquer. Il n'y a pas plus bêtes que les paysans polonais, et ils viendront si on les appelle.

— C'est très joli, mon capitaine, mais je ne sais pas le polonais!

— Comment, tu ne sais pas le polonais?

— Non. Je parle russe.

— Tudieu, mais ce n'est pas la même chose?

— Mais non, mon capitaine. C'est aussi différent que le français l'est de l'espagnol.

— Tu me déçois. J'ai répondu de toi au général. Je croyais que tu parlais toutes les langues. Tu as tellement bourlingué! Tu ne pourrais pas chanter une petite chanson en polonais?

— Certes, mon capitaine, une petite chanson. Mais je n'ai pas l'accent et cela ne porterait pas.

— C'est ennuyeux, dit Jacottet. Et tu n'as personne dans l'escouade?

— Si, il y a quelques Juifs de Pologne. Mais eux non plus n'ont pas l'accent ou, plutôt, ils ont un tel accent de Varsovie que cela ferait fuir!...

— Et tu ne vois personne d'autre?...

Son idée était absurde. Mais comme Jacottet était un chic type et que le capitaine paraissait terriblement contrarié, je lui dis au bout d'un moment:

— J'ai peut-être votre homme, le Monocolard.

— Quoi, Przybyszewski, ce jeune crevé? Mais c'est impossible, c'est une poule mouillée.

— Je ne crois pas, mon capitaine. Envoyez-le chercher. On verra bien. Mais je vous pose une condition.

— Quelle?

— C'est que vous le nommiez caporal s'il réussit.

— C'est entendu, mais pourquoi?

— Pour embêter les sergents, mon capitaine. C'est encore une de leurs victimes, une pièce de choix, leur bête noire de prédilection.

— Encore tes histoires de sergents! Mais cela devient une idée fixe. Ma parole, tu es persécuté.

— Certainement, mon capitaine, je le suis, mais par eux!

— Et depuis quand?

— Vous le savez bien, capitaine, depuis que nous sommes au front. Souvenez-vous du premier.

— C'est vrai. Mais je t'ai à la bonne. Ne t'en fais pas.

— Je le sais, capitaine.

— Et tu crois que Przybyszewski fera l'affaire? Je ne pense pas que c'est l'homme qu'il nous faut...

— Pourquoi pas, mon capitaine? C'est un noble Polonais, il doit avoir de l'amour-propre...

Le Monocolard ruisselant de boue entra dans l'abri. Un agent de liaison avait été le quérir. Nous nous penchâmes tous les trois sur la carte.

— Et vous ne venez pas avec nous, mon capitaine ? Ça ne va pas être drôle...

— Je voudrais bien, répondit Jacottet, en nous reconduisant jusque sur le seuil de son abri et en me serrant la main, ainsi qu'à mon homme, je voudrais bien, mais je n'ai pas le droit de quitter mon P.C.

Nous nous étions mis d'accord sur tous les détails après avoir longuement discuté le coup de main. Il n'y avait que la question de la petite chanson qui ne bichait pas. Je trouvais cela con et je l'avais dit. Przybyszewski ne croyait pas non plus à son efficacité, mais se faisait fort de convaincre les Polonais d'en face s'il pouvait seulement s'entretenir un petit quart d'heure avec eux. « Les Polonais sont avant tout des patriotes... », affirmait-il. Mais Jacottet tenait à son idée qui, je le devinais rien qu'à sa façon volubile d'insister, n'était pas de lui, mais avait dû lui être transmise par le fil spécial de l'État-Major...

— C'est un très chic type, le capitaine. Mais qu'est-ce que nous allons faire ? me demanda le Monocolard comme nous remontions à la Clara.

— On verra bien, vieux, on verra. On agira selon les circonstances. Tu sais, en patrouille, il ne faut pas s'en faire. Je n'aime pas beaucoup les plans tirés à l'avance et celui du capitaine ne me dit rien qui vaille. Il y a beaucoup trop de monde qui y participe. Enfin, on fera pour le mieux...

Et m'étant arrêté pour allumer ma pipe,
j'ajoutai :

— Si c'est un chic type, Jacottet, tu le verras!...

— Tu n'as pas remarqué qu'il était tout chose
quand il nous a vus partir. J'ai bien cru qu'il
allait nous rappeler car il sait mieux que personne
que cette sortie est inutile. Je pense...

— Mais non, mon vieux, mais non, ne crois
pas ça, l'interrompis-je. C'est le boulot. Nous
sommes là pour ça.

... Est-ce que le bougre allait flancher?...

C'était pour la première fois que Przybyszewski
allait venir avec moi.

C'était un nouveau.

— Ne pense pas! lui dis-je encore.

Jusqu'à la tombée de la nuit il y eut beaucoup
d'allées et venues dans le secteur. Le sergent
Chrétien, le sergent mitrailleur, un type vraiment
bien et qui avait du cran, vint me dire de la part
de Jacottet qu'il allait sortir mettre deux pièces
en batterie pour balayer le bout de la route d'Herbécourt en cas de difficulté et me recommander
de battre alors en retraite à travers champ et
d'appuyer toujours à gauche pour ne pas tomber
sous ses feux. Cela commençait bien! A gauche
de la route, au-delà du remblai qui la bordait et le
long duquel j'avais à placer six hommes en soutien
et pour nous assurer des relais, était le cœur du
bourbier, on voulait donc nous faire noyer! J'étais

en rogne. Mais je ne dis rien. Puis vint le maréchal des logis des chasseurs à cheval qui devait nous couvrir sur la droite et qui voulait savoir à quelle heure nous sortirions. Je lui répondis que je n'en savais rien moi-même (moins on est de monde dans ces histoires-là, mieux cela vaut), mais je profitai de sa présence pour lui demander s'il ne pourrait pas nous prêter deux mousquetons et j'envoyai Sawo avec lui chercher les armes (je n'allais pas perdre une si belle occasion de faucher des mousquetons à chargeur). Puis je confiai à Colon une fusée violette que Jacottet m'avait remise et que Colon devait lâcher à dix heures pour nous signaler d'avoir à faire demi-tour, le capitaine ayant chronométré la durée de notre sortie. (Dieu, que de chichis!) Si l'on ne nous avait pas revus avant, tout le monde avait ordre de rentrer dans les lignes à minuit, si l'on peut appeler lignes cette position croulante de la Clara et ses abords déliquescents. Et pour mettre le comble à ma mauvaise humeur, pendant que nous nous équipions, Przybyszewski et moi, Jacottet m'envoyait toutes les cinq minutes un agent de liaison voir si nous étions prêts. Enfin, comme la nuit était venue et que nous étions sur le point de sortir, nous deux, le capitaine s'amena en personne. Il ressemblait à un vieux sanglier émergeant de sa bauge car il avait lui aussi pris un bain de boue. Jacottet me prévint qu'il avait reçu un coup de téléphone de l'État-Major et que l'État-

Major attachait une grande importance au résultat de notre mission.

— Dépêchez-vous! nous cria-t-il comme nous
nous laissions glisser du haut du parapet.

Chrétien était à son poste, en deçà de la chicane,
ses deux pièces prenant la route d'Herbécourt en
enfilade.

— Dépêchez-vous! nous cria-t-il lui aussi. Vous
êtes déjà en retard et, ici, ce n'est pas marrant.
On s'embourbe et ça cocotte...

Przybyszewski et moi allions au milieu de la
route. Le temps était bouché. Il faisait noir. On
avançait pas à pas. J'avais mon parabellum à la
main, des chargeurs plein les poches et deux,
trois grenades à manche passées dans mon ceinturon. Przybyszewski venait derrière, armé d'un
mousqueton et une musette de grenades accrochée
au cou. Ni l'un ni l'autre n'avions emporté notre
baïonnette, outil gênant quand on rampe. Tous
les dix mètres je quittais le Monocolard pour
aller voir si mes hommes étaient à leur poste et
je les reconnaissais tous, leur donnant le mot de
passe, Garnéro, le rigolo, Griffith, qui ronchon-
nait, Belessort et Ségouâna, qui s'étaient rappro-
chés l'un de l'autre et ne se tenaient pas à la distance voulue, le grand Lang qui se faisait tout
petit, et le dernier, le plus avancé dans la chaîne,
Sawo, qui était jaloux parce que je ne l'avais pas
désigné pour m'accompagner, chacun d'eux s'était
aménagé un trou d'homme dans le talus, se tenait

prêt, le fusil en position et des paquets de cartouches à portée de la main. Mais chaque fois que je regagnais la chaussée, je trouvais le Monocolard étalé au milieu de la route, dans la gadoue.

— Tu as bien raison, que je lui murmurais à l'oreille. Ouvre l'œil et le bon!...

Après avoir dépassé Sawo, nous fîmes encore une quinzaine de mètres sur la route, appuyâmes à gauche, franchîmes ce qui subsistait du talus qui s'affaissait là et nous nous mîmes à ramper dans la fange, côte à côte, en direction du bouquet d'arbres qui se distinguait très bien à une quarantaine de mètres et faisait une tache plus opaque sur le noir du ciel trempé d'une lueur stagnante.

Par au-devant et en me hissant sur les coudes et en cherchant bien je finissais par découvrir une tache blême qui se reflétait au ras du sol. C'était le petit ouvrage allemand dont m'avait parlé le capitaine. « Le drapeau de la Pologne », avait dit Jacottet, et je m'imaginais un étendard. Il n'y en avait pas trace et je n'arrivais pas non plus à repérer le réseau en « X ».

Nous nous coulâmes encore une quinzaine de mètres en avant.

On barbotait dans la flotte.

Que faire?

J'étais bien décidé de laisser passer l'heure et d'attendre la fusée de Colon avant de me mettre à agir. Personnellement, je suis partisan des coups de main faits au petit jour quand les sentinelles

ennemies sont esquintées par une longue nuit de veille, sont leurrées et que leur imagination tourne vers la relève et le café chaud. L'affaire me semblait mal engagée. Il était à peine 8 heures du soir. Que faire? Nous n'allions pas rester là toute la nuit.

Attendre. Guetter. Patienter. Ne pas perdre son sang-froid. Attendre que l'ennemi se révèle, qu'il bouge pour arriver à le situer, qu'il tousse, qu'il marche, qu'il choque son fusil ou son fourreau, qu'on l'entende s'ils sont à deux et se mettent à chuchoter ou que l'un d'eux commette une imprudence s'ils sont plus nombreux, par exemple que l'un d'eux ricane ou, chose que l'on n'ose espérer tellement ce serait beau, que la sentinelle ennemie descende de son créneau pour s'accroupir au fond de la tranchée et allumer sa pipe, et, alors, on profite de l'occasion et de cette imprudence pour bondir et s'emparer de l'homme, et l'on tape dessus, et l'on cogne, et l'on se sauve en maintenant son prisonnier, et l'on rentre comme l'on peut dans les lignes, coiffant, bourrant son homme et essuyant des coups de fusil qui partent de tous les côtés avant de déclencher une alerte plus générale et des feux mieux ajustés, et l'on se carapate si l'on en a le temps.

Mais l'affaire se présentait mal. On ne distinguait rien. Je n'arrivais pas à m'orienter sur une présence humaine. Le guetteur d'en face ne se révélait pas. Aucun indice. Ce coin m'était in-

connu. Pas un bruit ne venait du petit ouvrage allemand, et j'avais beau ouvrir les yeux, les écarquiller, pas l'ombre d'un drapeau dans les ténèbres. Pas une loque qui flottait. Rien en silhouette. Il n'y avait rien d'autre à faire qu'à attendre, attendre, encore et encore. Alors, je me mis à rigoler au fond de moi-même en pensant à l'impatience de l'État-Major qui devait téléphoner toutes les minutes à Jacottet et mettre le capitaine sur les dents.

Attendre. Guetter. Patienter. Ne pas perdre son sang-froid. Attendre que l'ennemi se révèle. Pas un bruit ne venait du petit ouvrage d'en face. Et comme le temps s'écoulait lentement et passait sans même l'écho d'un train ou du roulement sourd du ravitaillement perdu loin derrière les lignes comme on le perçoit souvent la nuit, un brouillard s'éleva du sol, étouffant tout, et j'avais l'impression que la machinerie de la guerre était à l'arrêt et que la suite ne dépendait plus que de nous deux, qui étions là, à l'affût.

Chut !...

... Silence...

Le ciel est bouché. On étouffe d'angoisse. La nuit s'épaissit. Et par contraste j'évoque les douces sonorités cristallines aux notes si pures, souvent arpégées, ou si graves dans la prolongation de la pédale des *Nocturnes* de Chopin...

Tout semblait mort — sauf mes tempes. Les pulsations...

Que c'était long!

J'attendais.

Rien ne venait de la tranchée d'en face, aveugle, sourde et muette.

Silence.

Rien.

Et que devenait le Monocolard, roupillait-il?

Non, Przybyszewski ne roupillait pas. Il pleurait. Silencieusement. Le type pleurait. C'était un nouveau. Il pleurait d'émotion. Il perdait son pucelage, et son émotion, comme les oignons de jonquilles sur lesquels nous étions probablement couchés et qui germaient sous terre, éclataient, crevaient leurs enveloppes successives comme ceux qu'il nous arrivait de mettre à jour en creusant nos tranchées et en remuant toute cette terre morte de la Clara et qui avaient déjà des pousses et des radicelles au cœur de l'hiver, au cœur de cette nuit sans nom le Monocolard devenait un autre, un soldat, ses larmes étaient d'un dur, son émotion annonçait son épanouissement, de jeune crevé il devenait un homme, cela ne tarderait pas.

Je lui passai le bras autour du cou : « — Vas-y, pleure, lui soufflai-je à l'oreille. Mais ne fais pas de bruit. Ne dis rien... »

Nous étions allongés l'un contre l'autre. Nous nous tenions là sans bouger. Mais comme le sol était spongieux et qu'il se formait une flaque d'eau le long de nos corps, de temps en temps je donnais un coup de coude à mon compagnon, et l'on se déplaçait de 10 centimètres en avant.

Et c'est ainsi que rampant dans la flotte et sans nous en rendre bien compte à cause de cet idiot qui pleurait, nous fûmes surpris par la fusée violette de Colon, juste comme nous donnions du nez dans les barbelés allemands.

Déjà 10 heures !

Cet éclairage violet était sinistre, et le copain aurait poussé un cri de frayeur si je ne lui avais mis la main sur la bouche. Le chuintement de la fusée nous avait foutu la frousse, nous éclatant dans le dos.

Nous restions là le cœur battant, mais rien ne venait de la tranchée ennemie, pas un souffle, pas un soupir, et quand je risquai un œil, je ne vis âme qui vive, pas une silhouette, pas une ombre, sauf le pavillon polonais qui flottait dans cette lumière artificielle, pas plus grand qu'un mouchoir de poche, et j'eus subitement l'intuition que le petit ouvrage allemand n'était pas occupé.

— Vas-y, dis-je à Przybyszewski en sautant sur mes pieds. Vas-y et dépêche-toi ! Deux coups de cisaille et tu y es...

— Je chante ?...

— Mais non, ballot, il n'y a personne. Va cueillir le drapeau de ta patrie et tu le donneras au capitaine...

J'en avais marre.

Nous nous en revînmes par la route.

Au fur et à mesure que nous les dépassions,

nous leur donnions le mot de passe et Sawo, Lang, Ségouâna, Belessort, Griffith, Garnéro vinrent se joindre à nous sans parler.

Tout le monde était content de rentrer.

Les mitrailleurs étaient à leurs pièces à la chicane.

Ils nous regardaient passer sans rien dire.

C'est diabolique. Quand on rentre d'une pareille expédition, même si l'on n'a pas réussi, les hommes de garde et les sentinelles vous regardent passer comme si l'on était des revenants. Ils ne vous envient pas. Ils ne vous plaignent pas. Ils vous contemplent. Malgré leurs signes amicaux d'encouragement ou d'admiration en cas de réussite, ils vous regardent passer avec une secrète horreur, voire du dégoût, et beaucoup, beaucoup de stupeur. Soi-même, on se sent proscrit, au ban, un intouchable. De toute façon on est vanné. C'est la réaction nerveuse, la prostration, et c'est pourquoi je compare ces sortes d'équipées, et quelle que soit leur utilité militaire, aux effets de la drogue sur la conscience. Une patrouille c'est une dose massive. On est abruti. Et il y a aussi l'accoutumance. On sort et l'on revient, et si l'on revient, on n'est plus le même homme. On est flétri. Mais on veut remettre ça et l'on y retourne. Bravade et cynisme. Le *desperado* est un homme usé par la sensation forte, d'où la répétition de plus en plus forte. Plutôt qu'un désespéré c'est un homme perdu.

Mais ces enfants perdus qu'étaient les *conquistadores* partaient à l'aventure dans un nouveau continent, alors que nous...

Quel sale métier on nous faisait faire !

— Ce n'est pas trop tôt, me dit le sergent Chrétien. Vous avez un prisonnier ?...

J'étais en colère. Je ne lui répondis pas. Je me mis à escalader le parapet gluant de la Clara. Mes hommes me poussaient par derrière. Au sommet, le capitaine m'attendait en compagnie de Colon. Cela n'était pas pour me surprendre. Déjà la fois où nous avions été toute une nuit absents, Sawo et moi, et avions rapporté une mitrailleuse boche, Jacottet, fou d'inquiétude, s'était porté à notre rencontre. Mais, depuis, lui aussi s'était aguerri, et, aujourd'hui, ce n'était pas pour nous qu'il s'en faisait, mais pour le coup de téléphone. Qu'allait-il pouvoir annoncer à l'État-Major ?

— Ce n'est pas trop tôt, dit le capitaine. Vous avez un prisonnier ?...

— Przybyszewski, dis-je à mon copain, donne le drapeau au capitaine et explique-lui ce qui s'est passé. Moi, je n'ai rien au rapport, mon capitaine, rien à signaler. Bonne nuit. Je suis crevé...

Et je courus m'étendre dans ma cagna.

Je n'en pouvais plus et je ne voulais plus voir personne.

Ah, les vaches !...

J'en aurais pleuré.

Mais pourquoi faisais-tu tout cela, Blaise, par dégueulasserie?... Hé! parce que je découvrais tout cela pour la première fois et qu'il faut aller jusqu'au bout pour savoir ce dont les hommes sont capables, en bien, en mal, en intelligence, en connerie, et que de toutes les façons la mort est au bout, que l'on triomphe ou que l'on succombe.

C'est absurde.

C'est moche.

Mais c'est ainsi. Et il n'y a pas à tortiller.

Les vaches...

On vint me tirer par les pieds.

Il n'y avait pas une heure que j'étais rentré dans ma cagna.

— Quoi?... qu'est-ce que c'est?... qu'est-ce qu'il y a?...

C'était le maréchal des logis des chasseurs à cheval.

Le pauvre. Il était ahuri de me voir là. Je croyais qu'il allait faire du foin à cause des mousquetons et qu'il venait me les réclamer, et j'étais prêt à l'engueuler comme il se doit quand on est dans son tort. Mais pas du tout. Il était sorti avec ses hommes pour m'appuyer en cas de besoin, ainsi qu'il en avait reçu l'ordre, et voilà, on l'avait oublié! Personne ne lui avait dit que j'étais rentré et que la patrouille était finie. Ses

hommes étaient toujours dehors, sur la droite
de la route d'Herbécourt, à une soixantaine de
mètres en avant de la Clara, dans une dépression...

— Alors, tu as plaqué tes hommes?...

— Mais non. Pas du tout. Je suis venu...
J'étais venu aux nouvelles... et peut-être chercher
du renfort... Mais je n'en crois pas mes yeux...
Je te croyais au fond du trou... et te voilà pieuté,
toi... justement toi!...

— Je ne comprends pas... Qu'est-ce qu'il
y a?... Tiens... Bois le coup... Installe-toi là...
Allume une pipe... Et maintenant tâche de mettre
de l'ordre dans ta caboche... Raconte voir.
Qu'est-ce qui se passe?...

— Je ne sais pas, me répondit le maréchal des
logis. Nous autres, on n'a pas l'habitude de ces
trucs-là. C'est la première fois que nous montons
dans les tranchées... Je ne comprends pas...

— Alors?... Vas-y, bébé... Accouche...

— Eh bien, on était là depuis un grand moment, en bordure de cette espèce de grand trou
circulaire... Tu connais le secteur?

— Non.

— Ah, tu ne connais pas le secteur?... Eh
bien, il y a par là une espèce de dépression du
terrain toute plantée de broussailles. Comme qui
dirait un grand cirque. Tout noir. C'est le Trou
aux Cuisines m'a dit votre capitaine. Il paraît
que les cuistots boches y étaient installés quand
les Boches tenaient Clara. C'est un sale coin...

— Je m'en doute. Alors?

— Alors... Je voulais mettre mes hommes dedans, mais personne ne voulait y descendre, rapport aux broussailles qui sont dans le fond... Ça faisait vilain dans le noir... Ça sentait mauvais... Alors, on s'est posté tout autour et on a attendu, en se dissimulant de son mieux, comme on nous l'avait dit, mais tous prêts à intervenir si ça se mettait à barder de ton côté...

— Merci, vieux, je savais que tu étais là, sur ma droite, et que je pouvais compter sur tes cavaliers en cas de trafalgar. Et alors? Raconte. Qu'avez-vous fait quand la fusée est partie? Vous ne vous êtes pas méfiés? Pourquoi n'êtes-vous pas rentrés?

— Bien, justement, je voulais te le dire, j'étais venu pour ça. La fusée bleue, bien sûr, on l'a bien vue. Je sais bien que c'était le signal de rentrer. Votre capitaine nous l'avait dit. Mais justement on n'a pas pu.

— Tiens, pourquoi?

— Nous autres, on ne se méfiait de rien. Eh bien, ça s'est mis à bouger dans le trou. Il y avait quelqu'un.

— Un renard?

— Penses-tu, un homme!

— Un Boche?... Tu en es sûr?

— On ne sait pas. Moi, je croyais que c'était toi...

— Moi?...

— Oh, je vois bien que je me suis trompé, puisque tu es là. Mais comme la fusée était partie et que c'était l'heure de rentrer, je croyais que tu venais nous chercher. Alors on t'a appelé et comme on ne répondait pas, les hommes ont compris que c'étaient peut-être bien les Boches, alors je suis venu chercher du renfort...

— Voyons, voyons... Y en a-t-il un ou y en a-t-il plusieurs ?

— Je ne sais pas. Tous les hommes les ont entendus, mais c'est peut-être bien le même qui tourne en rond. Ça bouge dans la broussaille et on entend les branches qui craquent comme quand quelqu'un veut se dissimuler dans un taillis. Mais il ne pourra pas se tirer de là. Il a beau se tenir au fond du trou. J'ai mis mon monde tout autour. Viens voir...

— Mais ce n'est peut-être qu'un blaireau ?...

— Penses-tu, je suis chasseur. Je suis du Berry. On ne me trompe pas. Je sais distinguer une bête d'un homme. C'est pas la même chose. Ils ne bougent pas de la même façon. Je te dis que c'est un homme ! Peut-être bien deux...

— Qu'en sais-tu ? C'est peut-être un sanglier, un vieux solitaire qui farfouille et qui se vautre...

— Un sanglier ! Pour qui me prends-tu ? Est-ce que les sangliers ont une lampe électrique ?

— Une lampe électrique ? Que ne le disais-tu plus tôt !

— Oui, il y a une petite lumière qui s'allume

et qui s'éteint. On dirait qu'on fait des signaux.

— Mais s'il y a du monde dans le trou qui fait des signaux, ces signaux ne peuvent s'adresser qu'à vous!

— A nous?

— Bien sûr, puisque tes hommes occupent le pourtour du Trou aux Cuisines.

— Mais qui est là? Qui est-ce que ça peut bien être?

— Je ne sais pas... des déserteurs... des Polonais...

— Des Polonais?...

— Oui... Il paraît que les Boches en ont amené dans le secteur... On verra bien... Après tout, ce n'est peut-être qu'un type qui s'est planqué là et qui n'a pas le courage de se montrer. Vous lui faites peur...

— Peur... Nous?...

— Oui. Combien êtes-vous là-haut?

— J'ai douze hommes. Avec moi, cela fait treize...

— Et avec moi, quatorze... Ça suffit... Allons-y... Dépêche...

L'affaire fut vite bâclée.

Les cavaliers du maréchal des logis avaient tous aperçu la petite lumière, entendu bouger, mais personne n'avait vu personne. Je fis donc des signaux avec ma lampe électrique. Mais vainement. Alors je me mis à siffler l'hymne polonais. Puis une mazurka. Puis une chanson

populaire. Alors, descendant jusqu'à mi-pente,
je me mis à appeler d'une voix persuasive, comme
font les cochers de fiacre à la sortie de la gare de
Varsovie pour attirer les clients : « — *Panne !*
Panne ! Prosché Panne ! », ce qui veut dire :
« *Monsieur ! Monsieur ! S'il vous plaît, Monsieur !* »
Plus quelques gros jurons comme « *Sourkensinn !* »
qui veut dire *fils de chien* et « *Pschakreff !* » qui
signifie *sang de chienne !* C'est tout ce que je
savais de polonais. Mais tout cela en vain. Alors,
je me mis en colère, et, descendant jusqu'au
fond du trou, je me mis à crier en allemand :
« — *Komm raus ! Saukerl, sonst schiessen wir !...* »
(« *Sors, espèce de cochon ! sinon nous tirons !...* »)
Et les cavaliers de manœuvrer la culasse de
leurs mousquetons...

A la première sommation, un homme sortit
du taillis. Il était seul. Je lui sautai à la gorge.
En se débattant le type me mordit le dos de la
main droite. Les cavaliers vinrent à la rescousse...

— Ce n'est pas tout ça. Il faut les mettre, et
en vitesse ! dis-je aux petits gars. Nous avons fait
du bruit et les Boches ne sont pas loin. Trottons-
nous. Faut rentrer.

Nous partîmes à la queue-leu-leu, notre
prisonnier entre le logis et moi. C'était un grand
diable, armé d'un Maennlicher. Il portait calot
et était chaussé de bottes. Il avait une couverture
de laine roulée sous le bras et deux, trois musettes
bien remplies lui pendouillaient sur les fesses. Il

marchait sans broncher. J'avais idée que le type avait déserté.

— Tu vas venir avec moi, dis-je au maréchal des logis, on va le livrer au capitaine. En voilà un qui sera content! Mais avant, on va lui faire les poches. C'est de tradition.

Les cavaliers rendus dans leur tranchée qui, comme la nôtre, n'était qu'un monceau de boue, je me mis à fouiller le type. Il n'avait pas d'autres armes que son fusil, pas de papiers, pas de livret, pas de montre, un peu d'argent, un bon couteau de poche, mais ses musettes étaient bourrées de charcuterie, de conserves et de tabac. Je distribuai tout cela aux cavaliers et donnai le briquet et la pipe du type au maréchal des logis, un beau briquet en nickel et une belle pipe en porcelaine avec une scène de famille : un grand-père avec ses petits-enfants jouant à la petite guerre dans une cuisine carrelée, l'ancêtre dirigeant le jeu avec une longue pipe ornée de la Croix de Fer comme un bâton de feldmaréchal, motif décoratif sentimental, en décalque en couleurs crues, à la mode allemande, — de la camelote de Souabe, *Made in Germany*, comme j'en avais tant vendu en Chine, dix ans auparavant.

— Garde ça pour toi, vieux, c'est un souvenir. Et, maintenant, viens avec moi chez le capiston.

Mais comme le bidon du type était bien rempli, on but à la ronde, du vrai schnaps...

Je ne dirai pas que l'on sablait le champagne au P.C. du bataillon, mais c'était tout comme. Quand j'entrai dans l'abri du capitaine une bouteille de fine trônait sur la table et autour, notre Monocolard national entre Jacottet et un lieutenant de cavalerie que je ne connaissais pas mais qui portait également monocle, tous les trois le verre à la main et riant à gorge déployée. On arrosait le drapeau polonais et le Monocolard racontait une de ces bonnes histoires dont il avait le secret, des histoires grivoises de gospodar. L'ordonnance de Jacottet était en train de coudre un galon de laine, l'insigne de premier canard, sur les manches de Przybyszewski.

— Capitaine, dis-je en poussant l'homme devant moi et en faisant signe au maréchal des logis d'entrer et de se présenter avec moi, on vous amène un prisonnier. Mais ce n'est pas un Polonais. C'est un Boche. Le marchis vous expliquera comment nous...

— Tu vas immédiatement le descendre à Éclusier, s'écria Jacottet. Quelle veine!...

Et il bondit au téléphone, appela le général, lui annonça qu'il tenait un prisonnier et lui dit que je le menais à Éclusier pour l'interroger, que j'étais déjà parti...

— ... vous savez, mon général, c'est le caporal dont je vous ai parlé tantôt. Il connaît l'allemand. Il vous servira d'interprète... Comment?... Non, vous n'aurez pas besoin de déranger personne,

il se fait tard... Merci, mon général... A vos ordres,
mon général...

Le capitaine était radieux.

Cependant le lieutenant de cavalerie interrogeait son maréchal des logis, le félicitait, le
faisait boire, et lui promettait la Croix de guerre
avec une belle citation...

Et je me retrouvai dehors, avec un Boche deux
fois plus grand et plus fort que moi, portant son
flingue, le conduisant à Éclusier, une trotte
d'une demi-douzaine de kilomètres, une partie
de plaisir dans ces bondieu de boyaux où l'on
risquait de s'enliser à chaque pas.

Ah, merde, non, quel métier!

Encore moi...

Je suis bon pour toutes les corvées...

Les vaches!

On ne m'avait même pas offert un verre.

J'en avais ma claque. Il pouvait être 2 heures
du matin. On ne s'était pas encore adressé la
parole. D'un coup d'épaule le Boche aurait pu
me pousser dans le canal. On marchait maintenant côte à côte. Le plus dur était derrière nous.
Nous étions arrivés sur les bords du canal de la
Somme et nous suivions le chemin de halage
qui débouche à Éclusier, où l'État-Major siégeait
dans la maison du passeur, une assez bonne bâtisse,
mais terriblement isolée, de l'autre côté du canal
où ne passait jamais personne, en bordure même
des étangs, les murs dans l'eau. Je m'arrêtai au

pied d'un tremble. Il nous restait à peine deux petits kilomètres à faire. J'allumai une cigarette. Les canards auxquels s'étaient jointes des macreuses, caquetaient dans les roseaux. Des balles isolées, tirées par on ne sait qui, tombaient à terre, à bout de course, ayant traversé toute l'étendue des marais. Le Boche ne paraissait pas trop rassuré...

— *Rauchen verboten!* me dit-il.

— Quoi?

— Chez nous, dans l'armée allemande, on ne fume pas la nuit.

— Eh bien, chez nous, on s'en fout! Tu en veux une?

— Merci bien, dit le Boche. Mais si vous voulez un cigare?...

— Tu en as?...

— ... oui, dit le Boche après une seconde d'hésitation. Des cigares d'officiers...

Le sale bougre! Et dire que c'était moi-même qui l'avais fouillé! Il se payait ma tête.

— Attention. Pas de blague, hein? N'oublie pas que tu es prisonnier de la Légion. On ne rigole pas, nous. *Die Fremdenlegion...* Compris?

Le Boche se mit au garde-à-vous, claqua les talons, salua, puis il s'accroupit sur le sol et se mit à dérouler rapidement la couverture qu'il portait sous le bras. Il en sortit une boîte de cigares qu'il me tendit.

— ... des cigares d'officiers, répéta-t-il.

Je fourrai la boîte dans une des poches de ma capote, les profondes, les bien nommées.

Le bougre! Cela m'apprendra à faire plus attention une prochaine fois.

— En avant, fis-je. Nous ne sommes pas encore arrivés...

Au bout de vingt-cinq pas, le Boche me dit :

— Vous savez, ne croyez pas, je me suis perdu...

— Ta gueule! fis-je pour lui couper le quiqui. Il fit encore dix pas.

— Vous ne me croyez pas, n'est-ce pas?...

Et comme je ne lui répondais rien, il s'arrêta net pour me déclarer, bien en face : « — Je vous assure, je me suis égaré, tout simplement... J'étais à la recherche de mon lieutenant, parole d'honneur! Je...

— Mais je ne te demande rien! Tu m'embêtes. Marche... »

Il fit trois pas et s'arrêta encore : « — Je vois bien, vous me prenez pour un déserteur. Mais je vous le jure sur la tête de mes enfants! J'étais à la recherche de mon lieutenant pour lui apporter sa couverture... Voyez, c'est une couverture d'officier...

— Comme les cigares, hein?

— ... oui, les cigares aussi... cigares d'officiers...

— Et les musettes, alors? C'était aussi pour ton lieutenant? Il y avait au moins pour quinze jours de vivres, mon salaud... Allez, marche... »

Il parcourut une cinquantaine de mètres sans rien dire et il recommença, mais sur un autre ton :

— C'est pas drôle, la guerre...

— A qui le dis-tu, joufflu !

— Moi, je ne suis pas soldat...

— Non ? Alors, dis-moi, qu'est-ce que tu foutais là-haut ?

Il s'arrêta encore pour me faire la déclaration :

— Vous savez, moi, je ne suis pas un Prussien. Je suis Bavarois...

— Tiens, tu as trouvé ça, toi ?

— Oui, je suis de Munich...

— Je m'en fous ! Vous êtes encore pis que les Boches. Ce que vous avez pu nous faire roter au bois de la Vache, vous autres, les Bavarois !... Tu ne connais pas le bois de la Vache, tu n'y étais pas, des fois ?

— Je ne connais pas le bois de la Vache, mais...

— Bien sûr, vous devez l'appeler autrement !... Mais, dis donc, tu ne peux pas marcher en parlant, il faut que tu t'arrêtes chaque fois ?... Est-ce que tu as envie de pisser ?... Allez ouste, on n'est pas encore arrivés, marche...

— Et où me menez-vous ? me demanda-t-il après s'être remis en marche.

— Chez le général.

— Chez le général ? et le Boche s'arrêta derechef.

— Hé, avance, gros sac à bidoche. Qu'est-ce qui te turlupine? Tu as peur?

— Mais pourquoi chez le général?

— N' sais pas. C'est comme ça. Allez, hue!

On parcourut cinq cents mètres sans parler, et il dit, cette fois sans s'arrêter mais aussi sans me regarder :

— Je ne comprends pas l'armée française. Vous êtes logés comme des chiens et quand vous faites un prisonnier vous dérangez un général.

— Dis donc, toi, ta gueule, hein, tu n'as pas fini de charrier, espèce d'enviandé! Est-ce que, des fois, vous êtes mieux que nous là-haut, est-ce que vous n'êtes pas logés à la même enseigne?

— En première ligne, oui. Mais dans les tranchées d'Herbécourt, qui sont nos positions d'hiver, nous, on a l'électricité, le chauffage central et des clayonnages, on n'est pas couché dans la boue. Nos officiers...

— Eh bien, nous, on vit dans la merde, na! Ça t'en bouche un coin, hein? Mais c'est comme ça. Tu n'avais qu'à ne pas venir voir, Fritz... A propos, comment t'appelles-tu?

— Hans Pfannkuchen.

— Pfannkuchen!...

Cette fois, c'est moi qui m'arrêtais : « — Comme c'est drôle! Je connais un autre Pfannkuchen et comme toi il est de Munich... Attends voir, il se prénomme Hans, Ludwig, Kurt?... Je l'ai oublié... Je crois bien qu'il s'appelle Ernst... Non, Otto...

Je l'ai rencontré à Montparnasse... Vous ne seriez pas parents?... C'est un jeune poète... Herr Doktor Otto Pfann...

— Non, je suis charcutier...

— *Donnerwetter*, si je l'avais su!...

— Quoi?

— Je n'aurais pas tout distribué aux chasseurs à cheval... C'est de la charcuterie qui arrivait de chez toi, de la maison?

— Oui, il y avait de la hure, des saucissons, une choucroute garnie, du pâté d'oie... C'est ma femme qui me l'envoie.

— Tu es marié?

— Oui. C'est ma femme qui tient la boutique durant mon absence.

— Tu as des enfants?

— Oui, j'en ai six.

— Ne t'en fais pas, vieux. Ta femme t'en fera encore un ou deux durant ton absence. Tu ne seras pas mal. On va t'envoyer dans le Midi de la France. Tu auras le temps de t'y accoutumer.

— Vous croyez que la guerre sera encore longue?

— Je n'en sais rien. Allons, marchons... »

Le brouillard s'était un peu levé. Des reflets insolites moiraient l'eau du canal. Les trembles s'égouttaient en frissonnant. Nous avancions dans l'étroit chemin qui se glissait le long de la berge, dans la zone d'ombre. On approchait d'Éclusier, mais on ne distinguait pas la maison

du passeur sur l'autre rive. Nous fîmes encore
cinq cents mètres sans échanger un mot. Dans les
marais les caquetages allaient bon train. Les étangs
étaient laiteux. Par à-coups, on percevait une
lointaine, lointaine canonnade, un tremblement
interrompu, les derniers sursauts. Si seulement
cela pouvait être vrai, si c'était la fin, la fin de la
guerre, à quoi les soldats rêvent...

— Dis donc, elle ne t'écrit jamais ta femme?
demandai-je.

— Pourquoi?

— Mais tu n'as pas un seul papier sur toi! Pas
de portefeuille. Rien dans les poches. Pas une
babillarde...

— C'est que j'avais tout brûlé.

— Tu vois bien, tu as déserté.

— C'est vrai..., dit-il.

Et l'homme s'arrêta.

Puis il me demanda au bout d'un moment :

— Qu'est-ce qu'il va me dire, le général?

— Il va probablement t'engueuler.

— Il ne va rien me faire?

— Pourquoi, tu as peur?

— Un peu...

— Oh, il ne va pas te manger!

— Il ne va pas me faire fusiller?...

— Je ne crois pas.

— Et vous n'allez pas le lui dire?...

— Quoi?

— Que j'ai déserté...

— Je n'aurai pas besoin de le lui dire, ça se voit... Allez, marche !

Mais Pfannkuchen se serra contre moi : « — J'ai très peur, murmura-t-il.

— De quoi ? fis-je.

— Du général.

— Tu n'en as jamais vu ?

— Non.

— Allez, marche...

— Mais pourquoi me mène-t-on chez un général ?... Je n'ai rien fait, dit-il.

— Tais-toi, fis-je. On est arrivés. Nous y sommes. »

On approchait. Le site était grandiose et sinistre. Un terre-plein inondé, planté de vieux et gros arbres magnifiques, des immenses peupliers argentés, dont les plus hautes branches saccagées par les obus et une explosion qui avait à moitié détruit l'écluse jonchaient le sol bouleversé, inextricablement enchevêtrées, leur écorce en charpie, l'aubier haché par la mitraille, leurs feuilles mortes sentant fort et leur bourre cotonneuse qui s'échappait au moindre souffle de leurs cosses, de leurs bourses écrasées ayant une action sternutatoire. Le chemin en était comme matelassé.

Je connaissais bien la maison du passeur de l'autre côté du canal pour y être déjà venu mener ou interroger un prisonnier. On y accédait en franchissant une passerelle branlante qui enjam-

bait le bief du canal, puis un deuxième petit pont
de pierre, très arrondi, en dos d'âne au-dessus
du ru dans lequel se déversait bruyamment le
trop-plein de l'écluse détraquée. C'est là que se
tenait généralement la sentinelle de garde à la
porte de l'État-Major. La dernière fois que j'étais
venu à Éclusier, c'était un colonial qui était de
garde et le général m'avait fort bien accueilli et
m'avait fait remplir mon bidon. Cette nuit, il n'y
avait personne sur le petit pont et je fus frappé de
la solitude du lieu et de l'abandon de cette maison
en bordure des étangs dont les eaux envahissaient
la cour.

Au bruit que nous fîmes en pataugeant dans
les flaques, une ombre surgit de dessous le perron
et nous interpella. Je donnai le mot de passe.
C'était la sentinelle. Cette fois-ci, un artilleur.

— Tiens, un artiflot! C'est donc vrai, il y a du
canon dans le secteur? Je croyais à un bobard
depuis qu'on en parle!

— Tu le vois, nous voilà.

— Ce n'est pas trop tôt.

— Et toi?

— Légion.

— Et ton copain?

— Mon copain!...

— Oui... enfin... cet autre-là qui ne dit mot...
c'est... c'est...

— Tu ne le reconnais pas?...

— Sans blague... Ah, merde, alors!... Non,
vise-le... Fais-le moi voir que je le regarde de
près... Tu sais, c'est le premier!...

— Ça va, ça va... Fais prévenir le vieux que
je suis là, que je lui amène son prisonnier.

— Le général? Mais il est couché. On ne le
dérange pas comme ça.

— Ça ne fait rien. Il est prévenu. Fais-le
réveiller. C'est urgent. Mais, dis-moi, qui est-ce?
C'est encore un nouveau? Il est de chez vous?
C'est un artilleur?

— Naturellement qu'il est artilleur. C'est notre
colonel. Il s'appelle Dubois. C'est un as. C'est lui
qui remplace le général et il commande tout le
secteur. Nous sommes là depuis deux jours. Ça
va barder...

Et à ma grande stupeur la sentinelle gravit les
marches du perron et disparut à l'intérieur de la
maison où tout le monde semblait bien roupiller.

... Drôle d'État-Major! Il est vrai que l'esprit
de corps est très développé chez les artilleurs qui
se prennent tous pour des Napoléons et méprisent
la biffe, cette chair à canon. En attendant, je ne
pouvais m'empêcher de penser en constatant la
solitude des alentours : ils roupillent, ils se croient
bien à l'abri parce qu'ils sont loin derrière les
lignes et ils n'ont pas l'air de se douter que dans
cette maison écartée ils sont exposés à la merci
d'un coup de main qui viendrait par les marais.
Il faudra en parler aux copains...

Si les Boches avaient eu un bachot, je n'aurais pas donné un sou de la peau du général.

— Hé, les pousse-cailloux, vous pouvez monter. Le général m'a dit de vous faire rentrer.

La sentinelle nous introduisit dans le bureau du général, alluma deux lampes à pétrole, ranima le feu dans la cheminée et ce fumiste d'artilleur nous planta là pour aller reprendre sa faction à l'extérieur, sans se douter qu'une nuit elle pourrait devenir dangereuse. Mais à quoi bon le prévenir ? L'insouciant m'aurait ri au nez et, surtout, ne m'aurait pas cru : « — Les Boches ? Penses-tu, tu exagères. Ils sont à plus de six kilomètres d'ici !... »

Le bureau du général était meublé, comme le sont tous les états-majors en campagne qui ne mènent vie de château, d'un encrier, d'une planche étoilée de taches d'encre posée sur des tréteaux, de deux, trois chaises dépareillées, de paperasseries et de dossiers qui débordaient des cantines grandes ouvertes et qui envahissaient toute la pièce, des cartes du secteur zébrées de coups de crayon rouge et bleu épinglées aux murs.

Le feu flambait.

Il faisait bon.

Nous attendîmes un grand quart d'heure.

Il n'y avait rien à faucher, ni un paquet de tabac, une boîte d'allumettes, un cahier de feuilles à cigarette traînant sur la table, ni une paire de jumelles oubliées dans le portemanteau, rien, pas même un calot.

Un képi de colonel était accroché à l'embouchure du téléphone.

Le Boche tremblait visiblement.

— Le général, fixe! criai-je quand la porte de communication s'ouvrit.

— Quel fier soldat!

Cette exclamation admirative ne s'adressait pas à moi, pauvre poilu qui ne payais pas de mine dans mes grimpants du curé, ma capote raide de boue aux pans déchirés par les barbelés, mon képi de traviole à la visière cassée, et, bien que me présentant avec le fusil du Boche, je ne pouvais m'empêcher de rigoler et je ne comptais pour rien à côté de cette brute bien dressée (*gedrillt*) de Pfannkuchen qui me dépassait de la tête, se tenant dans un garde-à-vous impeccable, à l'allemande, bombant le torse, le menton haut, les yeux dans les yeux du chef, le petit doigt sur la couture du pantalon, et qui avait automatiquement claqué des talons comme le prescrit le règlement à l'entrée du général, qui, d'instinct, avait lâché ce compliment. Je ne pouvais pas me tromper. Il n'était pas pour moi. D'ailleurs, il n'y avait pas à se vexer, car à l'aspect du général j'avais du mal à garder mon sérieux.

Ce n'est pas encore celui-là qui allait sauver la France!

Cervantes, l'immortel créateur de don Quichotte, mais aussi l'auteur du *Vaillant Espagnol* [1],
cette pièce de théâtre où, au milieu des politesses
au goût du jour de princes et de princesses espagnols et sarrasines que l'amour, le masque, l'intrigue font alternativement changer de camps et
échanger de furieux coups d'épée, des compliments, des serments et des fadeurs de quiproquos,
il a su camper l'archétype du Fantassin, cet inou-
bliable soldat anonyme mais célèbre dans toute
l'armée espagnole pour sa vaillance et que le
confesseur du généralissime « *dispense de faire
maigre le vendredi* », afin que son corps n'en pâtît
point et de crainte que le jeûne ne désanime ce
vaillant fils du peuple — tout comme le poilu
« type 14 » n'eût point gagné la guerre sans pinard !
— le génial Cervantes, lui-même, n'eût pu imaginer tenue plus adéquate de général en visite au
front que celle de ce vaillant artilleur, le colonel
Dubois. Déjà nous avions eu au front Poincaré
qui venait y faire son petit tour, d'après les photos
des journaux en tenue de « chauffeur de bonne
maison » (et *L'Humanité* avait bien raison de
signaler à ses lecteurs la présence de « l'homme
qui rit dans les cimetières : [2]) ; par la suite Cle-

---

1. Traduction de Han Ryner, 1 vol., n° 11 de la
Bibliothèque de l'Anarchie, Paris, s. d. (1909).
2. « *Dans l'intimité de Marianne*, que M. Charles
Daniélou publie aux Éditions Musy, nous révèle
pourquoi M. Raymond Poincaré rit un jour d'inau-

menceau y venait aussi faire un tour avec son
fameux « petit chapeau chiffonné », tel qu'on
peut le voir aux Champs-Élysées ; et tout comme
en 1944 et 45 Marlène Dietrich et Joséphine
Baker (une Allemande et une Négresse), Sarah
Bernhardt, Cécile Sorel, Marthe Chenal (une
Juive à la voix d'or, une précieuse ridicule, une
belle putain) vinrent y faire un tour et se faire
filmer en train de tirer le canon de 75 ou de chanter
La Marseillaise...

> *... font trois petits tours*
> *et puis s'en vont...*

Tout de même (et même s'il était enrhumé)
le colonel Dubois, faisant fonction de général
commandant le secteur de Frise, exagérait.
(Aujourd'hui, 1945, nombre de « naphtalinards »
rencontrés me rappellent ce brave homme d'artilleur à qui je dois probablement de ne pas avoir
été envoyé à Biribi, comme on le verra dans un
prochain chapitre.)
    Le général était en pantoufles. Il portait une
ample robe de chambre et un gros cache-nez lui

guration de cimetière pour la grande joie d'un quoti-
dien alors antimilitariste.
    « Des reporters photographes qui marchaient à
reculons devant lui s'empêtrèrent dans du fil de fer
et trébuchèrent... D'où le rire nerveux de M. Poincaré.
    « Et voilà pour l'Histoire. »
                                   Mondes, 19-12-45.

entourait le cou. Il était grand et fort. Il était
même puissant. Il avait un beau visage reposé,
avec une forte moustache blanche, un beau visage
de « père noble » de comédie qui devait faire très
distingué, très « vieille France » et même devait
facilement en imposer quand le général était en
grande tenue. Mais, tel que, avec un lourd revolver d'ordonnance passé dans la cordelière de sa
robe de chambre sur le ventre et un stick en peau
d'hippopotame à la main, il était tout simplement
grotesque et, le calot penché sur l'oreille gauche,
il faisait genre « bon papa ».

— Ce n'est pas un Polonais, c'est un Allemand,
dis-je au général.

— Pourquoi un Polonais ? me demanda-t-il en
tournant vers moi ses yeux proéminents et scléro-
phtalmiques.

— Ah ! Je croyais. J'avais entendu dire que
vous...

— Interroge-le et n'écoute plus aux portes,
me coupa le général en roulant ses gros yeux de
loto. C'est un secret...

Naturellement, comme tant d'autres grands
chefs militaires qui s'y étaient bel et bien préparés
mais qui s'imaginaient sans aucun doute avoir un
jour à se battre dans la Lune (à la suite de Jules
Verne, car la plupart des chefs de l'armée française qui ont laissé un nom durant la Grande
Guerre de 1914-18, plutôt que brevetés de l'École
de Guerre, étaient d'anciens coloniaux qui

s'étaient distingués et avaient fait carrière en
Afrique, et l'on sait combien les souvenirs d'une
lecture d'enfance peuvent marquer du signe de
l'Aventure toute une génération!), le général ne
connaissait pas un mot d'allemand et, une fois
de plus, après la patrouille, je dus encore servir
d'interprète.

Les préliminaires habituels, nom, prénoms,
lieu et date de naissance, classe, arme, matricule, escouade, compagnie, bataillon, régiment, brigade, division, corps d'armée, armée,
réglés et enregistrés de la main même du général, l'interrogatoire se poursuivit de la façon
suivante :

— Demande à ce fier soldat, me dit le général,
s'il y a de l'artillerie dans le secteur, où, combien,
quels régiments et s'il connaît l'emplacement des
batteries les plus rapprochées?

— Dis donc, Pfannkuchen, dis-je au Boche,
il y a le vieux qui voudrait savoir si vous avez de
l'artillerie dans le secteur? Il n'est rien lope,
hein, et qu'est-ce qu'il lui faut, comme si nous
ne recevions pas tous les jours des marmites sur
le coin de la gueule! Tu peux toujours lui dire
où se trouve l'emplacement des batteries de 77
qui bombardent Frise. Qu'est-ce que tu risques,
tout le monde sait qu'elles se trouvent dans le
Petit Bois et tu lui feras plaisir.

— Moi, je ne sais pas, me répondit Pfannkuchen. Je suis dans l'infanterie, je ne suis pas

17

dans l'artillerie. Je ne connais pas l'emplacement
des batteries. Je ne suis pas artilleur...

— Tu te fous de moi, dis? dis-je à Pfannkuchen. Des fois, vous ne passez pas devant quand
vous montez en ligne? Faut pas me la faire, tu
sais. Votre boyau s'amorce juste à la gauche du
Petit Bois.

— Je ne sais pas, m'interrompit Pfannkuchen.
Je ne connais pas le secteur. Je ne peux pas le dire.
Nous, nous montons en ligne par le canal et pre-
nons le boyau blanc...

— Le boyau blanc qui suit la crête et qui
monte au Calvaire? Tu mens, tête de lard, ce
n'est pas de là que tu viens. C'est au Trou des
Cuisines qu'on t'a fait. Et toi-même tu m'as
raconté combien vous étiez bien logés dans les
tranchées d'Herbécourt!

— C'est vrai pour aujourd'hui. J'étais à la
recherche de mon lieutenant. Mais je ne connais
pas le secteur. C'est pourquoi je me suis perdu,
me répondit piteusement Pfannkuchen en cherchant à m'embrouiller. Habituellement nous
montons en ligne à...

— Au Calvaire? précisai-je.

— Non, nous ne montons pas au sommet,
protesta Pfannkuchen.

— Alors, vous restez en bas? demandai-je.

— C'est ça, s'empressa d'affirmer Pfannkuchen.

— Où ça? A Feuillères? précisai-je encore.

— Non, non, s'empressa de dénier Pfannku-

chen. Pas à Feuillères. Nous sommes à mi-chemin
entre Feuillères et le Calvaire. A mi-hauteur.

— Naturellement, tu n'as jamais mis les pieds
à Feuillères! A Feuillères aussi il y a du canon.
Et du gros. De l'autrichien. Des Howitzer. Les
obusiers qui bombardent Albert. Il ne faudrait
tout de même pas nous prendre pour des poires,
hé, tête de nœud...

— Qu'est-ce qu'il dit? me demanda le général.

— C't' espèce d'enfariné, mon général, il ne
veut rien dire. Il dit comme ça qu'il est fantassin,
qu'il ne connaît rien à l'artillerie et qu'il n'a
jamais vu un canon. Ça serait peut-être vrai chez
nous où, en effet, je n'en ai jamais vu un. Mais les
Boches, depuis le temps qu'ils nous marmitent!
Il se fout de nous, mon général.

— Demande à ce beau soldat, me dit le général qui ne se lassait pas d'admirer Pfannkuchen,
toujours au garde-à-vous, demande-lui s'il y a de
l'artillerie dans le secteur? Demande-lui s'il n'y
a pas de l'artillerie nouvellement arrivée dans le
secteur? Dis-lui qu'on nous a signalé beaucoup
de charroi sur les routes. Dis-lui que nos services
d'observation ont pu identifier des convois d'artillerie. Dis-lui que je ne lui demanderai pas les
numéros des régiments, nous les savons. Dis-lui
que je ne lui demande pas de révéler des secrets
militaires, un si bel homme ne saurait trahir son
pays. Dis-lui que je ne lui demande pas de trahir
mais que je voudrais tout simplement avoir

confirmation de mon information, et qu'il me
réponde par oui ou par non. Je ne lui en demanderai pas plus.

— Dis donc, Pfannkuchen, dis-je au Boche, il
y a le vieux qui voudrait savoir si vous avez de
l'artillerie dans le secteur ? Je t'ai déjà dit qu'il était
lope. Mais il n'est pas méchant. Il paraît que tu
lui as tapé dans l'œil. Ne t'en fais donc pas. Fais-
lui plaisir. Réponds-lui par oui ou non. Oui ou
non est-ce que vous avez reçu dernièrement de
l'artillerie dans le secteur ? Quelle ? Et donne-moi
les numéros ? C'est pour le contrôle car nous les
avons déjà. Tu vois qu'il n'est pas vache. Il dit
comme ça qu'après il te foutra la paix et qu'il ne
te demandera plus rien.

— Dites au général, me répondit Pfannkuchen,
dites-lui que je suis fantassin et que je ne connais
rien à l'artillerie.

— Je le lui ai déjà dit.

— Dites-lui que je suis nouveau venu dans le
secteur et que je ne connais pas le secteur et que
je ne puis pas lui donner des renseignements sur
l'emplacement des batteries.

— Mais on ne te demande pas des renseignements sur l'emplacement des batteries.

— Tout à l'heure vous me l'avez demandé.

— Tout à l'heure, oui. Mais je t'ai dit que le
général t'avait à la bonne. Tu lui as tapé dans
l'œil. Maintenant il ne te demandera plus rien.
Dis-nous seulement si vous avez croisé des convois

d'artillerie quand vous êtes montés en ligne. Il y a beaucoup de charroi sur les routes.

— Oui, il y a beaucoup de charroi. Mais ça n'est pas nouveau, il en est ainsi depuis le premier jour de la guerre. Quand nous avons quitté Munich, déjà les routes étaient encombrées par...

— Ne fais pas le malin, Pfannkuchen. Le général ne te veut pas de mal. Qu'est-ce que c'est que ces convois ?

— Euh ! Des convois. La nuit on ne voit pas ce que ça peut être.

— Allons, dis-le. Oui ou non est-ce de l'artillerie ?

— On ne sait pas. Des camions bâchés.

— Naturellement qu'ils sont bâchés. Mais c'est-y des allèges de pontonniers ou des prolonges d'artillerie ? Ne fais pas le niais.

— Je ne sais pas, dit Pfannkuchen.

— Tu ne veux pas parler, oui ou non, est-ce du canon ?

— Je ne sais pas.

Et Pfannkuchen eut un sourire idiot et esquissa un geste d'ignorance à l'adresse du général.

— Qu'est-ce qu'il dit ? me demanda le général.

— C'est un sale Boche, mon général. Il ne veut rien dire.

— C'est que tu ne sais pas t'y prendre, me dit le général. Attends, je vais lui parler.

Et le général s'approcha de Pfannkuchen et lui dit : « — Mon garçon... »

Mais déjà l'Allemand avait fait un pas en avant et s'était jeté à genoux aux pieds du général : « — Mon guénéral, mon guénéral !... », bredouillait-il en élevant sa main gauche jusque sous les yeux du général et en lui indiquant de l'index de la main droite, l'anneau d'or qu'il portait au doigt.

— Qu'est-ce qu'il dit ? me demanda le général étonné.

— Il vous joue la comédie, mon général. Il veut vous apitoyer. Il dit qu'il est marié...

— *Ja, ja*, faisait le Boche. *Sechs Kinder*, mon guénéral, *sechs Kinder*...

— Qu'est-ce qu'il dit ? me demanda le général.

— Il dit qu'il a six gosses, six petits enfants à la maison...

— *Ja, ja*, faisait le Boche. *Es ist wahr. Sechs kleine Kinder... Nicht schiessen...*

— Qu'est-ce qu'il dit ? me demanda le général.

— Il dit que c'est la vérité, qu'il a une femme et six petits enfants à la maison. Il dit qu'il ne veut pas être fusillé...

— ...*mich nicht erschiessen lassen...*, suppliait le Boche.

— Dis-lui de se relever, me dit le général. Et allant, venant devant le feu de la cheminée, les mains dans le dos, le général nous tint un long discours sur la dignité humaine, le rôle civilisateur de la France, les principes de liberté et de progrès et de respect des lois de la guerre pour la défense desquels les Alliés avaient entrepris le

bon combat, cependant que Pfannkuchen s'était
remis au garde-à-vous et que plus vanné que jamais et sentant tout à coup mon immense fatigue
de la nuit me tomber dessus, je m'appuyais des
deux mains sur le fusil du Boche.

— ...dis à cette tête carrée, conclut le général,
qu'il n'a rien à craindre. Nous ne fusillons pas
nos prisonniers. C'est de la fausse propagande.
Cela a cours chez nos ennemis. Chez nous on
respecte les conventions de Genève. La France...

— Le vieux dit que tu n'es qu'un con! tra-
duisis-je à Pfannkuchen. Et tu n'as rien à craindre,
le général ne te fusillera pas...

Aussitôt le Boche changea de registre pour devenir arrogant, revendicateur :

— Mon guénéral, mon guénéral!... se mit-il à
brailler sur un ton larmoyant, passionné et où il
laissait fuser une fausse note de commisération sur
lui-même, mon guénéral...

Et avec un coup d'œil sournois et triomphant
décoché à ma personne et cet air de *Schadenfreude*,
cet air réjoui de faire du mal qui est un des rares
traits d'indiscipline qui perce sous la morgue
allemande, trait foncier du caractère qui rend ce
peuple si antipathique : « — Dites au général, me
fit-il, dites-lui que chez nous on ne dépouille pas
les prisonniers. Dites-lui qu'on m'a tout volé,
mon briquet, ma pipe et jusqu'à mon tabac. On
ne m'a rien laissé dans les poches, pas un liard.
Dites-lui que c'est une honte!

— Qu'est-ce qu'il dit ? me demanda le général.

— Ta gueule ! » dis-je au Boche et je traduisis au général : « — Le Fridolin se plaint qu'on lui ait fait les poches et qu'on lui ait refait jusqu'à son tabac. J'aime mieux vous dire, mon général, que c'est nous qui avons fait le coup et que nous avons en effet tout fauché. C'est moi-même qui l'ai fouillé. J'en ai l'habitude.

— Vous n'auriez pas dû faire ça, me dit le général en roulant ses gros yeux. C'est une honte...

— ...non, non... pas tabak, pas tabak..., faisait Pfannkuchen en retournant ses poches pour les montrer au général et s'avançant sur moi comme pour entamer une discussion.

— Ta gueule, toi, lui dis-je, et d'abord, tiens-toi au garde-à-vous !...

— Vous n'auriez pas dû faire ça, répéta le général. Dis-lui que je vais lui donner du tabac. »

Et le général sortit de la pièce.

— Salaud ! fis-je à Pfannkuchen. Tu veux que je lui parle de tes cigares d'officiers ?...

Le Boche resta penaud. Mais déjà le général revenait avec un paquet de tabac bleu et Pfannkuchen se figea en un impeccable garde-à-vous.

— Dis-lui, me dit le général, que je lui donne du tabac d'officier non pas pour le faire parler, puisqu'il ne veut rien dire, mais pour qu'il n'aille pas raconter chez lui, quand il rentrera en Allemagne, que les Français sont des voleurs.

— *Danke schön !* fit l'Allemand quand je lui

tendis le paquet de tabac et il claqua des talons
et salua le général.

— *Aber man hat mir auch meine Pfeiffe ges-
tohlen....*

— Qu'est-ce qu'il dit? me demanda le général.

— Il dit qu'on lui a aussi volé sa pipe.

— C'est vrai?

— C'est vrai, mon général.

— Mais pourquoi est-ce que vous avez fait
cela? Vous ne savez pas que c'est défendu?

— Mon Dieu, mon général, c'est une belle
pipe et cela fera un joli souvenir de guerre.

— Rends-lui sa pipe, me dit le général.

— Mais je ne l'ai pas, mon général.

— Comment, tu n'as pas sa pipe?

— Non, mon général.

— Et qu'en as-tu fait?

— Je l'ai donnée, mon général.

— Tu l'as donnée? Mais à qui?

— Au maréchal des logis qui était avec moi
quand nous avons fait cet homme prisonnier.

— Comment, c'est toi qui as fait prisonnier ce
grand gaillard?

— C'est-à-dire que je suis sorti en patrouille
avec les cavaliers, mais ce sont eux qui l'avaient
cerné.

— Alors tu descends de là-haut?

— Mais oui, mon général. Le capitaine Jacottet
ne vous l'a-t-il pas dit?

— En effet, le chef de bataillon m'avait annoncé le caporal de son corps franc. C'est toi ?

— Il paraît, mon général.

— Et tes galons ?

— Je n'en ai pas, mon général. J'ai trente jours de prison.

— Tiens ! Et pourquoi ?

— Parce que j'ai photographié le Christ de Dompierre.

— Je ne comprends pas.

— Oh, c'est toute une histoire, mon général. Personne n'y comprend rien. Faites-vous-la expliquer par le colonel. Mais je voudrais bien savoir si j'ai le droit de faire des photos au front ?

— C'est absolument interdit !

— Vous voyez bien, mon général. Alors, moi, j'ai écopé 30 jours. Je ne rouspète pas.

— Et j'espère bien que tu n'en fais plus ?

— Au contraire, mon général, j'en envoie même aux journaux.

— Qu'est-ce que tu dis ?

— Oh, ce n'est pas grave, mon général. C'est pour améliorer l'ordinaire. Le *Miroir* me les paie un louis et je trinque avec les copains. Je leur envoie du pittoresque. Rien que des secrets de polichinelle. Et puis il y a la censure à Paris. Vous ne risquez rien.

— Qu'est-ce que tu leur as adressé par exemple ?

— Tenez, la photo de Faval qui avait fabriqué une arbalète comme nous n'avions pas de crapouillots dans les tranchées de Frise. Ses flèches portaient à 200 mètres. Je ne crois pas qu'il ait emplumé beaucoup de Boches.

— Et quoi encore ?

— Dernièrement la photo de Bikoff, le meilleur soldat de l'escouade, un Russe qui se camouflait en tronc d'arbre pour tirer du Boche à bout portant [1]. Mais c'est lui qui s'est fait bigorner au bois de la Vache. Une balle en pleine tête.

— C'est tout ?

— Oui, c'est tout, avec des explosions de mines, des vues d'un bombardement, des photos de vieux macchabées pris dans les barbelés et des scènes de poilus au cantonnement, je crois bien que c'est tout...

— Écoute, me dit le général, je vais faire faire une enquête sur ton compte et si le résultat est bon, les renseignements favorables et s'il n'y a rien d'autre contre toi que l'affaire du Christ de Dompierre, tu pourras coudre tes galons.

— Et je pourrai faire de la photographie, mon général ?

— Il ne saurait en être question. C'est formellement interdit !

— Ah, zut alors, car, moi, ça me démange...

— Tu n'es pas content ?

---

1. Cette photo, parue dans le *Miroir* (printemps 1915) a dû tomber sous les yeux de Charlie Chaplin et lui donner l'idée du fameux gag de Charlot-Soldat camouflé en arbre.

— Mais si, mon général, et je vous remercie de votre protection, de votre haute bienveillance, mais...

— Mais?... demanda le général.

Depuis un bon moment déjà Pfannkuchen, qui ne comprenait rien à notre dialogue mais qui le suivait avec un intérêt croissant, pensant qu'il s'agissait de lui, commençait à s'inquiéter. Il s'agitait, me lançait des regards interrogateurs et me faisait des clins d'œil grimaçants.

— Il y a le Boche qui réclame sa pipe, mon général.

— Bon, bon. Dis-lui que je lui en donnerai une tout à l'heure. Mais qu'est-ce que tu allais dire? m'interrogea le général. Tu peux me parler en toute franchise.

Et son œil si curieux me fixa, s'appesantit sur moi.

Alors, ce démon du franc-parler qui m'a si souvent fait fourcher la langue me fit lui déclarer tout de go :

— Vous feriez bien mieux de payer un tonneau de pinard à l'escouade, mon général. Primo, elle l'a mérité et, secundo, on boira le vin à votre santé. Être caporal c'est un métier de chien. Le cabot est le clebs de ses hommes et souvent j'en ai marre.

— Mais c'est aussi un honneur, mon petit, et tu peux passer sergent.

— Ça, jamais! mon général.

— Pourquoi?

— Il faut avoir tué père et mère! Et puis, excusez-moi, mon général, mais je ne suis pas militaire...

— Bon, fit le général.

Et il s'en alla d'un pas traînard dans la pièce à côté chercher une pipe pour Pfannkuchen. Quand il revint, la pipe à la main :

— Donne-la-lui, me dit-il, et emmène cet homme, je n'ai plus besoin de vous.

— Moi? Mais je ne m'occupe plus de cet homme, mon général, je remonte en ligne. Tenez, je vous remets son fusil, veuillez me faire un récépissé. C'est dix francs de gagnés. Tiens, remercie le général, dis-je à Pfannkuchen qui claqua des talons, bourre ta pipe, salaud, et ne réclame pas maintenant ton briquet. Il y a du feu dans la cheminée.

Le vieux s'était assis à son bureau et paraissait très ennuyé.

— Que vais-je faire de cet homme? me demanda-t-il.

— Vous n'avez qu'à le foutre au clou, mon général. Avant, on les enfermait dans la buanderie. Vous n'avez donc personne ici?

— Tout le monde est couché.

— Et le poste de garde?

— Ils sont si peu nombreux, je ne voudrais pas les fatiguer.

— Et vos officiers?

— Il est à peine quatre heures du matin, je ne voudrais déranger personne.

— Alors, téléphonez à la prévôté qu'on vienne le chercher. Habituellement on les rassemble à Bray. Dites aux gendarmes de venir en moto, il y en a pour un quart d'heure et, moi, je vous tiendrai compagnie car je ne voudrais pas vous laisser en tête à tête avec ce lascar, mon général. Dans chaque Allemand il y a un Alboche qui se réveille. Vous ne paraissez pas les connaître. Il vous demanderait du café chaud, et puis quoi encore, des petits pains et du beurre, et il vous jouerait une vilaine musique. Vous savez, ils sont puants. Vous permettez, mon général, je suis vanné, je puis en rouler une?

— Assieds-toi, mon petit. Tu veux du tabac?

— Merci, mon général, j'en ai.

Bon papa téléphona et pour cela faire mit son képi qui obturait l'embouchoir de l'appareil sur sa tête, fourrant son calot dans la poche de sa robe de chambre. Ainsi, il était complet et Pfann-kuchen n'en revenait pas de me voir à califourchon sur une chaise en train de griller une cigarette et de m'entretenir les coudes sur la table avec un supérieur si haut placé. Cela mettait en déroute toutes ses notions de Boche. Pensez : *ein General!*..

— Laissons-le fumer sa pipe et n'ayons pas l'air de parler de lui. Mais je suis bien content d'être là, mon général, car j'ai un renseignement de première importance.

— Qu'est-ce que c'est? dit le général en se retournant vers Pfannkuchen qui par réflexe se mit au garde-à-vous.

— Repos! dis-je au Boche. Ne le regardez pas, mon général. Tout à l'heure le bougre n'a pas voulu parler et pourtant c'est lui qui m'a donné le renseignement que je vous apporte et qui est exact puisque j'ai pu le contrôler cette nuit. Vous pourrez peut-être en tirer des conclusions.

— Qu'est-ce que c'est? dit le général et son œil globuleux rougeoya comme la braise d'un cigare à moitié éteint sur lequel on tire subitement.

Le vieil homme changea de fesse sur sa chaise et son stick tambourinait nerveusement la table. Il était vivement intéressé. La passion de sa vie se réveillait.

— Je t'écoute.

— Tout à l'heure, en ramenant le type le long du canal, il m'a raconté qu' « ILS » n'occupaient plus leurs premières lignes mais qu' « Ils » s'étaient repliés sur des positions d'hiver devant Herbécourt, dans des tranchées éclairées et chauffées à l'électricité, paraît-il. Et ce repli doit être exact car, cette nuit, avant d'aller ramasser cette espèce de grand flandrin qui nous écoute mais qui ne comprend pas un mot et ne se doute de rien (« — Eh bien, *Schweinkopf*, elle est bonne ta pipe? », criai-je à Pfannkuchen en allemand), je suis sorti en patrouille pour l'affaire des Polonais...

— vous m'avez dit en entrant que c'était un secret, mon général, mais vous voyez, je suis au courant —

... et j'ai pu constater que le petit ouvrage où flottait le drapeau polonais dans le réseau en « X » était abandonné et, qu'en effet, il n'y avait personne, sinon on n'aurait jamais pu ramener le pavillon. Le capitaine Jacottet a dû vous tenir au courant par téléphone, mon général.

— Comment, c'est toi qui as ramené l'enseigne qui nous intriguait tant ?

— Non, mon général, ce n'est pas moi, mais un homme de l'escouade, un noble polonais, et j'estime qu'il a bien mérité la Croix de guerre. Ça lui ferait tellement plaisir...

— Attends. Voyons la carte. Jusqu'où êtes-vous allés ?... Au petit ouvrage en « X », à gauche de la route... et vous êtes revenus par la route... Et, à droite, au Trou des Cuisines... et vous avez fait du bruit sans alerter personne... ramenant un prisonnier...

— Un déserteur, mon général.

Immédiatement ce fut un grand remue-ménage. Le général appela, sonna, éveilla son monde, tout l'État-Major fut sur pied et Pfannkuchen, au lieu de s'installer dans le « side » des gendarmes qui entre-temps étaient arrivés, fut chambré dans une pièce où il fut dûment cuisiné par des officiers du 2e Bureau qui lui tirèrent les vers du nez, cependant que, tirant mes grolles, je remontais en ligne par ces infâmes boyaux pleins de merde qui me ramenaient à la puante et débordante Clara.

J'étais content.

On fuma les cigares du Boche.

Mais ce n'est que le mois suivant que je compris avoir déclenché le premier mouvement de l'attaque qui devait nous faire occuper les positions allemandes devant Herbécourt, dont le confort étonna si fort la Coloniale qui avait enlevé le morceau et rectifié nos lignes sans trop de casse, les Boches surpris s'étant laissé prendre au nid.

Comme dit le fabuliste : « On a souvent besoin d'un plus petit que soi. » Mais qui était le plus petit, moi ou Pfannkuchen ?

Quant au tonneau de pinard que le colonel Dubois, faisant fonction de général commandant le secteur de Frise, m'avait promis en échange de mon renseignement, je l'attends toujours. Les grands n'ont pas de parole. Seuls les escarpes s'y tiennent, eux qui n'ont plus d'honneur et viennent se réhabiliter à la Légion.

— Qu'est-ce que tu as bien pu raconter au général ? me demanda le capitaine Jacottet quand j'arrivai à la pointe du jour, éreinté, à la Clara. Il vient de me téléphoner que tu étais très intelligent. Tu as encore dû en faire rigoler un avec tes blagues. Cela ne m'étonne pas de toi.

— Est-ce que vous avez encore un peu de fine, mon capitaine ? Cet enculé de Boche m'a mordu

la main et je ne voudrais pas être infecté. Versez-
m'en quelques gouttes sur le dos de la main droite.
Là... merci.

LE CHEVALIER DE PRZYBYSZEWSKI,
dit « LE MONOCOLARD »
(porté disparu en Champagne).

Il ressemblait à Max Jacob. Il nous était arrivé
à la veille de la Noël, avec le dernier renfort qui
comportait pas mal de phénomènes. Comme Max
il portait monocle et comme Max c'était un être
instable, bavard, affable, pirouettant, qui dissi-
mulait son immense orgueil de race et sa vanité
non pas, comme Max, sous une fausse humilité et
des petites manières de sacristie, mais sous beaucoup de politesses et une bienveillance amusée de
grand seigneur. Comme Max, bourré d'anecdotes
et d'observations drôles prises sur le vif, il était
fin causeur, mais ce n'était pas un intellectuel et
il n'avait pas de lettres. C'était un esprit calcu-
lateur, desséchant et d'ordre pratique. (Il ne connaissait pas les livres de son oncle, cette ultime
fleur des écrivains décadents de la fin du siècle
dernier dont l'influence a été si grande en Alle-

magne et en Russie aux alentours de 1900, et chaque fois il se montrait très surpris quand je lui parlais des poèmes, des romans, des pièces de théâtre, du génie satanique, scientifique et anarchisant, de la vie de bohème noctambule à Munich, de la légende sadique qui auréolait son oncle, Stanislas de Przybyszewski, le célèbre esthète et métaphysicien, le seul ami, le seul ennemi d'Auguste Strindberg puisqu'il lui avait volé sa femme, la belle Nikkè, dite la Victoire de Samothrace, tellement cette jeune actrice danoise était bien faite et garce ; mais chaque fois que je commençais à vouloir lui parler de sa tante, le Monocolard m'interrompait...).

Contrairement à Max Jacob, dont la vraie force était la pauvreté, notre Monocolard était plein aux as.

Nous avions donc deux monocolards dans l'escouade, mais le surnom resta à Przybyszewski, car les deux monocles étaient aussi différents que peuvent l'être deux corps célestes, le soleil et la lune par exemple. Et si le cerceau sans verre que Ségouâna se fourrait de temps à autre sous l'arcade sourcilière pouvait être considéré comme un simple accessoire orthopédique servant à retenir la paupière tombante du jeune débauché malade et prématurément vieux, le monocle sans monture du noble chevalier faisait partie intégrante de sa personnalité. C'était un disque de cristal guilloché sur les bords que Przybyszewski portait perpé-

tuellement appliqué sur l'œil gauche, ce qui donnait un air de provocation à cet aristocrate —
d'autant plus que le soldat l'arborait jour et nuit,
et même de garde au créneau, et qu'il sortait en
patrouille avec, malgré les lazzi du début —, en
ville tout aussi débauché que le fourreur de la rue
de Babylone, mais jouisseur et pétant de malice
et de santé.

A son grand air qui semblait narguer tout le
monde, et surtout les sergents que tant d'impertinence exaspérait, il faut ajouter des improvisations vestimentaires que les sergents ressentaient comme une atteinte directe à leur autorité.
Ainsi le Monocolard a fait toute la guerre en souliers vernis, dont il recevait une ou deux paires à
chaque courrier. Il avait fait échancrer par-devant
tunique et capote, portant cravate fantaisie, du
linge très fin, mouchoir de batiste, cache-nez
haut en couleurs, des gants tape-à-l'œil et sur
toute sa personne et dans ses poches des colifichets à la mode. Il se parfumait, il se cosmétiquait,
il se manucurait, et il faisait ma joie car tous ses
travers, grimaces, tics, grandes manières, morgue,
embarras et poses portaient l'exaspération des
sergents à son comble, lesquels sergents étaient
toujours à ses trousses, trouvaient quotidiennement mille bons prétextes pour le brimer, le punir, le foutre dedans avec le motif, lui infliger les
plus sales corvées dont il se tirait toujours avec
élégance, multipliaient les rapports contre lui sans

que le noble Polonais ne changeât rien à son train
ni prît garde à leur courroux, considérant tout
cela avec une souveraine insolence, passant outre.
Le nouveau ne manquait pas de toupet et bientôt
il fut très populaire, d'autant plus qu'il avait toujours la main à la poche, avait l'argent facile et
qu'il paya pour le jour de l'An un chandail de
luxe, venant de chez le plus grand chemisier de
Paris et adressé individuellement à chacun des
hommes de la 6e Cie, et ceci ni par charité ni
pour se faire valoir (bien qu'en parfait homme du
monde et par habitude de clubman il s'entretenait
souvent avec eux, leur troussant des histoires très
lestes, les officiers ne l'aimaient pas beaucoup,
probablement par jalousie et aussi qu'ils le sentaient par trop détaché de leur caste), mais pour
empoisonner l'existence des sergents et, me confia-
t-il, « pour mettre une note de modernité dans ce
sinistre carnaval de la guerre, un peu de luxe
dans cette pouillerie réglementaire et organisée ».

— Qu'est-ce que cela coûte ? Pour rire un peu,
tâchons de mourir en beauté, ajouta-t-il. C'est-à-
dire avec, sous l'uniforme, un peu de dandysme
pour que l'époque reconnaisse les siens. Nous ne
sommes tout de même pas *rien que des soldats !*

Tel était le nouveau farceur qui nous arrivait
des antipodes.

Pourquoi est-ce que ce garçon s'était-il engagé ?

Przybyszewski avait trente ans. Il était propriétaire de riches cultures de plantes médicinales à

Tahiti. Il était libre et indépendant. Il ne pensait nullement à la guerre et n'avait aucune envie de jouer au soldat. Il était heureux et en voie de faire fortune. Il s'était organisé une vie selon ses goûts, passant trois mois dans son île, voyageant trois mois aux Indes et aux États-Unis pour ses affaires, venant passer six mois par an à Paris, « à la chasse aux femmes », disait-il, « comme mes riches amis anglais qui vont chasser les fauves en Afrique », car il était ardent chasseur et avait un tempérament de don Juan, dur et sans scrupule. Il rentrait justement d'une saison à Paris, nous raconta-t-il, quand le 22 septembre 1914 le *Scharnhorst* et le *Gneisenau*, les deux croiseurs cuirassés détachés de l'escadre de l'amiral von Spee, vinrent bombarder Papeete et leur première volée de gros obus était tombée dans sa plantation, saccageant son jardin des tropiques et mettant le feu à la belle maison à varangue qu'il venait de se faire édifier à l'ombre des plus beaux palmiers du monde, « une collection unique au monde », précisait-il. Et de rage il avait pris le premier bateau en partance et le Polonais était revenu en France, s'engager.

— Voilà pourquoi j'arrive en retard, s'excusait-il. J'arrive de l'autre côté du monde et partir n'a pas été facile. Durant tout ce long voyage je me répétais : « — Les Boches me le paieront! » Mais, maintenant que je suis là, je me dis que j'ai sûrement fait un faux calcul. Les Boches ne me paie-

ront rien du tout. Au contraire, c'est encore moi
qui vais perdre et perdre tout. Jamais je ne sortirai
de cette sotte histoire. Je n'en reviendrai pas. Je
le sais. Tant pis. J'y suis, j'y reste. Et comment
faire autrement, dites? Allons, camarades, allons
boire, il le faut. C'est ma tournée. N'y aurait-il
pas moyen de faire monter un peu de champagne,
ici, à Frise, en soudoyant le caporal de l'ordinaire
ou le sergent-fourrier? Non? Vraiment non?
C'est impossible? Alors le jeu n'en vaut pas la
chandelle. Les tranchées non plus ne sont pas
ce que j'avais imaginé. J'ai misé du mauvais
côté...

... Aujourd'hui, après trente ans, quand je
pense au Monocolard qui fut nommé caporal en
même temps que moi, un 14 juillet, avec qui
j'ai passé une joyeuse permission à Paris et que
j'ai perdu de vue quand nous rejoignîmes le
régiment, lui, à Plancher-le-Haut, et moi à
Sainte-Marie-les-Mines, chacun des deux nouveaux caporaux ayant été versé dans un autre
bataillon, si bien que je ne sais rien de précis
sur sa disparition en Champagne, je me demande
si Przybyszewski n'était pas un vulgaire escroc
et si l'histoire de sa plantation à Tahiti n'était
pas tout simplement un beau mensonge [1]?

---

1. Et c'est pourtant cette plantation exotique et
peut-être imaginaire, mais dont le soldat me parlait
souvent au front durant les longues heures de veille,
qui me donna l'idée au lendemain de la défaite de

Et pourquoi pas après tout?

Il y avait tout de même quelque chose de factice dans son comportement et quand je pense à lui, si je me remémore toutes les joyeuses histoires qu'il racontait avec un brio tel que l'on s'y laissait prendre et que nul sur le moment ne faisait l'observation que ses histoires étaient farcies d'invraisemblances et de gros mensonges manifestes, en tant qu'homme le Monocolard m'échappe. C'était un être instable, un tel charmeur, un jeteur de poudre aux yeux. Aujourd'hui j'ai du mal à dessiner ses traits, à tracer son caractère véritable. Je dois faire appel à Max Jacob pour évoquer sa ressemblance, à Ségouâna pour

juin 40, quand j'eus jeté aux orties mon faux uniforme anglais, ce ridicule déguisement dont on avait affublé les correspondants de guerre, de cultiver des plantes médicinales dans mon jardin d'Aix-en-Provence, ce qui me mit à l'abri du besoin et me permit de me tenir tranquille dans mon jardin suspendu, car c'est une culture peu fatigante, que je puis faire d'une seule main et qui rapporte. Il est vrai que j'avais le cœur serré et que je préférais me taire. « *Les vaincus doivent se taire. Comme les graines!* », écrit Saint-Exupéry dans *Pilotes de guerre*, publié à New York en 1943 et que l'on se procurait en cachette en France. Je me taisais donc et germais au milieu de mes graines qui fructifiaient et rapportaient. L'argent, cette saloperie que les romanciers escamotent dans leurs livres, ce qui fausse la psychologie de leurs personnages et rend ces sortes d'ouvrages rapidement caducs ; l'argent, ce fatum des hommes du xxe siècle et, notamment, de tous les écrivains collaborationnistes, auxquels il a apporté la guigne ; l'argent, dont les Boches ont su si diaboliquement bien jouer pour leur propagande!

préciser sa façon pourtant bien particulière de
porter le monocle et à Lang, pour me rappeler
que, comme ce dernier, il recevait un volumi-
neux courrier, mais de son bottier, mais de son
chemisier, et jamais une lettre d'amour comme
Lang qui nous lisait toutes les lettres de femmes
qu'il recevait, à croire que ces deux fournisseurs
attitrés étaient les seuls correspondants du Polonais à Paris, ses répondants, ses banquiers. Je ne
lui ai jamais vu recevoir une lettre d'outre-mer
avec des timbres de Tahiti, des Indes ou des
États-Unis et je ne me souviens pas non plus
lui avoir vu brandir une seule lettre de sa famille,
ou ouvrir avec fièvre une de ces grandes enveloppes oblongues, armoriées et couvertes d'une de
ces calligraphies penchées, caracolantes et pas-
sionnées d'une femme du monde à son amant,
ou dévorer des pages et des pages de gribouillis
sur papier bulle parfumé d'une tendre maîtresse
délaissée ou rire du quadrillé taché d'encre, de
sauce, de graisse, ou égratigné au crayon avec des
empreintes de doigts, de baisers, de larmes d'une
cuisinière patriotarde, sa marraine de guerre.
De l'argent, certes, il en avait. Mais à Paris,
durant notre permission, j'ai accompagné ce
don Juan plus d'une fois non pas à des rendez-
vous d'amour, mais au Mont-de-Piété de la rue
de Rennes et, un soir, je l'ai même conduit chez
un recéleur notoire où il se débarrassa d'un lot
de bijoux, et ce n'étaient pas des bijoux de

famille, quoi qu'il pût dire. Il y avait là une
énigme. Le scélérat devenait inquiétant. S'ap-
pelait-il seulement Przybyszewski et l'illustre
écrivain polonais était-il vraiment son oncle?
Il ne connaissait pas ses livres et pourquoi n'a-
t-il jamais voulu me laisser lui parler de sa tante?
Tout cela me trouble singulièrement et plus je
pense à lui, plus le gentilhomme polonais s'ef-
face, s'évanouit.

Le Monocolard.

Un escroc?... Alors, quand il pleurait, cette
fameuse nuit, le nez dans la boue, c'était du
chiqué?... Peut-être bien... Et je ne sais pas
pourquoi, mais j'ai fini par le croire... Il faut être
un fameux virtuose et un as de la séduction pour
réussir un tel tour de chantage sentimental, et
cela gratuitement et dans les circonstances les
plus inhumaines, et par pur amour du métier.
Je plains les femmes qui ont pu tomber entre les
pattes d'un type aussi désintéressé. Moi, il m'a
séduit, et dans l'escouade, il nous a tous possédés.

C'était un Joyeux...

(... Je n'ai jamais poussé l'enquête qui m'eût
aiguillé vers le Bat' d'Af'. Un tatouage l'a trahi.
Une nuit. Une nuit d'amour. Au *Chabanais*.
Je l'ai vu. Mais je n'en ai jamais rien dit. C'est
d'ailleurs sa gonzesse qui me l'a fait remarquer
et qui m'en a parlé. Il était quasiment effacé, mais
indélébile. Bleuâtre sous la peau du cou. Un
pointillé sur la nuque. *Le pointillé à Deibler.*

Cela me donna le frisson. J'avais un grand faible pour ce garçon et durant toute notre permission j'avais puisé dans sa bourse. Sans gêne. En ami. Je ne pouvais plus continuer. Je ne dis rien. Lui non plus. Mais il me devina. Et ce fut une veine pour les deux quand nous fûmes versés au retour de notre permission du 14 juillet dans deux bataillons différents.

Il a été porté disparu.

« *Disparu* », qu'est-ce que cela veut dire? Il y a tant de façons de mourir et de disparaître dans une attaque comme la grande offensive de Champagne en septembre 1915.

Je voudrais bien savoir comment tu es mort, mon pote, mort pour la France!

T'étais-tu réhabilité à tes propres yeux, ô le Monocolard, et c'est pourquoi peut-être que tu étais si heureux et si fier quand tu fus nommé caporal le même jour que moi et que le colonel Desgouilles t'épingla sur la poitrine la Croix de guerre et lut ta citation : « ... *est allé chercher le drapeau de sa patrie, l'immortelle Pologne, dans les barbelés ennemis...* ». Cette fois, c'était sérieux, n'est-ce pas, et tu te laissais faire docilement, et tu ne bluffais pas... Mais qui as-tu voulu tout de même épater par ta conduite?... ta maman, cette sainte vieille femme à qui tu as fait tant de chagrin dans la vie?... ta tante, qui avait financé ton évasion du bagne?... ou ton grand copain Bébert, celui qui t'attendait depuis si longtemps

au cimetière de Bagneux et que tu avais descendu
pour t'avoir initié au crime et aux détours du
crime dans l'affaire de La Muette ?...)

Je ne sais si peuvent me comprendre ceux qui
n'ont jamais été la victime de prédilection d'un
escroc ? Moi, j'ai été frustré d'une amitié. Je
descendrais bien aux Enfers pour savoir. Dis, le
Monocolard, qui es-tu ?

A LA GRENOUILLÈRE

Nous étions retournés à La Grenouillère et
c'est avec joie que nous avions repris nos parties
de bachot.

Placés à l'extrême pointe de l'avancée française en direction de Péronne, la tentation était
grande pour nous de suivre le sens général de
cette poussée latente à laquelle le paysage même
semblait obéir : la colline du Calvaire qui s'abais-
sait en une ligne de faîte de plus en plus doucement inclinée pour venir épouser l'incurvation
de la haute berge du canal, à droite ; le canal qui
décrivait une large courbe en avant et l'écoule-
ment des eaux du fleuve en aval ; la rive gauche
des marais qui comme la jante d'une roue venait

enclore dans un grand mouvement cet ensemble de lignes tournantes en marche avec le soleil couchant que dessinait la vallée de la Somme dans l'axe de La Grenouillère.

Déjà lors de notre précédent séjour à La Grenouillère j'avais installé dans cet axe une canardière qui prenait à revers ou d'enfilade certains passages du boyau allemand qui montait au Calvaire et, dissimulée dans une tourbière, une batterie de Lebel qui tirait à hausse perdue sur une passerelle volante en amorce dans la courbe même du canal et dont on ne distinguait à la lunette qu'un bout, attenant à Feuillères.

Feuillères n'était qu'à 1 200 mètres. Un parc touffu, à travers les arbres défeuillés duquel on apercevait les communs percés d'embrasures et le toit en ruine d'un château, juste au bout de la prairie inondée dont j'ai eu l'occasion de parler à propos de notre expédition à l'aveuglette chez les macchabs de la cahute abandonnée de la Sablonnière, au bout du monde.

Feuillères avait été perdu par les Français fin septembre ; les Allemands, ces remueurs de terre, l'avaient solidement fortifié et, tenant le hameau bien en main, ils y avaient même installé de l'artillerie lourde, des obusiers qui tapaient derrière nous sur Albert, à une vingtaine de kilomètres. La nuit, il y avait un gros va-et-vient à Feuillères, une rocade, rive gauche-rive droite, la route de Combles à Herbécourt

traversant cette position stratégique. Comme
l'était en amont le mauvais chemin d'Éclusier
à Vaux, entièrement sous l'eau et pour nous
absolument inutilisable pour établir la liaison
avec Curlu, cette route de Combles à Herbécourt
était en partie inondée, mais les Allemands réus-
sissaient tout de même à y faire passer leur ravitaillement, et leur intense trafic nocturne nous
attirait indiciblement, maintenant que nous
avions retrouvé notre bachot.

Cela était plus fort que nous, on pouvait y
aller en bateau, il nous fallait y aller voir et nous
avions étudié les abords de Feuillères en aval, mal
défendu sur le front d'eau, suivi le remblai de
la route dans sa traversée des marais, franchi
deux, trois ponts provisoires, passant dessous
notant les brèches, atteint le niveau de la route là
où les écluses étaient crevées et la chaussée inondée,
poussé jusqu'à Hem-Monacu et Cléry sur l'autre
rive de la Somme, bien en aval de Curlu, pour
relever les passes et le débouché, tout cela sans
anicroches, et nous rentrions de ces incursions
aventureuses sur les arrières de l'ennemi dans
un état inimaginable d'exaltation et de conten-
tement et prêts à tout risquer pour faire une
opération sur cette artère vitale, tellement la
chose était tentante.

Fallait-il en parler à Jacottet?

Les avis étaient partagés. Mes lascars, Griffith,
Sawo, Garnéro, brûlaient d'envie d'enlever

un convoi de ravitaillement, escomptant de la boustifaille, des « souvenirs » de toutes sortes et d'autres « belles surprises », sans parler de la rigolade. Moi, j'aurais voulu tenter un coup de force, par exemple faire sauter une ou deux passerelles ou couper la route, mais pour cela il fallait être équipé en conséquence et ne rien improviser, c'est pourquoi je conseillais d'en référer au capitaine. Mais les gars se foutaient de moi, surtout Griffith, prétendant que nous n'obtiendrions jamais l'autorisation d'y aller et que dans le meilleur des cas l'affaire serait remise aux calendes grecques, et me souvenant de nos précédentes expériences, et tous d'accord pour n'attendre que des emmerdements des offmars et des états-majormuches s'ils mettaient leur nez dans notre jeu, cette grande partie de liberté que nous nous octroyions malgré tout dans l'esclavage général de la guerre et de l'armée, conscient que chacun de nous ne risquait après tout que sa peau et, qu'en cas de succès, l'équipe bénéficierait d'un rabiot de perme, et à Paname ! j'étais enclin de leur céder.., et pendant que nous parlions de tout cela, discutant le coup, attendant une occasion propice ou un heureux hasard pour nous décider, nous confectionnions à l'insu de tous quelques grosses bombes, remplissions notre bachot de grenades et chapardions mousquetons et revolvers chez les cavaliers et les artilleurs, plus aucun de nous ne voulant se servir, s'encombrer du fusil. Et Opphopf suiffait son bateau...

J'avais fait entrer le Monocolard dans notre équipe et c'est ce farceur qui déclencha inopinément l'affaire, un exploit qui révolutionna les états-majors et valut à mes cinq pirates la Croix de guerre et, à moi, un monde d'ennuis, d'enquêtes, d'interrogatoires, d'accusations, de dénonciations et une suspicion telle qu'on faillit m'envoyer finir mes jours à Biribi, sans que cette menace suspendue sur ma tête réussît à entamer ma bonne humeur, car c'était à mourir de rire de voir cette mince anecdote de la ligne de feu grossir à tous les échelons, faire boule de neige jusqu'en dernière instance, l'administration et les bureaux, les autorités du secteur et les intransigeants de la discipline, sergents, gendarmes, vieilles culottes de peau et chevronnés de tous grades, civils et militaires, et jusqu'aux ministres eux-mêmes, de la Guerre et de la Marine à Paris, intriguant, se jalousant, s'interpellant, agitant leur grand sabre, brandissant leurs foudres, sur le point de s'adresser un ultimatum et de se déclarer, se faire la guerre, une guerre de papier (tenant l'autre, la vraie, celle que nous faisions en suspens) à coups de décrets, lois, paragraphes, articles, règlements, ordonnances et procès-verbaux, comme s'il se fût agi d'un transatlantique disparu et non pas d'un malheureux bachot.

Cette nuit-là, il faisait un temps de chien. Nous nous étions mis à l'abri dans une de nos planques, dans les marais, attendant l'heure d'aller nous faire reconnaître à Curlu et, en attendant l'heure, assis en cercle autour d'une lanterne sourde, nous croquions des noix dont Garnéro avait une musette pleine et je faisais circuler mon bidon.

Le clapotis des vagues entourait notre abri de roseaux. Les coups de vent se faisaient plus durs, plus fauchants. Une pluie très fine nous aspergeait. Nous étions trempés. Le sol était mou. A son habitude Sawo ne disait mot. Griffith suçotait sa pipe. Garnéro racontait au Monocolard qui ne la connaissait pas notre nuit de Noël au Calvaire. Opphopf avait l'œil sur le bachot car les bourrasques se succédaient au galop, alternant dehors avec les rafales des obusiers de Feuillères qui, cette nuit-là, pilonnaient Albert, et je suivais d'une oreille distraite les gros obus qui passaient comme des locomotives en furie loin au-dessus de nos têtes en un vertigineux mélisme avant d'aller s'écraser dans un fracas lointain que répercutaient tous les échos grondeurs de la vallée.

Tout à coup je fus tiré de ma rêverie auriculaire par la voix haut perchée du Monocolard qui s'écriait :

— Nom de Dieu! Mais il nous faut remettre ça aujourd'hui même. Ce n'est pas la Noël, mais c'est un jour faste. Tu ne sais pas le combien que l'on est aujourd'hui?

— Non, répondait Garnéro de sa voix gouailleuse.

— Mais c'est le 27, ça ne te dit rien?

— Non, répondait encore Garnéro frétillant.

— Quel ballot tu fais! s'exclama le Monocolard avec passion. Et à vous les gars, ça ne vous dit rien non plus, non, le 27 janvier?

Il s'était dressé.

Son monocle papillonnait dans la pénombre. Il nous dévisageait l'un après l'autre.

— Et toi, caporal, le 27 janvier, tu ne sais pas ce que c'est?

— Non, lui dis-je.

— Mais, nom de Dieu, c'est l'anniversaire de Guillaume! s'écria le Polonais. C'est une grande fête et c'est peut-être pourquoi les Boches bombardent Albert cette nuit. Ils font marcher leur artillerie pour célébrer les 56 ans du Kaiser. C'est son anniversaire. Allons-y. On va le lui souhaiter. C'est une occasion unique. Ils ne se méfient pas. On va bien mieux rigoler que vous la nuit de Noël. La route est à notre portée. C'est plus facile que de grimper au sommet du Calvaire. Il n'y a qu'à se laisser porter...

— Mince alors! fit Griffith. Le Monocolard a raison. Allons-y, c'est une occase...

— Allons-y, dit Garnéro en bouclant sa musette de noix.

— Tiens, voilà ton bidon, me dit Sawo. On y va...

— Bon, fis-je. On y va...

Et je m'installai à l'avant du bateau qu'Op-phopf poussa d'un pied ferme avant de se saisir de l'aviron.

Et nous voilà partis...

Opphopf était debout à l'arrière et godillait sans bruit.

Des vaguelettes crachotaient.

A chaque décharge le parc de Feuillères se silhouettait sur une lueur tressaillante comme un immense feu follet collé au sol, puis les ténèbres redoublaient.

Bourrasques.

Pluie ténue, pluie, pluie.

Nous descendions au fil de l'eau.

Boum-boum faisaient les canons lourds en ébranlant toute la nature. *Crac-crata-crac...* *Krrâk* répondaient les gros obus en écrabouillant Albert à l'autre bout de la vallée.

Les canards sauvages et les poules d'eau caquetaient comme de coutume.

Nous nous échouâmes contre le remblai.

On était arrivés.

Contre le remblai de la route nous étions à l'abri du vent d'ouest.

Quelle relâche?

La route était déserte.

On n'avait pas eu le temps de réfléchir.

On était dans l'aventure.

Et tout se déroula quasi automatiquement.

La route était déserte. Inutile de s'orienter.
Nous nous étions échoués sur la droite, à 300
mètres de sa partie inondée, la plus basse, d'où elle
remontait par une rampe planchéiée pour venir
passer à hauteur de nos têtes quand on se tenait
debout et aller franchir à une centaine de mètres
une passerelle jetée sur une brèche et disparaître
en direction de Feuillères, à moins de 500 mètres.

La route était déserte. Nous étions aussi bien
là qu'ailleurs car il pouvait y avoir des sentinelles
dans la nuit, et si une patrouille était venue à
passer nous l'aurions entendue venir, à gauche,
pateauger dans l'eau, à droite, talonner le tablier
de la passerelle branlante. Nous restions donc là,
dissimulés dans notre île flottante, le bachot
camouflé ressemblant à une touffe de roseaux à
quenouille, personne ne soufflant mot, nous
relayant à tour de rôle pour faire un tour d'horizon, chacun se tenant coi, faisant le guet, sur le
qui-vive, Opphopf seul donnant de temps à
autre un coup de godille pour nous maintenir
sur place.

La guerre se fait la nuit.

Trois, quatre heures s'écoulèrent pendant
lesquelles nous vîmes passer à très longs inter-
valles deux, trois convois dans les deux sens et
défiler de la troupe à pied qui n'en finissait pas
et montait en direction de Feuillères, probablement
la relève du Calvaire. Il était urgent d'agir avant

le passage de la troupe descendante car, alors, l'aube serait proche et nous aurions juste le temps de rentrer, mais aucune occasion ne se présentait.

Après le passage d'un convoi cela sentait bon le crottin de cheval et une espèce de buée se dégageait de la troupe en marche, les bottes battant à hauteur de mon œil car j'étais justement debout, une poignée d'herbe piquée dans ma jugulaire, et j'ai eu chaud...

Une nouvelle heure s'écoula.

A un moment donné quelqu'un pissa dans l'eau derrière moi et je lui allongeai un coup de pied dans les miches sans m'occuper de qui c'était...

Enfin nous entendîmes patauger sur notre gauche, des sabots de chevaux tambouriner la rampe planchéiée, un étrange gémissement qui perçait la nuit et bientôt nous vîmes approcher deux fourgons isolés, dont les attelages allaient au pas, les guides molles, les conducteurs ne se pressant pas. Il pouvait être trois, quatre heures du matin et il y avait longtemps que l'heure de la deuxième liaison à Curlu avait sonné.

Le premier fourgon passa cahin-caha. Il était attelé de deux chevaux qui avaient les paturons blancs. Nous ne pûmes distinguer le conducteur. Le deuxième attelage se composait d'un petit cheval pie et d'un gros percheron fatigué qui avançait tête basse. Ce dernier fourgon grinçait comme s'il avait été muni d'une chanterelle de char à bœufs ainsi que le sont les lourds wagons-

couverts des pionniers qui s'enfoncent dans les
campos du Grand-Ouest brésilien. Nous le lais-
sâmes également passer. Puis, sans un mot, nous
nous glissâmes sur la route et courûmes abattre
les conducteurs à bout portant.

Il y avait trois Boches dans la première voiture
qui se trouva être un fourgon du génie, rempli
d'outils, pelles et pioches. Le deuxième véhicule
était un fourgon de la poste aux armées, plein à
craquer de petits colis étiquetés *Liebesgaben*. Il y
avait deux hommes à bord, dont un grand albinos,
le cocher, manifestement un Poméranien.

D'instinct nous nous étions partagé la besogne.
Pas une faute n'avait été commise. A peine dix
balles de revolver avaient été tirées ; et pendant
que les uns embarquaient à bord du bachot
qu'Opphopf avait mené à notre hauteur tout ce
qu'ils pouvaient emporter précipitamment du
fourgon postal, que Sawo et Garnéro conduisaient
les chevaux jusqu'à la passerelle pour leur faire
faire un saut dans l'eau, entraînant leurs véhicules
et revenaient vers nous en courant, je rassemblais
les papiers des tués, dont une lourde sacoche
bourrée de documents, des rouleaux qui dépassaient, genre papiers d'architecte, que portait un
jeune lieutenant abattu dans la première voiture.
Et nous ralliâmes La Grenouillère sans autre
incident qu'une colère folle de Garnéro qui nous
agonit d'injures en débarquant parce que l'un de
nous avait jeté sa musette de noix à l'eau, et ses

injures me visaient plus particulièrement. En
effet, au retour, j'avais fait jeter les grosses bombes
par-dessus bord qui ne nous avaient servi à rien
et vu que le bachot était chargé à couler des
Liebesgaben que mes lascars y avaient entassés en
hâte, et la musette de Garnéro avait dû suivre,
ainsi qu'un lot d'autres musettes pleines de grenades. (Après une expédition il arrivait souvent
à Garnéro de piquer une crise de rage. J'ai lu des
observations du même genre dans le journal de
bord de plus d'une expédition polaire ; ce qui
prouve, *primo :* que la vie que nous menions au
front était absolument inhumaine, donc épuisante ; *secundo :* que les hommes ne sont pas toujours à la hauteur des circonstances dans lesquelles
ils se sont fourrés, et même les chefs, voire les
grands responsables ne sont pas toujours à l'abri
de ces sautes d'humeur qui peuvent se comparer
parfois à une éclipse anormale, voire totale de la
personnalité, — cf. Nobile, le commandant du
dirigeable *Italia*. Quand Garnéro piquait sa crise,
je me méfiais, car le bougre était rancunier en
diable. Cela se tassait au bout de quelques jours
et, de sournois, le diable redevenait bon enfant,
mais durant ces quelques jours, il ne fallait pas
compter sur sa cuisine, il nous eût tous empoisonnés !)

Quant aux *Liebesgaben*, c'était des colis de
friandises et des dons qu'une ligue patriotique
prussienne adressait « *A nos vaillants artilleurs en*

France » à l'occasion de l'anniversaire de l'empereur Guillaume II.

> *Pas vu, pas pris,*
> *Et vu-u, rousti...*

jouent les clairons du Bat' d'Af' au refrain, un gai refrain, plein d'allant. Mais c'est aussi une maxime et le début de la sagesse au régiment, m'avait enseigné Jacottet. « — Mets-toi cet axiome en tête », m'avait-il recommandé. Et le capitaine avait ajouté : « — Pas d'histoires, hein, et tâche de marcher droit... »

Ah, le pauvre capitaine! il était servi, car pour une histoire c'en était une, et qui fit du raffut. Mais Jacottet ne se laissa pas bluffer ; il ne se dégonfla pas plus qu'il ne me laissa choir ; tout au contraire, il me couvrit et assuma en tant que chef de bataillon toute la responsabilité de l'affaire, répondant personnellement de moi à toutes les accusations dont on voulait m'accabler. Notre capitaine, quel chic type! A toutes les accusations le capiston répondait invariablement : « — Je me porte garant de lui. Je l'ai chargé de faire des prisonniers. Je lui ai donné carte blanche. Peu importent les moyens. Il a fait son devoir de soldat. Et je m'y connais, parole d'honneur! » Et en homme courageux, il me défendit envers et contre tous, tenant tête à son colonel, à son général, jouant son avancement, se riant des notes qui

nous venaient des états-majors et des dépêches
ministérielles, demandes d'enquêtes et contre-
enquêtes, recevant fort mal les représentants de
toutes ces différentes autorités qui montaient en
ligne pour m'interroger, assistant à toutes les
dépositions des sergents qui me chargeaient, leur
clouant le bec d'un terme de mépris et me donnant à eux en exemple, exaltant le prestige de la
Légion. Mais malgré toute son autorité et son
courage civique cette sinistre comédie n'aurait pu
que se terminer honteusement pour moi et se
muer en tragédie personnelle si le destin, souve-
rain maître des hommes dans la vie comme au
théâtre, n'était intervenu pour me dédouaner en
me faisant me porter à temps au secours de bon
papa Dubois, le général, faire tourner court et se
terminer en farce le drame esquissé, et cela, ô
ironie, grâce à l'instrument en litige, notre malheureux bachot.

Je ne puis entrer dans tous les détails de cette
affaire compliquée dont j'ai toujours ignoré ou
craint de deviner les plus vilains ressorts. Un
dossier a dû être constitué quelque part et peut-
être qu'un jour on le retrouvera.

Quand un soldat est happé et disparaît dans
une trappe pareille, qui fait également partie de
l'impitoyable et anonyme machinerie de la guerre,
voire, est l'arme la plus vache de son arsenal, on
le plaint et on l'oublie, et tout le monde — ses
proches, ses chers, ses camarades — s'en console

en parlant de fatalité, ce qui est une façon de s'en
laver les mains. Il n'y a pas de fatalité dans ces
sortes d'affaires, sinon la lâcheté générale. Je n'ai
jamais abandonné un homme dans le pétrin. Et
en cela je n'ai fait que suivre l'exemple de mon capitaine. Qu'un honnête homme est une chose rare !

Je résume cette affaire montée de toutes pièces
par les sergents, mais qui avorta, et ne raconterai
que les faits les plus saillants qui se sont inscrits
dans ma mémoire comme une ligne de crêtes.

Les documents contenus dans la sacoche du
lieutenant allemand tué dans la première voiture
étaient de la plus grande importance. Les rouleaux qui dépassaient et que j'avais pris pour
papiers d'architecte étaient les plans détaillés des
nouvelles positions allemandes devant Herbécourt, des épures, des bleus : leur fameuse ligne
d'hivernage.

Jacottet n'y eut pas plutôt jeté un coup d'œil,
qu'il partit avec chez le colonel sans même en
avoir fait l'inventaire, me criant : « — Attends-moi
là, mon petit vieux. Je vais de ce pas chez le colonel et je te rapporte la Croix !... »

Il revint tard dans la matinée. Il avait été chez
le colon et avec Bourbaki chez le général.

— Ça y est. Tu l'as. Le général t'a proposé
pour la Légion d'honneur et je t'apporte tes galons
de sergent. C'est le colonel qui te les donne. Nous
allons les arroser...

Et devant mon manque d'enthousiasme, il se mit à me morigéner :

— ... ne fais pas le cabochard. Tu es un type épatant. Ne sois pas bête. Il faut savoir profiter de la chance quand elle passe. Saisis-la par les cheveux. C'est une occasion unique. Ce que tu as fait est épatant. Cela mérite récompense. Je vais t'aider. Je sais bien que tu n'aimes pas les sergents. Aussi j'y ai pensé. Dès que ta Croix sera arrivée, je t'envoie suivre les cours des élèves-officiers et tu nous reviendras sous-lieutenant. Cela te va-t-il ? Tu as de l'étoffe. Nous avons besoin d'hommes comme toi. Qu'en dis-tu ?

— Je vous remercie, mon capitaine, de penser à moi, mais... mais que deviendront les types de l'escouade ?

— Ne fais pas le con.

— Je ne veux pas quitter les copains.

— Ne sois pas idiot.

— J'y suis, j'y reste, je suis bien dans l'escouade.

— Imbécile, je te dis que tu as l'étoffe de faire un bon officier.

— Merci, mon capitaine. Mais... mais je ne suis pas militaire, excusez-moi.

— Quelle bourrique ! Mais... mais tu ne penses donc pas à ton avenir ?

— Au contraire, j'y pense, mon capitaine. La guerre est une saloperie et elle ne durera pas toujours.

— Alors, tu refuses ? s'écria Jacottet blessé.

— Je suis à vos ordres, mon capitaine, mais je préférerais ne pas avoir à quitter les copains. Vous permettez, je puis disposer ?

Le capitaine me regarda longuement.

— Serre-moi la main, me dit-il, tu es un brave. Je te ferai nommer officier malgré toi, ma parole. Je n'aime pas les têtus. Et sans rancune, hein, espèce d'anarchiste !

Et il éclata de rire.

— Tu sais, j'ai plus d'un tour dans mon sac, ajouta-t-il. Et grâce à toi je suis au mieux avec le général.

Mais deux jours plus tard le capitaine Jacottet dut déchanter...

Nous étions au repos. A Morcourt. Le capitaine fut convoqué chez le colonel. Bourbaki lui fit subir un suif.

Jacottet me mit immédiatement au courant de ce qui se manigançait.

Quelqu'un, à l'arrière, un gratte-papier de la division dont dépendait le secteur de Curlu, avait remarqué que la nuit de l'attaque du convoi allemand nous n'avions pas fait les deux patrouilles auxquelles nous étions astreints et que nous n'avions pas établi la liaison, et le commandant de ce secteur demandait des explications ; et quelqu'un d'autre, encore plus loin en arrière, un scribouillard de la justice militaire, signalait que l'on avait dérobé un bachot et à l'appui de sa demande d'enquête, il envoyait le double d'une plainte en bonne et due forme pour vol d'un bateau, signée par un habitant de Frise évacué à Doullens.

La première affaire n'était pas grave, il nous était déjà arrivé de ne pas assurer la liaison avec Curlu et vu ces précédents le capitaine Jacottet trouva facilement les arguments nécessaires pour satisfaire la curiosité du commandant du secteur de Curlu si féru d'explications, bien que cette demande fût désobligeante pour nous ; mais la deuxième affaire était sérieuse et ne tarda pas à s'envenimer à tous les échelons car une plainte pour vol avait été portée et devait être satisfaite, et bientôt le ministère de la Marine s'empara de cette affaire, l'estimant être de son ressort et prétendant qu'un abus avait été commis par la Guerre, des fantassins s'étant approprié un bateau. On exigeait une sanction. C'était une question de principe. Et cela fit une affaire du tonnerre de Dieu. Nous en fûmes tous empoisonnés, mais surtout le capitaine qui reçut un blâme officiel pour avoir laissé la bride sur le cou à sa section franche et donné carte blanche au chef de cette section, à qui ? même pas à un gradé, mais, ô scandale ! à un vulgaire premier canard, contrairement aux règlements de la discipline et de la tradition et de la coutume militaires. Cela aussi fit une affaire du tonnerre de Dieu car cela aussi était une question de principe.

Bien que la plainte fût nominative (ce qui me fit immédiatement deviner que toute l'affaire était un coup monté par les sergents) et que j'étais accusé de vol, tout cela me faisait rigoler (et il y avait de quoi, vu les proportions que cela prenait), mais j'avais de la peine pour Jacottet qui paraissait mortifié, et je lui fis une confession pleine et entière et lui racontai bien franchement toutes nos aventures depuis le début, entrant dans tous les détails pour le mettre au courant de nos faits et gestes, lui disant tout de nos balades en bachot, comment l'idée nous en était venue et pourquoi, comment nous avions adopté ce mode de transport qui nous évitait peines et fatigues et nous faisait gagner du temps ; comment nous avions employé ce temps à explorer les arrières ennemis et combien cela était tentant ; lui faisant toutefois remarquer que si nous avions peut-être abusé de la liberté que nous nous étions octroyée, nous n'avions pas perdu notre temps, que le résultat était là, probant, car pendant que l'on nous faisait des misères, nous cherchant pouilles, les documents allemands que j'avais rapportés étaient sûrement à l'étude et que très probablement un état-major s'en servirait un de ces prochains jours pour s'en glorifier ; que, d'autre part, cette accusation de vol était absolument ridicule, qu'il ne devait pas s'en faire, que nous avions dissimulé dans les roseaux, coulé le bachot au fond de l'eau comme nous le faisions chaque fois que nous descendions au repos, que personne, et surtout pas les sergents, ne serait capable de retrouver l'objet du litige caché dans une anse secrète, pas plus que nos autres caches dans les marais bourrées d'armes et d'explosifs, à moins d'y être conduit par l'un de nous six, que même les autres petits gars de la section franche ignoraient nos passes, qu'il pouvait absolument compter sur nous six pour ne rien avouer ni découvrir de nos micmacs — que les six étaient navrés pour lui et que, personnellement, je m'excusais des ennuis que cette sotte affaire lui attirait, mais qu'il devait se méfier des sergents qui avaient dû monter le coup contre moi...

— Encore tes sergents, s'écria Jacottet, mais tu es piqué, ma parole!

— Non, mon capitaine. En me faisant nominativement citer par un tiers, un civil, ils s'y sont pris bien maladroitement et cette affaire, si elle doit avoir une suite, finira par se retourner contre eux, vous verrez. Nous sommes au front et il me semble que nous avons droit de réquisition sur la ligne de feu et même de nous saisir sans autre forme de procès d'un bachot abandonné. Cette histoire de la Marine est absurde, ne vous frappez pas. D'ailleurs, je saurai les accuser de plus d'une vilenie, les sergents, si jamais je passe en conseil de guerre.

— Tu as peut-être raison, me dit Jacottet, mais en attendant tu vas être cassé et tu peux faire ton deuil de la Légion d'honneur, et c'est bien regrettable. Jamais un cabochard n'a rien obtenu à l'armée et cela ne sert à rien de faire la mauvaise tête. On ne gagne pas. Tant pis pour toi. Je t'avais prévenu. Le colonel te demande. Vas-y. Débrouille-toi. Et tâche de freiner ta langue, que diable! File doux. Je te souhaite de t'en tirer à bon compte. Enfin, s'il y a un moyen de te tendre la perche, tu peux compter sur moi, je te l'ai toujours dit. Cela me ferait de la peine de te perdre...

Brave capitaine. Il devait tenir parole. Et comment!

Je n'avais rien à dire au colon. Bourbaki, notre troisième ou quatrième colonel, était un esprit brouillon, un ronchonneux, un ventru, un joufflu, un farouche militaire, court sur pattes mais les éperons sonnants, les coudes écartés, le buste bien tassé, la cravache au poing, le képi sur les sourcils noirs, épais et de la barbe jusque dans les yeux, la tête énorme, les dents longues. Il avait perdu la face le jour de son arrivée au régiment. Personnellement, je le méprisais.

On n'a pas le droit de vouloir parader à cheval quand on ne sait pas monter.

Le jour de son arrivée au régiment, pour nous passer en revue le nouveau colonel avait choisi

un gros petit cheval, noir et poilu comme lui et
comme lui avec une croupe évasée et lustrée.
Et voilà, quand on lui eut avancé sa monture et
que le colonel voulut se hisser en selle, voilà que
la drôle de petite brute trapue se coucha sur le
sol, se roula sur le dos les quatre fers en l'air,
fit un tour, deux tours, puis le noiraud s'étendit
sur le flanc, à plat, immobile, la tête allongée
dans l'herbe, faisant le mort comme un cheval
de cirque bien dressé exécutant un numéro, sans
plus broncher, pas plus sous les tractions du mors
que le soldat-palefrenier qui l'avait présenté lui
faisait brutalement sentir en tirant par saccades
sur la bride que sous la dégelée de coups de cravache que cet épais fantoche de colonel lui admi-
nistra rageusement avant de venir défiler furi-
bond, mais à pied! sur le front de son régiment
qui lui faisait face sur deux rangs, les hommes
figés au garde-à-vous, bien alignés, mais contractés
par des tiraillements internes qui leur tordaient
les côtes, des secousses qui faisaient bouger,
pouffer leur nombril et leur pomme d'Adam et
crever dans leurs yeux des bulles de larmes de
rire, d'un rire refoulé et à devenir fou, inextinguible si jamais l'un de nous l'avait laissé éclater,
ce rire, ce rire douloureux qui nous raidissait
tous comme saisis dans l'étau d'une crampe, les
muscles bandés à se rompre.

Si ce coquin de petit cheval de cirque sortit
grandi de cet intermède comique, Bourbaki perdit

tout prestige dans l'aventure, vu que c'est lui qui devait ruer le premier, et non le malin cheval ; en effet, après nous avoir inspectés de près le nouveau colonel se laissa aller à bourrer sa monture de coups de pied dans le ventre. Je ne sais pas pourquoi les hommes l'ont surnommé Bourbaki, ce colonel avait une âme de valet, et quand, par la suite, il me demanda de lui donner des leçons d'équitation, je refusai net car je l'aurais mis à dos d'âne comme Sancho Pança, *pança* qui veut dire *la panse* en espagnol, le premier et le plus vaste des quatre estomacs des ruminants, et comme Bourbaki avait un ventre plein de gargouillis et d'apéritifs, je l'aurais baptisée La Panse, moi, cette sale peau d'officier ou encore *Péritonite*, car ce gnome en uniforme était plutôt malfaisant. C'est dire que nous n'étions pas en très bons termes, le colon et moi, car l'antipathie instinctive est généralement réciproque.

L'intermède comique s'était renouvelé identiquement à diverses reprises et Bourbaki avait fait passer une note au rapport demandant un homme pour dresser sa monture ; comme personne ne se présentait, j'étais sorti du rang, histoire de faire un peu de cheval, et, au bout de quelques jours, j'avais rendu au colonel une monture matée et abrutie ; mais comme jamais je n'avais voulu lui dire mon secret de dressage (un tour de cosaques que je tenais de mon grand-père), que j'avais refusé de lui donner des leçons

d'équitation pour la raison que j'ai dite, que je ne
tenais pas, mais pas du tout à rester attaché à
son petit état-major régimentaire, préférant
rejoindre les copains de l'escouade plutôt que
d'avoir à lui faire la cour, Bourbaki chercha à me
brimer, ressortit la vieille affaire du Christ de
Dompierre (qui était presque oubliée lors de son
arrivée au régiment) pour me faire sentir que je
dépendais de lui, et aussi par un sentiment
d'obscure jalousie : j'avais su mater le petit cheval de cirque, j'étais sportif, jeune, insouciant,
téméraire, j'avais mon franc-parler et j'avais
l'air de me fiche de tout comme de l'an quarante.

Ce sont là choses qui arrivent que ces inexpli-
cables petites rancunes qui vont s'envenimant
et auxquelles s'adonnent les caractères moroses
envieux d'une quelconque supériorité, don, joie,
talent, santé, intelligence, équilibre, bon moral,
désintéressement, qu'ils ressentent comme affront
personnel, surtout s'ils sont vos supérieurs, et
ils en ont honte, et ils n'en dorment plus tant
qu'ils ne vous l'auront pas fait payer, et parfois
très cher, beaucoup plus cher qu'ils ne voulaient
car ce ne sont pas des gens foncièrement méchants,
mais des veules, mais des scrupuleux, des bien-
pensants hantés de remords qui voudraient être
de bon exemple, qui sont toujours bien inten-
tionnés, et, surtout, ils sont bêtes, et ils le savent,
et au fond d'eux-mêmes ils gémissent et sont
malheureux, et quand une de ces vieilles bêtes

est une vieille baderne, un supérieur devient
facilement féroce. Ce n'est pas un vautour qui
les ronge, tous ces beaux militaires qui disposent
d'une autorité absolue en temps de guerre, mais
l'acide de leur sac de fiel. Ils se font de la bile.
C'est pourquoi tant de galonnards ont mauvaise
mine, un teint de jaunisse, font des mauvais rêves,
sont pusillanimes et la proie, non pas des soucis
de leur charge, mais de leur entourage. Vanité
des vanités, dans les états-majors il n'est affaire que
des questions de personnes, de prérogatives, de privilèges, de préséances, d'avancement et de carrière.

Donc, je n'avais rien à dire à Bourbaki, n'arrivant pas à le prendre au sérieux. Néanmoins,
à cause de cette accusation de vol, mon affaire
était grave et il me fallait jouer serré. Le mieux,
c'était de laisser parler le colonel et de lui opposer
la plus grande indifférence, ce qui ne manquerait
pas de le vexer, susceptible comme il l'était. Un
homme vexé se découvre et démasque ses batteries. Et c'est ce qui arriva. Bourbaki employa
des armes si mesquines et si basses que j'étais
hors de leur portée. Il se fatigua à la longue.
Mais ce fut long, pour moi beaucoup trop long.
Finalement je fus hors cause par la vertu d'un
heureux hasard, un fait de guerre qui mit fin
à toutes les machinations des sergents.

Bourbaki me fit venir une vingtaine de fois
en deux jours, nos deux derniers jours de repos

avant de remonter en ligne. Il m'interrogeait, il
essayait de me retourner sur le gril, de m'en
imposer, de me soudoyer, de me séduire, me
faisant des avances, sachant bien que les menaces
n'avaient pas prise sur moi, était aimable, parlait
des galons de sergent qui m'attendaient, faisait
miroiter la Croix, me laissant entendre qu'en
dernier ressort cette Légion d'honneur ne dépendait que de son avis favorable ou non, tout cela
sans arriver à me faire tiquer, en pure perte, sans
rien obtenir de moi, pas un mot d'excuse ou
d'explication. Alors, au moment de remonter
en ligne, après le dernier appel, il me fit entrer
dans le rang et désigna le Monocolard comme
chef d'escouade, pensant ainsi créer de l'animo-
sité entre le Polonais et moi. Les copains étaient
outrés, mais Jacottet m'avait prévenu et j'avais
pu annoncer à ma bande que nous ne serions plus
maîtres à La Grenouillère, mais que nous y serions
placés sous les ordres d'un adjudant (*Décision
du Colonel Nº Nº tant et tant*, mais qui n'avait
pas été lue au rapport). Tout de même, les
hommes trouvaient que ce n'était pas juste et le
retour à La Grenouillère se fit sans enthousiasme.

Heureusement que ce fut l'adjudant Angéli qui
fut désigné comme chef de poste.

A sa façon, Angéli était un sage. Il n'était pas
curieux. Jamais il ne consentit à faire le tour du
propriétaire que je lui proposai en arrivant à La

Grenouillère, où il n'avait jamais mis les pieds.
— A quoi bon ? me fit-il. Je vois que vous êtes
très bien installés. Cela suffit. Il y a deux patrouilles
à faire, hein ? Je compte sur toi pour les organiser
comme par le passé, mais, parole d'honneur, pas
de blagues, hein ? D'ailleurs, c'est ton collègue,
le Polonais, qui s'en chargera, toi, tu vas rester
avec moi, au coin du feu, je ne veux pas avoir
d'histoires. Compris ?...

Et me prenant à part, il me dit encore : « — Je
ne suis pas venu ici pour faire du zèle. Le colonel
m'a chargé d'une enquête sur place. Je dois dresser un procès-verbal. Je vais te poser des questions et tu me répondras bien franchement, hein ?
Je consignerai tes réponses et puis on n'en parlera
plus. Tu es bien d'accord, oui ? Je vois ce que
c'est. Il y a de l'abus. Moi aussi j'ai été jeune
soldat. Ce qu'on a pu faire du baroufle ! Je n'avais
pas alors ma bourgeoise sur le dos ni les gosses à
élever. C'était le bon temps. On rigolait. Tu connais Alger ? Il y a de belles moukhères et le soldat
y est roi. J'étais au 2e Zouaves... »

L'adjudant Angéli nous venait du bataillon des
sapeurs-pompiers de Paris. De tous nos instructeurs du début il était peut-être le seul à ne pas
se plaindre d'être avec nous. Il trouvait même un
certain plaisir à notre compagnie et ne s'en cachait
pas. C'était un homme d'une quarantaine d'années, grand, fort, bien proportionné mais un peu
voûté, avec un beau visage très calme de Médi-

terranéen, les cheveux bouclés. Je trouvais qu'il
ressemblait à un meunier tant ses manières étaient
tranquilles, mais il avait toujours été dans l'armée,
enfant de troupe, zouave, pompier, et il n'oubliait
jamais de nous faire remarquer que sans nous il
aurait encore eu des années et des années à attendre son mince galon d'adjudant qui allait lui per-
mettre de donner une bonne éducation à ses
gosses. Il en avait trois. Deux garçons et une fille.
Sa femme était jalouse car, me racontait-il au
coin du feu, « les pompiers sont choyés à Paris,
toutes les bonniches nous tombent dans les bras
et, moi, j'ai toujours aimé les bals musette. Je les
connais tous. Il y a douze ans que je suis à Paris
et je me suis tout de suite marié. Après la guerre
j'aurai droit à ma retraite, car les années de campagne comptent double. Pourvu que la guerre
dure encore un peu et j'aurai mon compte. Il me
manque encore huit années. Une retraite d'adjudant ce n'est pas rien. J'ai hâte de revoir la Corse.
Ma femme aussi. Elle est de Calvi. Moi, de Sar-
tène. Tu viendras nous voir... ».

L'interrogatoire ne fut pas long :

Lui. — Il paraît que vous avez un bateau?

Moi. — Il y a longtemps qu'il est au fond de
l'eau. C'était un mauvais bachot.

Lui. — Il paraît que vous avez fraternisé avec
les Boches?

Moi. — Qui ça, nous?

Lui. — Il paraît.

Moi. — Qui a dit ça ?

Lui. — C'est au rapport. Il paraît que ça se passait à l'usine, à la corvée de charbon...

Moi. — Ah, à la sucrerie, oui... En effet, il y a un immense tas de charbon devant la sucrerie. Tout le secteur vient s'y ravitailler. Les Boches aussi. Cela a duré tout l'hiver...

Lui. — Alors, c'est vrai ?

Moi. — Quoi, qu'est-ce qui est vrai ?... Ah, les vaches ! Ce sont les sergents qui ont mis ça dans leur rapport ?... Ils ont eu le culot de dire ça ?... Mais eux aussi ils en ont profité du charbon, on leur en a donné tout l'hiver. Les salauds !...

Lui. — Mais qu'est-ce qu'il y a de vrai dans cette histoire ?

Moi. — Mais rien du tout. Ailleurs ça ne se passe pas autrement. A Dompierre, par exemple, où il y a également un gros tas de charbon. Vous n'avez qu'à venir une nuit avec moi et vous verrez bien.

Lui. — Alors, qu'est-ce que je dois mettre ?

Moi. — Mettez qu'il y a un immense tas de charbon devant la sucrerie de Frise. Que ce tas est entre les lignes. Que tout le secteur vient s'y ravitailler depuis des mois. Les Boches aussi. Qu'au début, on s'y bagarrait dur, mais que, par la suite et par la force des choses, chacun y venait à son tour, les différents régiments du secteur à tour de rôle, et les Boches aussi. Que cela s'est

fait tout naturellement, sans préavis, sans pourparlers, sans entente. Les Boches y viennent un
jour sur deux. Cette nuit c'est nous. Demain
c'est eux. Vous n'avez qu'à y aller voir. Je vous
y conduirai à la corvée de charbon. Les hommes
y vont avec des sacs. Ils ne sont pas armés. Mais
comme on ne sait jamais, chacun a des grenades
dans ses poches. Du côté des Boches c'est pareil.
Et quand on se trompe de jour et que l'on se
trouve nez à nez sur le tas, alors il y a de la bagarre. Mais c'est de plus en plus rare. C'est l'hiver,
la froidure, l'eau qui suinte de partout qui veut
ça. Les Boches sont peut-être mieux lotis que
nous puisqu'ils tiennent les crêtes, mais ils ont
froid, tout comme nous, et cela ne vaut vraiment
pas la peine de se faire tuer pour du charbon,
qu'en dites-vous ? Autant faire la queue.

LUI. — C'est vrai. Cela n'en vaut pas la peine.
Mais le rapport prétend qu'il y a eu fraternisation.
Tiens, regarde, c'est le terme même qu'ils em-
ploient. Il paraît que vous avez échangé des journaux, du tabac, des cigares, des cigarettes et que
vous étiez en très bons termes. Alors, comme
c'est toi qui parles allemand, c'est toi qu'on accuse.
On te rend responsable de tout. Et c'est très grave,
tu sais, cela peut aller très loin...

MOI. — Ah, les salauds !... Je vais tout vous
dire et vous allez comprendre, mon adjudant. Oui,
c'est vrai, les Allemands laissaient traîner parfois
des journaux sur le tas de charbon, le *Berliner*

Tageblatt, la *Leipziger Illustrierte Zeitung*, qui est
un illustré, alors on leur abandonnait *Le Matin*,
Le Journal, *Le Petit Parisien*. Quand ils mettaient
des cigares en évidence, on leur laissait des cigarettes de chez nous ou des paquets de gros-cul.
C'est humain, ça. Mais il n'y a jamais eu de fraternisation, ni pourparlers d'aucune sorte et je ne
leur ai jamais adressé la parole. Je déteste trop
les Boches pour ça et je crois que je l'ai bien
prouvé, et plus souvent qu'à mon tour, non ? Les
sergents sont de sales menteurs. Si je parle allemand, on a su en profiter. C'est toujours moi que
l'on vient chercher quand il y a un prisonnier à
interroger. Tout de même, on ne va pas m'accuser
d'avoir fraternisé, c'est un comble !...

Lui. — Ne te monte pas, mon petit. Je vois
ce que c'est. Il y a de l'abus. Mais qu'est-ce que
c'est que l'affaire du Calvaire ?

Moi. — Quelle affaire du Calvaire ?

Lui. — L'histoire du petit chien. Là aussi
vous êtes accusés d'avoir échangé des journaux,
du tabac. Toute l'escouade est dans le bain. Vous
êtes encore une fois accusés d'avoir fraternisé. Il
paraît que vous échangiez des lettres, et que c'est
le petit chien qui les portait. Qu'est-ce qu'il y a
de vrai dans tout ça, je ne peux pas y croire, hein ?

Moi. — L'histoire du petit chien, eh bien, je
vais vous la raconter l'histoire du petit chien,
vous allez voir. Ce sont de beaux charognards
que vos sergents...

Lui. — Ne te monte pas...

Moi. — Si. Je les descendrai à coups de fusil.

Lui. — Calme-toi. Tu en dis trop. Je ne puis mettre ça.

Moi. — Au contraire, mettez-le. Je m'en fous. Je les emmerde. Ce sont des lâches et le colonel aussi, je l'emmerde. On n'a pas idée de porter des accusations pareilles. Ils n'ont qu'à me faire fusiller, ça serait plus propre. Les vaches ! Et maintenant, écoutez, Angéli, je vais vous raconter l'histoire du petit chien. Je vous fais juge.

L'histoire du petit chien.

Moi. — Vous savez bien, Angéli, que chaque fois que l'on demande un spécialiste au rapport et que personne ne se présente pour tenir l'emploi, je m'avance. Souvenez-vous, c'est vous-même qui étiez de service quand le colon a demandé quelqu'un pour dresser son canasson et que je suis venu me faire inscrire et que vous m'avez dit : « Alors, maintenant tu veux faire le jockey, tu es donc dresseur de chevaux ? » Et je l'ai fait, vous savez bien, et je l'ai mis au pas, le bourrin du colonel. Mais c'était pour rire. Je ne suis pas ambitieux et quand je me présente ce n'est pas pour m'embusquer à la place d'un autre, mais pour rigoler et avec le vague espoir d'avoir l'occasion d'aller faire un tour. Que voulez-vous,

j'ai la bougeotte, moi. Je ne cherche pas à me
planquer et pour rien au monde je ne voudrais
quitter l'escouade où j'ai de bons copains ; mais,
tout de même, je suis curieux de tempérament
et j'aime bien aller voir ce qui se passe ailleurs, et
comment ça va, et comment les gens s'y prennent.
Même que cela m'a souvent réussi et qu'un
jour je suis allé faire un tour jusqu'à Compiègne,
vous vous souvenez ? C'était bien avant la Noël,
tout au début du mois de décembre. On avait
demandé des dresseurs de chiens depuis quelques
jours, et comme il n'y avait pas d'amateur, j'ai
posé ma candidature. Comme vous, le sergent
qui était alors de service, c'était Truphème, me
dit : « — Alors, aujourd'hui, tu es dresseur de
chiens ? — Oui, sergent. » Et le lendemain je mon-
tais dans le train à Montdidier et nous voilà partis,
nous, une trentaine, tous des dresseurs de chiens
qui comme moi s'étaient fait inscrire et qui radinaient de toutes les divisions de l'armée du Nord
pour aller chercher des chiens de guerre à Compiègne, où était le Grand Chenil, et l'on n'en revenait pas d'être partis, et l'on écarquillait les yeux
car c'était pour la première fois que l'on sortait
de la zone des armées, si j'ose dire, et que l'on
revoyait des maisons non par trop chahutées.
Quelle veine, et, pour une fois, nous en avions
de la chance ! Aujourd'hui, je me demande s'il y
avait un seul dresseur de chiens professionnel
parmi nous trente ? Mais, que voulez-vous, An-

géli, qui ne risque rien n'a rien, et le spectacle qui
défilait des deux côtés du train par les portières,
ce spectacle de la vie paisible, de la vie retrouvée,
ce spectacle de la vie que nous avions oubliée, des
champs labourés, ce qui nous semblait inimaginable, ce spectacle valait la peine de risquer trente
jours de tôle en cas d'insuccès avec les clebs. Les
gens nous interrogeaient dans le train et à l'arrêt,
dans les gares, ils nous payaient à boire. Eux,
c'était pour la première fois qu'ils voyaient des
poilus qui descendaient du front, et ils n'en revenaient pas non plus, ils ne nous reconnaissaient
pas. C'est ça, nos hommes, nos jeunes gens, c'est
ça qu'ils sont devenus? Oh, les pauvres! Aucun
de nous ne paraissait son âge. Nous avions perdu
notre jeunesse en moins de six mois. Mais nous
ne nous rendions pas compte de l'effet que nous
produisions sur les civils. On était heureux d'être
là. Nous échangions nos impressions à haute voix
et les gens ne comprenaient pas, pas plus notre
langage que notre émotion, et nous, nous ne comprenions pas pourquoi les femmes s'essuyaient
le coin de l'œil en se mouchant, ou riaient trop
fort, et les vieilles ouvraient leur porte-monnaie
et nous donnaient de l'argent. Ah, les femmes,
vous pensez si nous les regardions! On ne s'occu-
pait pas si elles étaient laides ou jolies. Elles étaient
toutes belles, vous pensez. Elles ont toutes quelque chose sous leurs jupes. C'est épatant. Quelles
créatures! On les dévorait des yeux. On les aurait

embrassées, toutes. On en oubliait ses poux. On
leur aurait passé la main partout. Mais en gare de
Compiègne, il y avait mieux que ça. En gare de
Compiègne, sur le quai, il y avait des jeunes filles
américaines, et en uniforme! Elles tenaient une
cantine pour les isolés qui montaient au front et
distribuaient du thé et du bouillon chaud aux
blessés qui descendaient. Nous, nous nous engouf-
frâmes tous les trente dans cette cantine, puisque aussi bien personne en gare de Compiègne
n'était au courant de notre mission particulière,
et comme j'étais le seul de la bande à parler anglais, je pérorais au nom de tous comme si j'avais
été attaché à la maison. Ces jeunes misses
n'avaient encore jamais rencontré des poilus qui
descendaient tout chauds du front, c'est vous dire
que je sortis bientôt dans le brouillard de la nuit,
une jeune miss à chaque bras et qu'elles me conduisirent dans une villa pas trop éloignée de la
gare qui servait de cantonnement à leur détachement. Là, il y avait d'autres misses dans ce
« home », un gramophone, des cigarettes américaines, des sandwiches, des assiettes de sucreries
et des candies, des disques qui tournaient, des
éclats de rire, de la danse, du whisky, des sou-
rires, des yeux qui chaviraient, encore des disques, de la fumée de cigarettes qui vous piquait
les yeux, encore de la danse, beaucoup, beaucoup
de paroles en dentelles et du frotti-frotta, un,
deux, trois, quatre, cinq, six, sept, huit, neuf, dix

cris émerveillés, des groupes de jeunes filles qui
m'entouraient et qui me questionnaient, des
effluves, des parfums, une odeur féminine, tout
tournait, et, au petit jour, je me retrouvai sur le
quai de la gare ayant fait l'amour dans un ou deux
lits pour ne pas dire dans quatre ou cinq, flam-
berge au vent, à la mousquetaire, comme les
jeunes filles américaines aiment ça, à la va-vite,
comme à Riverside-Drive en taxi. Jamais je ne
me suis fait autant engueuler. Il y avait sur le
quai de la gare un ostrogoth en uniforme de je
ne sais quoi, une espèce d'adjupette en leggings,
mal luné et congestionné, genre revenant du cadre
noir, corseté, taille de guêpe, fin de siècle, ou de
louveterie, serré dans un pet-en-l'air à brande-
bourgs et passementeries, une pièce de musée,
quoi : le général du Grand Chenil lui-même, et
qui m'agonisait. Il paraît que l'on n'attendait
que moi! On me poussa dans un fourgon et le
convoi se mit en route, trente wagons de chiens
et dans chacun, comme moi, un convoyeur avec
une poignée d'imprimés dans les mains. Moi, je
piquai un roupillon sans plus m'occuper de rien
et quand le convoi stoppa à Montdidier, ce fut
un éclat de rire général : le général de Castelnau
se marrait, les officiers de son État-Major se marraient, ils étaient tous venus à la gare pour réceptionner les fameux chiens de guerre destinés à
l'armée française ; mais celui qui se marrait le
plus et qui riait le plus fort, la pipe au bec, c'était

bibi tenant en laisse une cinquantaine de chiens
de toutes races, de tous poils, de toutes tailles,
et qui sautaient, et qui jappaient autour de moi
et aboyaient à qui mieux mieux, en majeur et en
mineur, grave, enroué et aigu. Il ne manquait
que le raffut de la Saint-Polycarpe! Notez que
mes collègues d'occasion n'étaient pas mieux
assortis que moi, eux aussi débarquaient de leurs
fourgons respectifs avec des meutes invraisem-
blables, seulement, passant devant le général, ils
n'osaient pas rire alors que moi je me gondolais
et m'amusais comme un foufou. Voilà ce qui
s'était passé : Les journaux ayant annoncé que
les Allemands employaient des chiens de guerre,
des chiens-loups bien dressés, une ligue bleu-
blanc-rouge de l'arrière avait fait appel au sentiment patriotique bien connu des Françaises et
toutes celles qui avaient déjà donné leur fils, leur
frère, leur fiancé, leur mari, leur père ou leur
amant, ou leur petit cousin, filleul, neveu, s'étaient
encore fendues pour immoler leur chien sur l'au-
tel de la patrie. Qui avait envoyé un saint-bernard
ensellé qu'elle n'arrivait plus à nourrir et qui un
caniche obèse et ophtalmieux, le molosse de la
charcutière, une levrette, un boule, un carlin, une
chie-en-lit de chiens de chasse, d'arrêt ou courants, des doux épagneuls aux yeux tendres, des
stupides lévriers qui se grattaient sans disconti-
nuer, le mâtin de la bistrote du coin, le pékinois
ou le king charles de la poule de luxe, le toutou

qui aboie dans les tapis de la petite dame entre-
tenue quand on monte l'escalier de son entresol
et passe devant sa porte, et chaque vieille fille son
chien-chien, bruxellois ou loulou de Poméranie,
et chaque concierge son affreux roquet qu'elle
tient pour un mirobolant parce qu'il est pisseux
et geignard et plante son nez dans le derrrière des
passants, et fuit quand on l'appelle. C'était une
rigolade, mais je vous jure que je n'exagère pas
car je dois à *La Ligue féminine des chiens de guerre
français* une des plus grandes joyeusetés de ma
vie et cela me valut, en outre, une balade de huit
jours dans tous les secteurs de la division où je
passai distribuer mes chiens à raison de deux ou
trois par bataillon, remettant à l'homme de confiance qui s'en chargeait l'imprimé et les instruc-
tions de la Ligue, bref, le mode de s'en servir.
Je crois que tous ces cabots ont terminé leur carrière dans la poêle à frire des escouades au cantonnement, car jamais je n'en ai revu un par la
suite ; mais, moi, je rentrais ravi à Frise, ramenant à la ferme Ancelle, où mon escouade
perchait, un petit fox-terrier amusant comme tout,
que j'avais baptisé *Black and White* parce qu'il
était tacheté comme celui de *La Voix de son
Maître*, alors le chien à la mode, mais que les
hommes appelèrent tout simplement *Whisky*. Je
dois vous dire, Angéli, que j'adore les chiens et,
qu'étant à l'école, je me suis enfui un jour avec
un cirque parce que j'étais amoureux de la fille

de la danseuse de corde, une gamine de mon âge
qui présentait un numéro de chiens savants. *Black
and White* aurait pu figurer dans ce numéro tellement il était intelligent. Il n'arrêtait pas. Il nous
amusait et pigeait tous les trucs qu'on lui ensei-
gnait : il donnait la patte, il faisait le beau, réussissait le saut périlleux, marchait sur les pattes avant,
le derrière en l'air et frétillant de son ridicule tro-
gnon de queue. C'était d'un drôle! Mais son plus
grand divertissement c'était de se trotter chez les
Boches d'en face. C'était une rigolade. Il nous
chipait des choses, un quart, un calot, une gamelle
et il filait chez les Boches sans se retourner. On
le voyait se sauver, se glisser sous les barbelés,
sauter le parapet et entrer au Calvaire comme
chez soi. Et chez les Boches il devait en faire autant car il nous revenait en courant, portant dans
sa gueule un calot réséda, un bouteillon en aluminium et, une fois, un fromage qu'il avait dû
voler à un Boche que nous entendîmes lui crier
après et qui lui tira dessus sans l'atteindre, et pour
protéger la fuite de notre petit favori nous tirâmes
sur cette saleté d'Allemand que nous vîmes tomber à la renverse tandis que *Black and White* en
mettait et se trissait. Le lendemain matin, ils nous
firent porter une lettre d'injures par son intermédiaire et nous leur répondîmes par la même voie
et de la même encre...

ANGÉLI. — Enfin, nous y voilà!

MOI. — Vous n'y êtes pas du tout, mon adjudant. Vous voulez savoir ce qu'il y avait dans ces missives ? Je vais vous le dire et vous pouvez le faire figurer dans votre rapport, si le cœur vous en dit. Les Allemands nous avaient écrit : « *Frankreich kaput !* », ce qui veut dire : « *La France est foutue !* » ; à quoi nous leur avions répondu : « *Scheissdreck !* », en bon français : « *Merde !* » Vous me croyez ?

ANGÉLI. — Mais bien sûr, voyons. Et alors ?

MOI. — Ça finit là. Comme *Black and White* arrivait au Calvaire avec notre billet doux dans la gueule, un Boche l'a tué d'un coup de revolver, à bout portant. D'une main il lui retira le papier de la gueule et de l'autre, après l'avoir caressé, il lui déchargea son arme dans l'oreille. Nous l'avons bien vu, c'était un officier, et jusqu'au soir il y eut une furieuse fusillade dans ce coin. Les hommes pleuraient de rage...

(C'était un peu pour venger la mort de *Black and White* que nous avions conçu notre expédition au Calvaire, à la fin du mois ; mais comme Angéli avait l'air de tout ignorer de cette satanée frasque et que le rapport qu'il consultait pour le compléter n'en soufflait mot, je n'avais pas à lui raconter notre nuit de Noël, cela n'eût pas été prudent et m'eût sûrement enfoncé dans le pétrin où l'on cherchait à me mettre. Donc : motus !)

Angéli savait écouter une histoire et durant les quatre jours qu'il resta à La Grenouillère, je lui

racontai des histoires, rien que des histoires d'animaux puisque j'avais commencé par celle du petit
chien et que j'aime les bêtes et crois un peu les
connaître.

Si Bourbaki avait pensé rompre la bonne
entente de l'équipe en introduisant un gradé parmi
nous, il s'était gourré ; jamais l'entente n'avait
été aussi parfaite, le service aussi peu fatigant,
régulier — en galant homme Przybyszewski faisait mon boulot en s'en excusant, venant me
rendre compte de ses patrouilles à moi et non à
l'adjudant, jamais nous n'avons été aussi amis,
nous deux — et les copains qui n'avaient rien de
mieux à faire venaient passer la nuit au coin du
feu dans la cuisine de Garnéro, faisaient cercle,
écoutaient mes récits, cependant que Chaude-
Pisse nous apprêtait un plat de son invention ou
que Sawo servait le punch à la gniole ou au sirop
de betterave fermenté, dont il avait déniché une
bonbonne à la sucrerie, sous un hangar. Cela avait
un drôle de goût, mais c'était une variété inédite
d'alcool et nous l'absorbions. (Certains préten-
daient bien que ce liquide était un acide pour
blanchir le sucre et que son aspect sirupeux d'eau-
mère était dû aux impuretés que cet acide avait
précipitées au moment de la cristallisation. Foin
de ces pédants qui faisaient la grimace! Aucun
de nous n'était raffineur. Le soldat boit.)

Histoire du hérisson de Dompierre.

— Ne croyez pas, Angéli, que seuls les hommes soient alcooliques, le hérisson du petit Coquoz l'était. A Dompierre, le petit Coquoz m'avait apporté un hérisson qu'il avait enveloppé dans un mouchoir car le gosse avait peur des piquants. (« — Hé, Coquoz, tu dors ? Viens voir, je raconte à l'adjudant l'histoire de ton hérisson et tu le lui diras si je mens ! »)

C'était une gentille petite bête, toute soyeuse par dessous, avec des poils de prédicateur dans le cou et un regard allumé. Il crottait partout, comme font les hérissons qui comme les rhinocéros dispersent leurs laisses. Bien que démuni de ravenala pour le pimenter, Garnéro voulait le fourrer dans sa casserole, mais j'étais heureux de prendre sous ma protection et d'avoir à donner des soins à ce trotte-menu malchanceux qui laissait aussi derrière soi des empreintes humaines dans la boue comme de tout petits pieds d'homme et ces innombrables traces de pas — notre hérisson ne tenait pas en place — m'impressionnaient comme la preuve d'une invasion martienne, des millions de petits homoncules invisibles mais sur les sentiers de la guerre dans le tohu-bohu de ce secteur de Dompierre bouleversé par les mines, les contre-mines et leurs cratères de planète morte.

Saviez-vous qu'ils portent semelle aux pattes

arrière et que si l'empreinte de cette semelle
des hérissons a les contours d'un pied humain,
la peau de cette semelle est ridée, fripée et que
l'on pourrait en interpréter les lignes comme en
chiromancie, qui est l'art de deviner par l'inspection de la main, de deviner et de prédire
l'avenir. Je l'aurais fait et cela n'eût pas été nouveau car la chiromancie, ou mieux, la podo-
mancie appliquée aux pattes de certains animaux
a été pratiquée au moyen âge, par exemple sur
les mandragores (à Paris, sur le Pont-Neuf, on
vendait comme mandragores, mâle ou femelle,
des momies de ouistiti du Brésil à la place du
fameux champignon de Corinthe) dont on obser-
vait entre autres opérations de nécromancien,
les extrémités pour annoncer le beau ou le mauvais
temps : elles se nouaient ou se dénouaient ;
mais je n'avais pas à étudier les pattes de mon
hérisson, il était doué d'une faculté qui nous
intéressait au premier chef : il détectait les mines,
ou, plus exactement, doué d'une ouïe merveilleuse poussée aussi loin que l'on peut entendre
le son, il repérait sans faute les Boches qui pouvaient travailler au-dessus ou au-dessous, à
gauche ou à droite de notre sape, donnant des
signes de frayeur, se sauvant dans la direction
opposée s'il jugeait en avoir le temps ou se roulant
en boule au pied de la paroi du fond si l'ennemi
était à proximité, et nous prenions immédiatement les dispositions indispensables, contre-

mine ou fuite rapide, et cela sans erreur possible. (J'ai tenté la même expérience avec des taupes, mais sans aucun résultat, ces aveugles-nées étant trop peureuses.)

Quand nous eûmes constaté cette faculté extraordinaire, qui frisait le divinatoire, on lui pardonna sa pochardise et Garnéro lui-même renonça à vouloir faire figurer notre hérisson dans un plat. Car il était pochard, notre hérisson. C'était son péché mignon. Il lichait dans tous les quarts. Le vin nous était très mesuré à l'époque. Les hommes avaient pris l'habitude d'en mettre un quart à gauche et ils mettaient leur quart à l'abri dans leur créneau pour l'avoir toujours sous les yeux et le tenir au frais. Or, dès le début de la présence du hérisson parmi nous, ces quarts se vidaient mystérieusement et les plaintes étaient quotidiennes et les accusations innombrables des soldats qui avaient eu leur vin volé ou qui s'accusaient mutuellement, même entre bons camarades, de s'être réciproquement volés, et des chamailleries, des hargnes s'ensuivirent, même des coups de poing furent échangés. Cela tournait au mystère hanté, à la panique, et vraiment nous n'avions pas besoin de ce supplément dans ce secteur de Dompierre, où régnait déjà la terreur des mines pour détraquer les bonshommes. Nous fûmes longs à découvrir notre voleur. C'était notre capucin de hérisson qui se glissait subrepticement hors de la tranchée et

s'en venait de l'extérieur licher les quarts mis à
l'abri dans les créneaux. Il faisait toute la rangée,
d'un bout à l'autre du parapet, et s'en revenait
vers moi plus tendre et plus familier que jamais,
se nicher dans mon giron. Je pense bien, il avait
mal au cœur. Ah, le moine hypocrite!

C'est Garnéro qui devait découvrir le pot-
aux-roses car Garnéro tenait l'intrus à l'œil,
espérant toujours nous le faire manger. « — C'est
bon le hérisson, disait-il, dans mon pays j'en ai
souvent mangé. On le roule tout vivant dans de
la terre glaise, on l'enrobe et on le cuit sous la
braise, à l'étouffée. Quand la boule est dure
comme pierre, il est cuit. On casse cette carapace
et tous les piquants s'y trouvent pris. Ça ne se
vide pas et c'est bien plus fin que du poulet. »
(Ceci était dit avant que nous eûmes descendu
le hérisson dans une sape et découvert sa
faculté divinatoire qui devait nous sauver la
vie plus d'une fois. Depuis, Garnéro s'était
amendé.)

— Je te dis qu'il est schlasse, ton hérisson,
me dit un soir Garnéro.

— A quoi vois-tu ça? Il a sommeil, lui
répondis-je en grattant sous le ventre la tendre
petite bête qui se blottissait contre moi.

— Sommeil, mais tu veux rire, regarde, il a
une drôle de façon de bâiller!

En effet, le hérisson s'étirait sur mes genoux
et laissait pendre entre ses pattes raidies un

drôle de petit engin, mince et long comme un vermisseau rouge et noir.

— Il est saoul, oui. C'est l'alcool. Je m'y connais, déclara Garnéro.

Je me mis à surveiller plus attentivement mon petit compagnon. C'était vrai. Il buvait. Quand il sortait de son somme — et il dormait beaucoup — il sortait de la tranchée et il allait directement licher les quarts, de créneau en créneau, faisant des crochets dans le *no man's land* et s'en venant comme un pèlerin assoiffé sortant du désert où il ne se serait nourri que de racines amères et de sauterelles. Il pouvait absorber des quantités effrayantes de vin. Plus qu'Opphopf. Tout le pinard de l'escouade y aurait passé. Il s'en revenait saoul. Je l'observais. Il avait le pied sûr, l'œil très allumé. Il s'arrêtait, repartait, sans aucune hésitation, sans jamais trébucher, s'orientant avec facilité. On l'aurait cru l'esprit libre. Il s'en venait droit sur moi. Mais arrivé à ma hauteur, il continuait à vouloir avancer droit devant soi comme s'il n'y eût pas eu de vide entre lui et moi, toute la profondeur de la tranchée où je me tenais debout, il posait ses pattes dans le vide et tombait de toute la hauteur du parapet. C'est en cela que se manifestait son état d'ivresse et non en des démonstrations plus ou moins égrillardes. Et c'est cela qui m'intriguait, cette absence de contrôle, la perte du sens de la gravitation ou de la pesanteur, comme s'il eût cru qu'il allait lui

pousser des ailes ou pouvoir se livrer à la lévi-
tation. Il tombait avec assurance dans le vide. Je
me demande comment il ne s'est pas souvent
rompu les os. Il tombait de cent fois sa hauteur.
Et il continua ce genre de sport avec un bel
entêtement, des centaines et des centaines de
fois.

Un matin, je le trouvai mort dans la musette
qui lui servait de couche et où je l'enfermais pour
la nuit. Je fis son autopsie (car je suis tout de
même un ancien carabin). Je ne trouvai pas autre
trace du foie qu'un petit durillon pas plus gros
que grain de millet. Mon hérisson avait eu le foie
résorbé par l'alcool.

(Et c'est ainsi que devait mourir Raymond
Radiguet quelques années plus tard, d'une
résorption du foie. En effet, le Dr Capmas que
je lui avais adressé devait me téléphoner quelques
heures après sa mort : « — Votre jeune ami
n'avait plus de foie, pas plus gros qu'une noisette.
Il a trop absorbé d'alcool. Il était d'un âge trop
tendre. Que dites-vous, qu'il a fait son service
militaire ? Pas possible. Il n'était pas encore
formé. Les cocktails sont un poison. » C'est
étrange. Je me demande à quel genre de chutes
a pu se livrer ce pauvre Radiguet avant de mourir,
lui qui à jeun enfourchait Pégase et s'envolait...
comme voulait souvent le faire mon lourdaud de
hérisson. A Dompierre, ce sont les hommes qui
volaient en l'air par sections entières, soufflés

qu'ils étaient par les terrifiantes explosions des fourneaux de mines qui partaient en chapelet et beaucoup d'hommes ne retombaient pas, sinon sous forme de pluie de sang. On manquait un peu de pinard dans le secteur mais pas de ce genre de gros rouge et tout le monde était saoul, de peur, de fatigue et de ce vin nouveau d'Apocalypse. Mais qui donc foulait la vigne et en vue de quoi ? On ne pouvait tomber plus bas. Personne. Je serrais les poings pour ne pas être tenté de lire les lignes de ma main. L'avenir ? Une blague. Du cinéma. Et on l'a eu en juin 40. Si la France doit crever, buvons ! Mais que deviendront les autres nations de la terre jusqu'à complète atomisation ?... Alors, crevons !)

. . . .

> *Ah ! les fraises et les framboises,*
> *Les bons vins que nous avons bus*
> *Et les belles villageoises,*
> *Nous ne les reverrons plus...*

Au matin du quatrième jour — jour de la relève — Angéli vint me trouver et me prit à part :

— Je vais te lire mon rapport, je l'ai terminé. Il y a de l'abus. Je...

— Inutile, mon adjudant, je vous fais confiance.

— Mais...

— Mais non, je ne veux rien savoir. Je vous dis que je vous fais confiance.

Un peu plus tard dans la matinée, Angéli vint

encore une fois me trouver et me prit encore à part :

— Tu es un drôle de numéro, toi. D'ailleurs, vous êtes tous des rigolos. Mais il faut que je te parle. J'ai pensé à ton cas. Je vois ce que c'est. Il y a de l'abus. Ici, vous n'êtes que des étrangers et des jeunes soldats. Vous ne savez pas y faire. Il faut que je te donne des conseils. Au régiment il faut se tenir peinard...

— Oui, mon adjudant.

— Ne te moque pas de moi. Je te parle en copain, c'est pour ton bien. D'abord, il ne faut pas avoir l'air de se fiche du monde, et, ensuite, si tu ne peux pas te tenir tranquille...

— J'attrape le cafard si je ne fais rien!

— Ta, ta, ta. Quel âge as-tu?

— Vingt-sept ans.

— Tu n'es qu'un bleu. Regarde-moi. Moi, j'ai 26 ans de métier militaire. Oui, Monsieur. J'avais 14 ans quand j'ai été reçu enfant de troupe. Je suis ton ancien. Tu peux donc me croire si je te dis que tu t'y prends mal. Il y a des accommodements avec le règlement, mais tu ne le sais pas, tu ne sais pas y faire. Tu n'as jamais été soldat et puis, tu es étranger, alors...

— Vous me l'avez déjà dit, mon adjudant.

— Qu'est-ce que ça fait, ne te pique pas...

Mais je lui avais tourné le dos.

Après la soupe, l'adjudant revint encore à la charge :

— Tu es marié?

— Oui.

— Tu as des enfants?

— Un. Un fils.

— Alors, qu'est-ce qui te démange que tu ne puisses pas tenir tranquille?

— Et vous?

— Comment, moi?

— Ne m'avez-vous pas raconté, mon adjudant, que vous faisiez des frasques à madame Angéli?

— Mais justement, prends modèle sur moi. La vie de ménage et la vie militaire, c'est la même chose.

— Comment cela?

— Oui, parfaitement. C'est comme à la caserne quand on saute le mur, il ne faut pas se faire pincer. *Pas vu, pas pris.* Et si l'on sent que quelqu'un a l'air de s'en douter, on reste tranquille et l'on ne bouge plus jusqu'à ce que les soupçons soient passés. C'est exactement pareil. Il y a de l'abus. Quand je commence à deviner que ma bourgeoise en sait trop et se méfie, je reste peinard et sa mauvaise humeur passe. Tu vois ce que c'est. Ça n'est pas plus malin que ça. Tu ne peux pas en faire autant? On t'a trop vu. Et puis, tu as des paroles malheureuses. Tâche de la boucler. Fais comme moi à la maison, je ne dis rien. Vis-à-vis d'un supérieur on a toujours tort comme avec une femme. Il ne faut pas leur tenir

tête, ça les énerve. Et tu vois où cela peut te
mener, tu es dans de beaux draps! Moi aussi
j'ai été jeune soldat et je faisais du zèle pour avoir
des galons, mais je n'ai eu de l'avancement qu'à
partir du moment où j'ai été sérieux. J'avais
compris. Il y a de l'abus.

— Mais je ne tiens pas à avoir du galon, mon
adjudant.

— On dit ça. Je sais ce que c'est. Pense un
peu à ta femme et à ton gosse. Tu leur dois bien
ça de revenir avec une décoration et des galons.
Ils seront fiers de toi. Mais n'en fais pas plus
qu'on ne t'en demande si tu tiens à sortir vivant
de cette guerre. Sois bon soldat. Suis mon
exemple. Autrement on n'arrive à rien...

(Il pensait à sa retraite d'adjudant, à sa famille,
à la bonne vie qu'il allait pouvoir mener dans son
île natale après la guerre et il me prodiguait des
bons conseils pour me faire tenir tranquille ;
mais six mois plus tard, en Champagne, alors
que la plupart de ses collègues qui pensaient
comme lui s'étaient éclipsés, avaient remué ciel
et terre pour se défiler et se faire rappeler à Paris
comme indispensables, tellement ces sergents-
pompiers avaient la pétoche, Angéli ne nous
avait pas plaqués, lui, et il est mort d'une façon
ignoble, ce cher homme, si sage, si pondéré, si
tranquille, si sincère, propre et maître de soi
comme un meunier, mais qui n'avait pas inventé
la poudre. En pleine bataille, alors que nous

poursuivions les Allemands que nous avions
délogés du boyau des Marquises, où ils s'étaient
désespérément accrochés, et que nous faisions
un bond en avant, Angéli est tombé la tête la
première dans des feuillées. Après le baroud
nous revînmes à trois sur nos pas voir s'il avait
réussi à s'en dépêtrer tout seul car nous n'avions
pas eu le temps de lui porter secours dans le feu
de l'action. Cela avait été un éclat de rire quand
nous l'avions vu basculer dans le trou puant ;
maintenant nous restions là, horrifiés. Angéli
était mort asphyxié, la tête dans du caca allemand, les jambes au ciel. Une tinette débordante. Un ciel vide. Deux jambes écartées en
forme de « V ». Un détail. Un mort de plus parmi
des milliers et des dizaines de milliers d'autres,
tous plus ou moins grotesques. Ce n'est pas possible. Je l'ai déjà dit. Dieu est absent des champs
de bataille. Il se tient peinard. Il se cache. C'est
une honte.)

Il n'était pas très intelligent, Angéli, avec ses
« *Je vois ce que c'est* », « *Il y a de l'abus* » qui lui
pesaient sur la langue et l'empêchaient d'énoncer
clairement ce qu'il avait l'intention de vous faire
comprendre, mais il avait pensé à moi, pesé mon
cas et devait me donner au dernier moment un
bon conseil avant de quitter La Grenouillère
avec la relève.

Le soir, il était encore revenu me trouver et
m'avait dit :

— Tu sais, mon procès-verbal ne donnera pas satisfaction au colonel, alors je ne remonterai pas ici. Je vais me faire porter malade et je n'aurai l'air de rien. Écoute bien mon conseil et suis-le. C'est le seul moyen pratique d'éviter des tas d'ennuis tout en appliquant le règlement. Tu as trente jours de prison à faire, demande à les faire maintenant. Va voir le capitaine.

J'en référai à Jacottet.

— De quoi s'agit-il ? me demanda le capitaine.

— Angéli prétend que je dois faire maintenant mes trente jours de prison pour l'affaire du Christ de Dompierre. Alors, selon le règlement, je ne dois pas descendre avec la relève, mais rester en ligne. Ainsi, dit-il, je couperai à la plupart des interrogatoires auxquels je serais soumis au cantonnement car les types hésiteront à pousser leur enquête jusqu'à venir sur la ligne de feu. Je dois me planquer à l'avant. Qu'en pensez-vous, mon capitaine ?

— Mais ce n'est pas bête du tout, fit Jacottet après un moment de réflexion. Et c'est régulier. En outre, j'aurai l'air d'abonder dans le sens du colonel en usant soudain de sévérité envers toi. Trente jours en ligne, qu'est-ce que ça peut te faire, on n'est pas mal à La Grenouillère et tu te feras oublier. Pendant ce temps-là, je tâcherai d'arranger ton affaire. Angéli est de bon conseil. Ah, ces vieux soldats, ils vous en remontreraient !

— Et les sergents, ils ne vont pas jacter ?

— Les sergents ? Mais j'ai un bon argument pour la leur faire boucler, aux sergents, et je vais leur mener la vie dure. Sais-tu bien qu'ils se défilent et qu'ils ont tous demandé à changer de corps et d'affectation ? C'est honteux. Tu avais raison, son affaire est un coup monté...

A la dernière minute, Angéli me dit encore :

— J'ai prévenu le chef de la relève du 2ᵉ Bataillon. Tu es exempt de corvée. Tu n'as pas à t'en faire. Moins on te verra, mieux cela vaudra. Planque-toi !

J'accompagnai les copains jusqu'à Frise et j'allai me planquer dans la maison du « Collectionneur », dans la pièce même où j'avais livré à notre arrivée dans le secteur un combat acharné à une poule.

Ma planque était bonne. Je bouquinais. Quel contraste ! Je n'avais aucune envie de mettre le nez dehors. Et le mois de prison s'écoula vite. En fouillant dans la bibliothèque du « Collectionneur », j'étais tombé sur un tome dépareillé des *Œuvres* d'Ambroise Paré, le chirurgien de Catherine de Médicis, le tome II, avec des planches gravées et des tables sur la chirurgie des seins, incisions, ablation, et cela me passionnait. Je n'avais aucune envie d'aller voir comment se comportait le détachement du 2ᵉ Bataillon qui nous avait relevés à La Grenouillère et comment les gars s'y prenaient pour tuer le temps, la nuit, le jour, et si, comme nous, eux aussi se faufilaient dans les marais.

C'était un drôle de régiment que le « 3e Déménageur ». Pendant que le nôtre, le 1er Bataillon, était en formation à la caserne de Reuilly, le 2e s'était constitué à la caserne des Tourelles et pendant que nous faisions l'école du soldat au bastion de la porte de Picpus, eux avaient fait la leur porte de la Villette, nous n'avions donc jamais manœuvré ensemble et à part quelques rares revues où le régiment avait été réuni dans son ensemble, les soldats du 1er et du 2e Bataillon, qui portaient le même uniforme et avaient prêté serment sur le même drapeau, ne se connaissaient pas, et même pas de vue, puisque au front les relèves n'avaient lieu que la nuit, que si nous montions ensemble en ligne, notre secteur était très étendu, que nous n'occupions pas des tranchées continues, que l'on ne s'y rendait pas par les mêmes boyaux et que nos cantonnements à l'arrière étaient disséminés dans les différents hameaux, fermes et villages. Nous n'avions donc pas souvent l'occasion de nous rencontrer ou de fraterniser, même pas dans les bistros des cantonnements. Je n'irai pas jusqu'à dire que je n'y connaissais personne ; je savais que le peintre Kisling, par exemple, était au 2e Bataillon, et je me souviens l'avoir rencontré une fois, une nuit de relève au bois de la Vache ; une mauvaise fréquentation du Boul' Mich', un nommé Davi-

doff, un voleur, un pilier du bar des *Faux-
Monnayeurs* de la rue Cujas, un fameux tricheur
aux cartes, en était puisque je l'avais également
rencontré, une nuit, au Trou des Cuisines, et
qu'il m'avait confié qu'il s'apprêtait à déserter,
à rentrer à Paname car il n'arrivait pas à s'habi-
tuer à la vie du front ; je me souviens également
d'avoir aperçu, une autre fois, buvant le jus
devant le foyer de la roulante, la puissante silhouette du sergent Bringolf, cet aventurier schaff-
housois, attaché militaire suisse à Berlin, escroc
international au mariage, vagabond, contumace,
bagnard en Amérique du Sud, récidiviste, tête
brûlée, qui a fait une si belle guerre à Salonique
et dont je devais traduire et publier les *Mémoires*
en 1930 [1], en vue de sa réhabilitation, car il avait
encore connu des avatars et cascadé depuis qu'il
avait terminé la guerre comme officier couvert
de décorations interalliées et failli décrocher la
Légion d'honneur sans un article malencontreux
de *L'Humanité*, qui l'avait démasqué, le jour
même où le Président de la République allait le
décorer! (aux dernières nouvelles, août 1945, ce
guignard orgueilleux et portant beau, ex-habitué
des palaces et des wagons-lits, finit ses jours dans
l'hospice des vieillards de St-Gall, Suisse) ; Jean
Péteux, dont je parlerai dans le deuxième volume
de cette longue chronique et que je ne m'étonnai

1. V. *Bringolf*, 1 vol., Éd. du Sans-Pareil, 1930.

pas de retrouver là, puisque depuis 1894 (j'avais
7 ans), à la *Scuola Internazionale*, à Naples,
jusqu'en 1936, chez les éditeurs, à Paris, et date
à laquelle le père de sa femme, un vieux monsieur
fort distingué, est venu me demander des renseignements sur son compte pour le faire enfermer
ou interner et que je me suis défendu de donner,
donc durant 42 ans — et ce n'est peut-être pas
encore fini! — ce curieux professeur s'est par
extraordinaire souvent trouvé sur mon chemin
et chaque fois pour me mettre comme par hasard
des bâtons dans les roues (ou alors, c'est moi qui
empoisonnais sans malice son existence du simple
fait de ma présence, et, chaque fois, l'un et l'autre,
nous nous tournions le dos en maugréant!). Ma
planque était trop bonne, ma lecture trop pas-
sionnante, je n'allais pas m'inquiéter si l'un ou
l'autre de ces phénomènes était monté à La Grenouillère. D'autre part, j'avais suffisamment de
provisions, du tabac, du vin (pas trop de vin, ou
alors c'est moi qui en buvais trop et ne savais me
raisonner), de la gniole, le mois s'écoula rapidement, et d'autant plus vite, que tous les quatre
jours les copains remontaient en ligne. Et quand
les copains étaient là, ils me tenaient au courant
des potins de l'arrière, faisaient des gorges
chaudes des enquêteurs qui s'en venaient me
chercher dans les cantonnements et qui s'en
allaient bredouilles. Et Jacottet aussi me tenait
au courant de mon affaire et de ses démêlés avec

les bureaux. Il était plus optimiste. Il me laissait
entendre qu'une offensive était en préparation
dans le secteur. « — Et alors, tu seras dédouané »,
me disait-il. Mais s'il était content pour moi,
cette offensive le rendait soucieux. Les copains
m'en avaient déjà touché un mot, mais j'avais
pris cela pour bobard de cuisine, tuyau crevé.
Jacottet se faisait de la bile à cause de ses cadres
qui s'effilochaient, mais les copains se réjouis-
saient à chaque départ nouveau d'un sergent.
Les sergents se faisaient la paire les uns après les
autres, c'était au plus pressé, et l'annonce d'une
offensive imminente n'était pas faite pour les
retenir et s'attarder plus longtemps avec nous.
A la fin du mois beaucoup s'étaient déjà esquivés.
Et quand les copains redescendaient au bout de
quatre jours, je réintégrais ma planque. Que
j'étais bien! Je bouquinais. Rien ne venait me
distraire. Les coups de feu du Calvaire faisaient
sauter les tuiles de mon toit et le tireur émérite
d'en face me sonnait les heures. Je lisais...

(Avant la fin de la guerre, comme la grosse Bertha tirait sur Paris, je partis avec ma bien-aimée
(je croyais être à l'abri des coups mais j'avais été
frappé, frappé d'amour après ma réforme) à Nice,
faire du cinéma et je n'eus pas de peine, comme
la jeune femme était belle et était fine comédienne,
de la faire engager à Liserbe, où Louis Nalpas,
le fondateur des studios de La Valentine, cet

Hollywood en miniature de la Côte d'Azur, tournait justement *Les Mille et Une Nuits* et faisait une
grande consommation de jolies filles, stars avérées
et débutantes, le film étant à épisodes. Étourdie,
folle de joie d'avoir un long engagement au cinéma,
le premier jour que cette future vedette monta
au studio, elle se flanqua contre un portant et se
meurtrit cruellement le sein, où une tumeur devait se former. Mon amie était découragée et très
inquiète sur les suites d'un aussi vilain bobo dans
un endroit aussi sensible et avait peur (et aussi
un peu honte) d'aller chez un chirurgien qui lui
aurait fait une horrible cicatrice. Elle avait la
frousse. Voyant que son mal empirait, qu'elle
souffrait beaucoup et que son moral baissait, je
lui dis au bout de quelques jours de petits soins
et de compresses inutiles : « — Écoute, chérie, je
vais te faire très, très mal, mais aie confiance en
moi. Je vais t'opérer. » Et séance tenante, sans
lui laisser le temps de se reconnaître, ayant fait
flamber mon instrument à la flamme de plusieurs
allumettes, je lui incisai le sein avec une lame de
rasoir, là, dans notre chambre d'hôtel, devant la
fenêtre ouverte sur la grande bleue, les palmiers,
les mimosas, avec une lame de rasoir *Gilette*, et
pour la première fois de ma vie je tenais une lame
de la main gauche! Aujourd'hui, après 30 ans,
on peut l'inspecter avec une grosse loupe, ce sein,
ce sein adoré, il ne porte pas la moindre cicatrice,
pas la moindre nodification, et le bout et le mame-

lon et la courbe en sont parfaits. Il est vrai que l'amour fait des miracles, mais j'avais pratiqué l'incision « *en fleur de lys lancéolée* », recommandée de préférence à la « *cruciale de Lorraine* » par Ambroise Paré et qu'il décrit longuement dans son ouvrage que j'avais lu dans ma planque de Frise et dont il a fait reproduire le trait du bistouri et le délié audacieux de son parcours sur un sein illustre, planche XVII, intitulée : *De L'Incision Royale.*)

Malgré l'avis optimiste de Jacottet et l'incurie notoire des bureaux, mon affaire faisait boule de neige, et quelque part à l'arrière, bien en arrière, et peut-être même à Paris s'était formée une avalanche qui s'était mise insensiblement en branle, une force monstrueuse et anonyme, de la paperasserie me concernant, des feuilles qui arrivaient par étape dans les différents états-majors que l'on tamponnait et que l'on visait automatiquement, qui se couvraient de signatures illisibles à tous les échelons et dans l'indifférence générale, qui se distribuaient dans les différentes sections de l'administration militaire, déclenchaient des coups de téléphone, des ordres, faisaient prendre des dispositions au secteur non pas en vue de l'offensive annoncée, mais pour interroger, traquer un soldat qui avait eu le malheur de s'emparer d'un bachot, et quand tout cet appareil se présentait dans la zone de feu sous l'uniforme d'un gendarme

ou sous l'aspect d'un civil dûment muni d'un
laissez-passer et d'une ordonnance d'enquête, le
colonel laissait faire et s'en lavait les mains au
lieu d'expulser l'intrus et de mettre le pandore
aux arrêts de rigueur comme si nous, poilus,
n'avions pas eu d'autres chats à fouetter que de
satisfaire la curiosité de tous ces chats-fourrés
de l'arrière, magistrats, greffiers, juges d'instruction et autres juges militaires, déguisés pour la
circonstance en vieilles culottes de peau et plus
à cheval sur le règlement que les officiers de carrière. Les Boches étaient toujours là, il me semble,
et c'est justement parce que j'en avais descendu
deux ou trois que l'on faisait tant de chichis et
me cherchait noise. Quant au colonel Dubois,
faisant fonction de général dans le secteur de
Frise, qui mettait son offensive au point grâce
aux documents que j'avais rapportés, il devait
tout ignorer de mon cas, tout à son dada. (Cela
je ne l'ai pensé que le mois suivant, quand l'offensive fut déclenchée et que la Coloniale eut enlevé
Herbécourt, mais, sur le moment, je râlais).

Huit jours ne s'étaient pas écoulés. Je lisais
dans ma planque. Un après-midi, un bruit de
moteurs et des grincements d'embrayage me firent
mettre le nez à ma lucarne. Trois vieux camions,
des plates-formes, s'arrêtaient devant l'église et
une demi-douzaine de matelots en bourgeron sautaient à terre. Des pompons rouges! On n'en avait
encore jamais vu dans ce secteur semi-aquatique.

Je m'extrayai de ma lucarne au ras du sol, traversai la place en courant, sautai dans le boyau
et me mis à crier aux marins : « — Barrez-vous,
les gars ! Vous êtes en pleine vue. Les Boches vont
vous canarder ! » Et je n'avais pas fini de les héler
que les premières balles sifflaient et que les shrapnells allemands éclataient sur la place. Les
hommes sautèrent dans le boyau.

— Qu'est-ce que vous venez chercher par ici
et comment êtes-vous passés ? leur demandai-je.
Vous en avez eu de la veine !

— Voilà deux jours et trois nuits que nous
roulons, me répondirent-ils. Nous arrivons de
Mantes. On vient chercher des bachots. Tu parles
d'un bondieu de chemin le long du canal. C'est
tout juste si on a pu se faufiler tellement il est
étroit et tous les cent mètres il fallait s'arrêter
pour mettre des planches tellement il est plein
de boue et d'ornières, sans rien dire des fossés
et des tranchées qu'il fallait franchir. On ne joue
tout de même pas à saute-mouton avec des
camions. On en a sa claque, tu sais...

— Des bachots !... m'exclamai-je. Ils sont derrière l'église. Vous en trouverez cinq ou six qui
pourrissent dans un bief et qui sont percés comme
écumoires. Je vous montrerai. Mais on ne peut
y aller que de nuit. Les Boches nous sonneraient.
Vous voyez...

Les shrapnells éclataient par quatre sur la
place. Les balles nous sifflaient aux oreilles et fai-

saient sauter des platras dans les façades déjà cri-
blées des maisons. Le petit canon Maxim du Calvaire cherchait à toucher les camions abandonnés
derrière nous, ses obus rageurs faisaient voler une
poussière de briques. En un clin d'œil nous fûmes
tout rouges.

— Tu es un brave petit gars, me dirent les
matelots. Mais qu'est-ce qu'on fait?

— Il n'y a rien à faire. On est aussi bien ici
dedans qu'ailleurs. Il n'y a qu'à attendre la fin,
leur répondis-je.

— Alors, on va casser la croûte, dirent-ils.
Viens te joindre à nous. On a du pinard. Et qu'est-
ce que tu fais ici? Tu vis tout seul qu'on ne voit
personne? Saleté de guerre. Drôle de décor. Nous,
ça nous foutrait le cafard! On n'a pas l'habitude...

Ils s'en allèrent tard dans la nuit. Sur les trois
camions, un seul avait bien voulu repartir. Je les
avais conduits au bief et je leur avais donné un
coup de main pour charger sur leur plate-forme
deux barques pourries. C'était tout ce qui restait
de la terrible flottille de Frise sur laquelle la
Marine était venue mettre la main. Les autres
bachots n'étaient que planches disjointes et bouts
de bois goudronnés s'en allant pesamment au fil
de l'eau. Mais cette apparition de la Marine me
laissa songeur. Et si d'autres allaient suivre? Quoi
qu'en pensât Jacottet, mon affaire était loin d'être
terminée...

Après la venue des marins, je m'attendais donc à un défilé ininterrompu car jamais je n'aurais pu croire qu'il y eût une telle variété de police aux armées, mais il n'en fut rien.

Tout le monde a entendu parler de l'*Allée des Gendarmes* à Verdun. Je n'y suis pas allé voir, mais je me suis laissé raconter qu'à Verdun les poilus étaient tellement exaspérés contre les gendarmes que dès qu'un de ces sales embusqués qui faisaient du zèle leur tombait entre les pattes, ils lui plantaient un crochet de boucher sous la mâchoire et le suspendaient sans autre forme de procès et sous les quolibets à une branche d'arbre. Il paraît qu'il y avait une certaine allée de la citadelle où ils gigotaient par dizaines, ces gens d'armes de métier qui ne voulaient pas aller se battre !

Chez nous, à Frise, les choses n'allaient pas encore si loin, mais les gendarmes étaient cordialement détestés, aussi ne se risquaient-ils pas à monter jusque dans nos parages, mais se contentaient de surveiller les abords de nos cantonnements, à Morcourt ou à Méricourt, pour mettre le grappin sur et emmener le poilu isolé qui s'aventurait à aller au vin ou à la gniole dans les hameaux plus éloignés et les fermes circonvoisines.

Ces gendarmes qui tendaient un cordon de surveillance sur nos arrières immédiats (et que l'on accusait généralement de faire main basse sur notre ravitaillement ou tout au moins de s'être

servis les premiers quand le ravitaillement avait
du retard et que vin et tabac n'arrivaient pas en
quantité suffisante ; on les enviait aussi parce
qu'ils étaient bien frusqués et que ces vaillants
de l'arrière n'en foutaient pas une datte, ne se
foulaient pas) ces vulgaires gendarmes allaient à
pied et on les évitait facilement, et si l'on en venait
aux mains, ils n'étaient pas sûrs d'avoir le dessus,
aussi n'intervenaient-ils qu'à bon escient ; mais
la maréchaussée, elle, qui était montée et qui galo-
pait à travers champs était beaucoup plus dangereuse pour le poilu en maraude, qui devait alors
être sur ses gardes, agir avec beaucoup de cir-
conspection et toujours se tenir à proximité d'un
fossé profond, d'une tranchée, d'un réseau de
barbelés, obstacles disséminés un peu partout
dans la nature en ces temps bénis et derrière quoi
il pouvait se réfugier en cas d'alerte intempestive,
sinon se mettre hors de portée, car dans bien des
cas la maréchaussée n'hésitait pas à lui tirer dessus. Malheur au poilu qui tombait entre les menottes de ces flambards, il était proprement
emballé et on ne le revoyait plus, il était bon
comme la romaine et passait au falot. Si les dépositions de la maréchaussée n'étaient pas toujours
des plus véridiques en conseil de guerre, elles
étaient toujours accablantes pour l'homme et
toujours féroces, ces gens-là touchant une prime
pour chaque prise, m'a-t-on dit.

Si la gendarmerie à pied ne dépassait guère les

limites immédiates de nos cantonnements de l'arrière, où il y avait encore des civils et qui trafiquaient avec nous, la gendarmerie à cheval osait pénétrer jusque dans la zone des villages évacués qui nous servaient de gîtes de grande alerte et où étaient installés les premiers lazarets de secours, les postes d'évacuation et de triage des blessés, les dépôts de munitions et différents services d'état-major dans des patelins à moitié démolis par les bombardements comme Albert, Bray-sur-Somme, Cappy-les-Fontaines, cela représentait l'extrême pointe des patrouilles et rondes de surveillance en direction de la ligne de feu, elle n'osait tout de même pas pousser jusqu'à Éclusier, Frise, Dompierre, en première ligne, où le poilu était maître ; cette tâche était réservée à la prévôté, « les Hommes Noirs » comme nous appelions ces messieurs de la police criminelle, et encore elle ne s'y risquait que dans des cas absolument exceptionnels de mutinerie caractérisée, d'insubordination individuelle, de meurtre, de viol, de pillage, de brigandage ; habituellement ces messieurs de la prévôté qui circulaient par deux en motocyclette pouvaient être considérés comme des agents supérieurs de liaison entre les services spéciaux des différents états-majors du secteur, entre la gendarmerie à pied et à cheval et s'occupaient plus particulièrement du dénombrement, de l'évacuation et de l'escorte vers l'arrière des prisonniers allemands.

Je n'eus donc la visite d'aucun représentant
de l'une ou l'autre de ces trois polices d'État dans
ma planque de Frise (le conseil d'Angéli avait du
bon), mais par les copains qui montaient je savais
qu'ils s'occupaient de ma personne, qu'ils pour-
suivaient l'enquête, faisaient déposer les sergents
et recueillaient des témoignages. Et un beau jour,
la Sûreté militaire vint interroger mes bonshommes, toute l'escouade y passa, un à un, et
quand l'équipe remonta à La Grenouillère (c'était
à la deuxième ou à la troisième relève), les copains
étaient assez démoralisés. « — Qu'est-ce que tu
vas prendre », me disaient-ils. « Ah, les vaches!... »
Tous, sauf Sawo, qui ne disait rien et que travaillait je ne sais quel sombre cafard (il eût fait un
coup de tête que cela ne m'eût pas étonné!) ni
Garnéro qui, lui, rigolait et s'en foutait royale-
ment : « — Comment, tu es encore là, caporal? »
ironisait-il. « J'ai vu l'autre jour des flics qui s'en-
gageaient sur le chemin le long du canal. J'ai bien
cru que c'était pour toi, mon vieux, et que tu étais
refait. Mais ne t'en fais pas. Planque-toi. Tout
s'arrange. C'est la vie. J'en ai vu bien d'autres!... »

Comment la police de l'arrière peut intervenir
dans le destin d'un soldat pour le précipiter à la
géhenne, l'histoire du fils de ma concierge va le
montrer. C'est du joli travail.

Histoire du fils de ma concierge.

I

En mai 1918, lors de l'offensive catastrophique du Chemin-des-Dames, en pleine déroute, alors que toute l'armée qui avait été engagée levait le pied et s'enfuyait à toutes jambes, un groupe de mitrailleurs appartenant au régiment qui le dernier avait décroché et dont les hommes pour ce fait furent cités collectivement à l'Ordre des Armées en ces termes : « ... *se sont battus comme des lions...* », un groupe de mitrailleurs qui avaient tenu bon jusqu'à la dernière cartouche, s'en venait loin derrière les autres sur la route de Paris, commandé par le fils de ma concierge, un gamin de vingt ans, leur caporal, précédemment déjà décoré de la Croix de guerre pour sa vaillante conduite en Argonne. Le soir tombait, un soir de débâcle. Ils étaient seuls. Il pleuvait. Aussi loin que l'œil pouvait se porter on ne voyait qu'armes jetées, matériel de toute sorte abandonné, cadavres de chevaux, trous d'obus, terres bouleversées et la petite troupe harassée, une dizaine d'hommes boueux ramenant trois mitrailleuses, avançait lentement, serrant les dents, faisant la sourde oreille pour ne pas faiblir à l'appel des blessés geignants parmi les morts dans les flaques d'eau, à gauche et à droite de la route. Ils

avaient parcouru ainsi une quinzaine de kilomètres quand ces hommes tombèrent à un croi-
sement sur un camion qui leur parut intact et qui,
ô veine! démarra au premier contact. Le fils de
ma concierge s'installa au volant, ses camarades
comme ils le purent dans le coffre du véhicule
qui était un fourgon-radio tout encombré d'ap-
pareils compliqués, et comme l'avant du camion
était tourné du côté de Paris et que lui-même était
Parisien, le fils de ma concierge fonça droit devant
soi dans la nuit pour arriver vers les deux heures
du matin, rue de Savoie, chez ses parents. On
s'imagine l'émotion des vieux. La mère s'évanouit. Le père se fit raconter leur aventure et,
après que toute l'équipe eut sérieusement cassé
la croûte et dûment rempli les bidons, le père, qui
était un simple ouvrier, mais un parfait honnête
homme, avec un sens élevé du devoir et un grand
chopin patriotique comme il est coutumier parmi
le petit peuple de Paris, le père réembarqua tout
le monde dans le fourgon-radio de l'armée et
même qu'il s'installa à côté de son fils au volant
pour les raccompagner jusqu'à la porte de la Villette et les mettre sur la bonne route pour retourner au front, cependant que cette sainte femme
qu'était ma concierge s'évanouissait pour la deuxième fois de la nuit. Mais ces mitrailleurs qui
s'en retournaient ragaillardis au front devaient
jouer de malheur. En quête de leur régiment, les
soldats tombèrent au-delà de Rouvres sur un

barrage de gendarmes, la maréchaussée leur mit
la main au collet et, au lieu de rejoindre l'armée
comme ils l'espéraient, la prévôté les déféra en
conseil de guerre sous l'inculpation de désertion
et de vol d'un fourgon-radio, et ces jeunes héros
furent condamnés, salés, et plus particulièrement
(« *pour faire un exemple* », comme s'expriment les
juges-officiers d'un conseil de guerre), le fils de
ma concierge, parce qu'il était caporal et décoré,
et un autre de ses camarades, également décoré,
qui écopèrent : chacun dix ans de prison!

2

J'avais été réformé depuis dix-huit mois.
J'étais rentré à Paris où j'avais réintégré ma
piaule d'étudiant. J'ignorais tout de cette histoire mais je voyais ma concierge dépérir. Il y
avait dix ans que j'habitais cette vieille maison
de la rue de Savoie. Je n'osais interroger la sainte
femme et j'attribuais sa tristesse, sa nervosité,
son humeur aux événements, aux alertes des
zeppelins, aux obus de la grosse Bertha qui
s'étaient mis à tomber sur Paris, aux nouvelles
de la guerre qui étaient encore une fois noires et
pessimistes après déjà tant d'années de fol espoir
et de mortelle impatience, au mauvais sang que
la pauvre femme se faisait au sujet de son garçon
que je croyais toujours au front dans un secteur
des plus exposés, et je ne savais comment faire

ni que dire pour calmer les appréhensions de
cette mère qui se rongeait et, je le voyais bien à
sa mine et à ses yeux douloureux, qui vivait dans
les transes. Le père aussi faisait triste figure, et
j'étais navré pour eux car je les aimais bien. Un
matin ma concierge n'y tint plus. Elle me fit
entrer dans sa loge et me raconta son malheur,
me priant, me suppliant (« *Vous qui connaissez
du monde !* »), de faire sortir son petit de prison,
et elle pleurait, et elle sanglotait, et elle piqua
une crise. Le petit Vincent en prison, à la maison
centrale de Poissy, tirant son temps, pauvre gosse !
C'est tout juste si je ne l'avais vu naître. Je lui
avais prêté des livres quand il était gamin. C'était
un petit très doux, un peu timide, très rangé. Le
père était serrurier. Vincent était entré chez un
relieur et avait terminé son apprentissage à la
veille de la guerre. Tous les deux travaillaient
dans le quartier et on les voyait partir au travail
et revenir ensemble. Il n'y avait pas de gens plus
tranquilles, de famille plus unie. Et ma concierge,
je l'ai déjà dit, était une sainte femme, douce,
calme, souriante, et qui parlait un si beau français, naturel et si plein de distinction. Je crois
qu'elle était tourangelle. Le père était de Paris.
C'était un homme silencieux et tolérant. Il avait
de beaux yeux marron, très parlants, et ma
concierge de très beaux yeux pers, un peu
contemplatifs, ce qui lui donnait l'air d'une fée
déguisée. C'étaient de très braves gens. J'ai

occupé dix ans ma mansarde. Je n'étais pas un locataire exemplaire. On sait ce que c'est qu'un poète sous les toits et la vie d'étudiant. Souvent je ne payais pas mon terme et plus souvent encore on festoyait dans ma piaule, des garçons et des filles, et pas seulement des étudiants et des étudiantes, mais de la bohème canaille que je ramassais sur le Boul' Mich' car il y avait encore de la truandaille à l'époque, et des modèles de la rue de la Gaîté, et des petites modistes de Plaisance, et des radeuses de la gare Montparnasse, et des danseuses du bal Bullier, et l'on vidait des flacons, et l'on chantait, et l'on dansait, et l'on chahutait comme il est de tradition au Quartier latin, et l'on sortait et rentrait à des heures indues. En outre, comme j'entreprenais déjà de longs voyages qui ressemblaient fort à d'aventureuses expéditions autour du monde, entre deux trains je venais vider mes valises rue de Savoie et quand je repartais, souvent j'y laissais un compagnon de route, des étrangers, surtout des Russes, homme ou femme. Ma mansarde a même été le siège social d'une revue anarchiste, *Les hommes nouveaux*, qui devait prendre la défense de la bande à Bonnot et d'André Suarès (ou *Res Sua* ou *Séipsé*, comme ce solitaire venait de signer quelques brochures rarissimes et introuvables aujourd'hui). Rirette Maîtrejean vint rue de Savoie et André Suarès y envoya sa bonne ou sa gouvernante, une bonne femme en bonnet, une paysanne bien sympathi-

que, ronde et ridée comme une pomme reinette,
nous remercier de l'article que nous lui avions
consacré. Il y aurait un livre à écrire sur les gens
qui ont défilé dans ma mansarde, ou qui l'ont
habitée ou qui s'y sont cachés durant mes fré-
quentes absences, par exemple certain couple
d'amoureux qui a fait scandale en son temps, la
jeune fille étant recherchée par sa famille et qui
est devenue depuis une gloire de la peinture
contemporaine dont la même famille bourgeoise
s'enorgueillit! Quand je n'y étais pas, ma concierge
avait ordre de donner ma clé à toute personne qui
se présentait avec le mot de passe et ce mot de
passe était connu de la terrasse du Luxembourg
aux petits cafés de la rue Saint-Séverin, du monde
des étudiants au monde des mauvais garçons, ces
derniers m'étant beaucoup plus sympathiques
que les premiers parce que beaucoup plus vivants
et moins frelatés ; d'ailleurs, après la vie que
j'avais menée en Chine, en Perse et en Russie à
partir de 1904 et l'humanité profonde que j'y
avais rencontrée et avec qui je m'étais engagé, je
ne pouvais plus sympathiser avec mes condis-
ciples de la Faculté qui se destinaient à faire
carrière, ni avec les profs, ce concours de vanité
ou galerie de têtes de turc. C'est dire que j'abusais
de la bonté de ma concierge, mais jamais cette
sainte femme ne perdait patience et jamais elle
ne me fit la moindre remontrance. Au contraire,
elle était prévenante. Elle souriait. Et malgré son

air de fée distraite et amusée, souvent elle me
recousait un bouton sans que je le lui demande
et si je lui demandais de l'argent, elle m'en prêtait.
Et son mari était comme elle, poli et compré-
hensif, avec un rien de reproche dans ses yeux
parlants quand il estimait que j'exagérais, mais
jamais il ne se serait permis de me faire la moindre
observation. Ces gens-là m'étaient plus chers et
étaient plus au courant de mes faits et gestes que
les membres de ma famille. J'avais réintégré ma
turne de la rue de Savoie après ma réforme. Je
n'avais pas le rond. La mère et le père du petit
Vincent m'avaient reçu et entouré avec un tact
parfait et sans une parole déplacée au sujet de
ma terrible mutilation. Maintenant que je connaissais leur chagrin, je n'allais pas les laisser dans
leur malheur. Ah, c'était donc ça! Leur fils en
prison. Ils avaient honte. Ils tenaient la chose
secrète. Ils se taisaient. Ils ne supportaient pas le
coup. Ils ne savaient à quel saint se vouer ni à qui
s'adresser. C'étaient des petites gens tranquilles.
Ils avaient peur. Les pauvres vieux. Ils se ren-
frognaient. Ils craignaient que la chose ne
s'ébruitât, que le voisinage ne l'apprît, que les
mauvaises langues ne s'en mêlassent, qu'on ne les
désignât du doigt dans la rue. Leur petit était en
prison. Ils n'en dormaient plus, et le mari et la
femme avaient dû discuter la chose à voix basse
durant des nuits et des nuits avant de se décider
de s'ouvrir à moi, de me confier leur honte, et

cela fait, j'eus encore beaucoup de mal pour lever leurs dernières hésitations et obtenir communication et l'autorisation de prendre copie de tous les papiers de l'affaire pour constituer un dossier complet, le dossier du petit Vincent. Alors, je pus remuer ciel et terre en toute connaissance de cause et faire agir amis et relations auprès de qui de droit. Cela dura un an et durant un an, pendant que je me démenais, m'agitais, courais de droite et de gauche, plaidais, frappais à toutes les portes, relançais des gens au téléphone, envoyais des pneumatiques, pressant, pressant, emmerdant tout le monde sans scrupule parce que j'estimais qu'il y avait urgence, les parents du petit Vincent se tinrent cois, mais sur la défensive vis-à-vis de moi, car ils commençaient à me détester. J'étais celui qui savait et ils ne me le pardonnaient pas. Enfin, je pus leur rendre leur fils. Je ne sais plus par l'intermédiaire de qui (je crois que c'est par Gémier), j'obtins la grâce du petit Vincent qui me fut accordée par le président Poincaré. Quand le gosse vint me remercier, je lui dis : « — C'est pas tout ça, mon petit. Ton camarade est encore dans le trou. Il faut l'en sortir. Grouille-toi, procure-moi ses papiers et tout et tout, et que je constitue son dossier à lui aussi. Maintenant que je connais la filière au ministère de la Justice, place Vendôme, il faut en profiter. Je vais le tirer de là. Il n'y a pas de raison que ton bon copain reste plus longtemps en prison puisque tu es sorti, toi. »

3

Ma concierge m'invita à venir manger l'oie qu'elle avait l'intention de faire rôtir le prochain dimanche pour célébrer le retour de son fils unique qu'elle avait cru perdu. J'acceptai, mais la priai de bien vouloir attendre que j'aie également obtenu la grâce du copain de son fils et qu'alors on mangerait l'oie tous ensemble et que l'on ferait une fête à tout casser.

— Oui, je sais. Vincent m'a dit, monsieur Cendrars. Vous avez l'intention d'aller voir la mère de ce soldat, même que vous auriez déjà pris rendez-vous. Mais pourquoi allez-vous voir cette femme ? me demanda ma concierge. Je vous assure que ce ne sont pas des gens intéressants. La mère pousse une petite voiture du côté de la gare de l'Est et son fils n'avait pas de métier avant la guerre. C'est un galopin, une fripouille. Imaginez-vous, quand nous allions ensemble à Poissy, les jours de parloir, j'étais gênée, c'est une femme qui n'a même pas de chapeau.

Le père de Vincent abondait dans le sens de sa femme.

— Oui, me disait-il, pourquoi aller voir ces gens et de quoi vous mêlez-vous ? Ils ne vous l'ont pas demandé, cela ne vous regarde pas. Qu'ils se débrouillent !

— Je ne tiens pas à ce qu'elle vienne ici, dans

ma loge, se lamentait ma concierge. C'est une
femme qui a le verbe haut, qui crie fort. En un
rien toute la maison serait au courant et elle
ameuterait la rue. Je me suis bien gardée de
jamais l'inviter...

Mais je suis têtu et l'oie fut tout de même
mangée de compagnie moins d'un mois plus
tard. La fête fut très réussie. De nombreuses bouteilles furent vidées. La loge de ma concierge
retentissait des cris que poussait la marchande
des quatre-saisons. C'était une joyeuse commère,
une vieille lionne qui, si elle n'avait plus de dents
dans la bouche, avait un vocabulaire, mais un
vocabulaire!... Pour la circonstance elle avait
mis un chapeau, un chapeau rouge avec une couronne de roses grenat, zinzolin, lie de vin, posé
de travers sur sa trogne congestionnée. Elle me
disait en me désignant son fils, un grand rouquin,
pâle et tout étiolé par la vie qu'il avait menée en
prison, et qui ne mangeait pas, et qui ne buvait
rien : « — Cela me retourne les sangs de le voir
ainsi, ce grand niais de propre à rien. On dirait
une fille qui l'a perdu et qui le regrette! Moi, si
j'avais ta Croix de guerre, mon fils, je la trem-
perais dans du caca et je la flanquerais sous le
nez des passants. Je serais fière d'avoir été mise
en prison pour avoir sauvé la France, hurlait-elle.
Je n'aurais pas honte!... »

Jamais ma concierge ne m'a pardonné cette
réunion en famille et, à la fin du terme, je dus

déménager. Elle me rendait la vie impossible.
C'était une véritable chipie. Quant au père et
au petit Vincent, ils ne retournèrent pas à l'atelier. Sous prétexte d'aller chatouiller le goujon
au Vert-Galant, à deux pas, ils sortaient, ils
faisaient tous les bistroquets du quai, où ils
s'attardaient sans parler devant des verres vides.
Ma sainte femme de concierge devenait folle.

Mais Bourbaki ne désarmait pas. Il pensa me
blesser d'un coup mortel en décorant mes cinq
lascars. Et quand je les vis arriver l'un derrière
l'autre — c'était à la troisième ou quatrième
relève — tout de même un peu penauds et un
peu honteux parce que je n'étais pas de la pro-
motion, mais au fond si fiers d'être décorés (et
cet animal d'Opphopf qui tripotait comme le
sein tari d'une naine sa médaille neuve et pen-
dante au bout d'un long ruban), je me réjouis le
cœur et je partis d'un franc éclat de rire tellement cette vacherie que le colonel me destinait
était inattendue (j'aurais cru plutôt qu'à cause
de moi personne ne serait décoré!) et me disant
que cette Croix de guerre vaudrait à mes cinq
naufrageurs quatre jours de perme en supplément, ce qui est toujours bon à prendre.

— Alors, vous le tenez, Paname! Cette fois-ci
vous y allez? m'écriai-je.

— On ne sait pas encore, me répondirent-ils.
On parle toujours d'une offensive dans le secteur.

— C'est une vacherie que le colonel a voulu te faire avant de s'en aller, me dit Jacottet quand je me présentai aux nouvelles dans son P.C. Tu sais qu'il nous quitte? Tu vas pouvoir te remettre à la tête de ton escouade dès la prochaine relève.

— Et cette offensive, capitaine?

— On en parle toujours. Dommage que tu n'aies plus ta barque. C'est maintenant qu'elle nous serait utile. Plus que jamais il me faudrait faire des prisonniers, j'en parlais encore l'autre soir avec le général.

— Le bachot? Mais il n'y a qu'à le repêcher, il est tout paré. Je vais le dire à Opphopf.

— Comment, les marins qui sont venus ne l'ont pas enlevé?

— Pensez-vous! Je ne le leur ai pas donné, mon capitaine. Pas si bête...

— Ah! je croyais...

— Le voulez-vous?

— Non, pas aujourd'hui. Mais la prochaine fois. Attends que le colonel soit parti.

Le prochaine fois, la vie avait repris son cours à La Grenouillère car le colon s'était barré. Tout le monde parlait de l'offensive qui était, paraît-il, imminente et nous, nous nous affairions autour de notre bachot qu'on allait remettre à l'eau. Griffith et le Monocolard discutaient ferme pour savoir si l'on ne pourrait pas installer une mitrailleuse à bord et les autres bons copains de

la section franche, maintenant que nos expéditions nocturnes étaient notoires, faisaient cercle
et se chamaillaient pour en être, les Lang, Rossi,
Belessort, Ségouâna, et même le petit Coquoz
toujours prêt à s'emballer, et aussi un nouveau,
espèce de brigand de grand chemin, un nommé
Oupolé ou Wpolé, Albanais ou Macédonien je
ne sais, un violent, une brute finie, que j'avais été
racoler dans une autre compagnie et avais intégré
dans mon équipe pour lui épargner le poteau
car il était passible de conseil de guerre pour
avoir à moitié assommé un sergent. « — Prêtez-
le moi, avais-je dit à son commandant de compagnie. Je vous le prends à l'essai. J'en ferai un
homme. J'ai besoin de costauds à La Grenouillère. » Et son commandant me l'avait cédé car on
n'aime pas voir fusiller un de ses hommes, et
c'est le sort qui attendait Oupolé ou Wpolé,
que nous appelions monsieur Delaprairie ce
que signifiait son nom, en macédonien ou en
bulgare, nous avait-il expliqué dans son charabia.

L'après-midi tirait à sa fin et nous attendions
l'heure de la soupe. Que nous étions bien, là,
entre nous, à admirer notre bateau tiré à terre et
auquel Opphopf donnait une dernière couche
de belle peinture noire dont il avait dégotté je
ne sais où un pot.

— Il faudrait le baptiser, dit quelqu'un.

— Moi, je le baptiserais *Sophie !* s'écria Coquoz.

— Ta gueule, fausse-couche, on ne te demande

pas ton avis, lui dit Griffith. Tu n'en es pas. Tu
n'as pas à dégoiser. C'est l'équipage qui va le
baptiser.

— Alors, comment l'appelleriez-vous, vous,
Griffith? demanda Coquoz en rougissant.

— Moi? lui répondit Griffith. Moi, je vais
jacter en dernier. Je dois réfléchir *on His Majesty
Ship*. D'abord, pour un vrai baptême il faut du
champagne. Hé, Garnéro, viens voir!

Chaude-Pisse parut sur le seuil de sa cuisine :
« — Ne vous impatientez pas, les gars, c'est
bientôt prêt. Qu'est-ce qu'il y a?

— Il y a, dit Griffith, qu'on n'a pas de champagne pour baptiser le rafiot. Comment l'ap-
pellerais-tu, toi, le cuistancier, espèce de tordu?

— *La Terreur du Marais*, dit Garnéro.

— Et toi, Opphopf?

— Ben, *Le p'tit quinquin*, pardine!

— Et toi, le Monocolard?

— *Le Crocodile*, il est noir comme un croco.

— Et toi, Sawo?

— *Notre-Dame de Paname*, répondit Sawo.

— Et toi, caporal?

— Moi? dis-je. Moi, je l'appellerais *Le Bien
Planqué*. Ça me dit quelque chose. Et toi, Griffith?

— Moi, je l'appelle *Con*, con tout court, en trois
lettres, répondit Griffith. Comme ça les Boches
n'y pigeront que nib. C-O-N, on dirait des lettres
de série comme pour les torpilleurs. Ça fera bien.

Et ce champagne, taulier de malheur, tu l'aboules ?
Passez le bidon. Préparez vos quarts. Ouvrez le
ban ! Il n'y a pas de clairon ? Opphopf, au garde-à-
vous ! et vous monsieur Delaprairie, au drapeau !...
— Alerte, un civil !... » cria Goy qui était de
garde au débouché du boyau à La Grenouillère.

Depuis mon différend avec Plein-de-Soupe,
j'avais pris l'habitude de placer dans la journée une
sentinelle au débouché du boyau à La Grenouillère. Maintenant que le colon nous avait plaqués et
que les sergents mettaient les cannes, j'étais bien
convaincu que mon affaire finirait en quenouille
et que l'on allait me fiche la paix ; quel était donc
le zigomar qui venait nous relancer jusqu'à La
Grenouillère, que nous voulait-il ? Tout le monde
s'était retourné pour voir le civio que Goy nous
amenait. C'était peut-être le natif de Frise qui
avait porté plainte pour vol et qui venait reconnaître son bien ? En tout cas, c'était un drôle
de corps, tout en jambes, long, maigre, efflanqué,
tirebouchonné dans un vieil imperméable, un
petit chapeau de feutre vert enfoncé sur le crâne,
la moustache effilée des deux bouts, des bandes
molletières entortillées de ses chevilles pointues
à ses genoux cagneux et, chose qui nous émerveilla
tous, chaussé de bottines à boutons ! Il avait l'air
enchanté d'être là, se tournait, se retournait,
regardait dans toutes les directions. On aurait
pu le prendre pour un illuminé ou un chasseur

de papillons. Après tout, c'était peut-être le
« Collectionneur » chez qui je m'étais planqué? Ses gestes étaient nerveux, l'œil vif, sa voix
chaude :

— Bonsoir, les enfants, nous dit-il. Je suis
content...

— Vos papiers! lui répondis-je. Vous êtes
changé de mission ?

Il me tendit ses papiers en souriant.

— Voilà, dit-il en se dandinant.

C'était un agent de la secrète, service du contre-
espionnage, 2ᵉ Bureau, ou je ne sais quoi de la
Sûreté générale, son ordre de mission était en
règle : « ...*chargé d'une enquête spéciale, les autorités civiles et militaires lui doivent aide et protection et lui prêter leur concours dans l'exécution de
sa mission...* »

Quand je relevai le nez de ses papiers, le
curieux individu se tenait immobile et clignait
ironiquement d'un œil, son index aigu sur les
lèvres comme pour me faire discrètement entendre de ne pas souffler mot.

— Bon, dis-je. Vos papiers sont en règle. Nous
allions manger la soupe. Vous pouvez vous
joindre à nous. Après je vous conduirai chez le
commandant. Vous ne l'avez pas vu?

(... Mais pour qui était-il là, ce type, pour
moi ou pour Oupolé-Wpolé, dit monsieur Delaprairie?...)

— Minute!... dit l'homme l'index en l'air et

les coudes écartés comme un chef d'orchestre.

Et il nous sortit cette phrase qui nous étonna tous : « — Avant de me mettre à table, est-ce que vous me permettez d'aller faire le tour du propriétaire ? Je n'ai jamais vu les tranchées et je suis si heureux d'être là, les enfants. C'est amusant... »

Et il admirait nos cagnas du bord de l'eau.

(... Un piqué ? On verra bien ce qu'il a dans le ventre...)

— Entendu. Mais je vous accompagne. Ici il ne fait pas bon se promener dans le paysage, lui dis-je. Il y a des petites bêtes qui sifflent. Je me demande comment on vous a laissé monter en plein jour ? Ça ne se fait pas. On monte la nuit.

— Je connais la musique, dit-il. Personne ne m'a vu !

— Venez. Et baissez-vous quand je me baisse. Le coin est dangereux. En pleine vue. On pourrait nous tirer dessus. Je vais vous montrer les Boches.

Et je passai devant pour le mener dans la tourbière où nous avions notre canardière et notre batterie de Lebel et d'où l'on jouissait d'une belle vue sur les lignes allemandes, du Calvaire à la passerelle volante de Feuillères. A cette heure, je relèverai l'homme de garde pour l'envoyer à la soupe et nous serions bien dans notre petit poste, tous les deux tout seuls, si cet étonnant personnage avait à causer.

« ... En voilà un, pensais-je, et c'est un civil !
qui m'a demandé d'aller faire un tour, ce que
l'adjudant Angéli n'a jamais voulu faire à La
Grenouillère... »

Mais je n'étais pas au bout de mes surprises
avec ce drôle de corps car la conversation qu'il
me tint, ce soir-là, dans notre caponnière perdue
dans les marais et d'où ce civil venu de Paris
s'amusait à tirer de temps en temps sur les tranchées d'en face, après m'en avoir demandé chaque
fois la permission, cette conversation me stupéfia
littéralement car cet inquiétant personnage s'était
frotté à la poésie ! Il était agent de la Sûreté, oui,
sans aucun doute, mais lui aussi avait courtisé
les Muses, et il en reste toujours quelque chose :
l'envie, l'envie de mal faire.

— J'ai percé votre incognito, Blaise Cendrars,
me dit-il dès que nous fûmes seuls et que je lui
eus expliqué le dispositif des lignes allemandes
que je lui montrais dans ma lunette montant
de la rive du canal jusqu'au sommet du Calvaire
et l'amorce de la passerelle de Feuillères qui se
détachait en plein sur le disque du soleil couchant.
Vous êtes un grand poète, je vous connais bien.

— Comment cela, vous me connaissez ?

— Et pourquoi pas ? On a beau être de la
police, je suis abonné aux *Soirées de Paris*. Je
vous connais tous, Apollinaire, Max Jacob, le
baron Mollet...

— Non, sans blague !

— Maurice Raynal... Et non seulement je
vous connais de renommée, mais je vous connais
aussi de vue. C'est le métier qui veut ça. Et vous,
Blaise Cendrars, je vous ai déjà rencontré. Vous
permettez...

Et la joue collée contre mon fusil que je lui
avais passé, l'œil vissé sur le point de mire, l'inconnu visa longtemps avant de lâcher un premier
coup de feu sur la tranchée d'en face.

... Cet homme m'intriguait. En effet, il me
semblait bien, maintenant qu'il me l'avait dit,
que je l'avais déjà vu quelque part. Ce profil en
lame de couteau, ces méplats, sa faconde, son
débit saccadé, sa voix profonde aux sonorités
caverneuses, sa nervosité, ses gestes ébauchés
et qui s'arrêtaient net, son instabilité, l'attention
qu'il portait aux choses, l'inquiétude que l'on
devinait sous son faux-semblant, sa distraction
naturelle, sa malice, son sourire-éclair, un je ne
sais quoi de coriace qui se dégageait de toute sa
personne, sa dégaine de maniaque caramboleur,
son adresse, son intelligence de joueur d'échecs,
son air régence, son air éveillé de flâneur des
rues de Paris à la manière du Neveu de Rameau,
son air vicieux, l'œil à l'affût..., oui, j'avais déjà
dû rencontrer cet oiseau, mais où, diable, et
quand, et dans quelles circonstances?...

— Soyez prudent, lui dis-je, vous allez vous
faire bigorner, il y a des bons tireurs en face. Ne
vous faites pas repérer...

— Alors, me dit-il en clignant de l'œil, vous ne vous souvenez pas ? Il n'y a pas si longtemps que ça...

— En effet, j'ai comme un vague souvenir, nous avons déjà dû nous rencontrer...

— Je vous le donne en mille.

— J'en donne ma langue au chat.

— Allons, je vais vous aider. C'était à Saint-Germain-des-Prés...

— ...?...

— Au *Café de Flore*...

— Au *Café de Flore* ?...

— Voyons, deux, trois jours avant la déclaration de la guerre...

— Attendez!... j'y suis... vous étiez à la table du fond, la table d'angle, vous étiez en grande conversation avec Rémy de Gourmont... Quand je suis entré...

— C'est ça. Vous y êtes... et je n'ai jamais oublié, Blaise Cendrars, l'histoire du lépreux que vous nous avez racontée...

— Je me souviens. Rémy de Gourmont était très impressionné par un article du *Temps* qui donnait la statistique des lépreux dans le monde et parlait d'une recrudescence de la lèpre en France. Alors, je lui ai raconté l'histoire du lépreux dont je m'étais débarrassé en lui faisant absorber une jatte de lait. C'est le premier homme que j'ai tué. J'étais tout gosse...

— Et depuis, vous avez fait mieux, je pense. Vous permettez ?...

Et l'agent de la Sûreté tira encore un coup de fusil.

— Que je suis content d'être ici, me fit-il. C'est chic, la guerre...

— Vous arrivez de Paris? lui demandai-je.

— Oui, j'en viens.

— Et pourquoi?

— Je dois vous dire, Blaise Cendrars, qu'il est heureux pour vous que j'aie eu à m'occuper personnellement de votre affaire. C'est une affaire ridicule. Je l'ai fait classer. Elle n'aura pas de suite.

— On dit ça!

— Comment, vous ne me croyez pas?

— Si, je vous crois. Mais ces sortes d'affaires ne sont jamais terminées. Avec tous vos services de police qui se chevauchent, ça doit être une belle pagaïe. Ce qui est classé dans l'un ne l'est pas dans l'autre. Il faut s'attendre à tout avec vous autres. Et tout cela ne me dit pas pourquoi vous êtes venu jusqu'ici. Par charité? Ce n'est pas dans les habitudes de la maison, rue des Saussaies...

— Rue des Saussaies ou rue Latour-Maubourg qui aboutit au Cherche-Midi, car n'oubliez pas que vous êtes aussi soupçonné d'espionnage, c'est tout comme. Ce qui compte, c'est que votre dossier m'est tombé entre les mains et que j'en ai fait une affaire personnelle. Je vous dis que c'est classé et que vous pouvez dormir sur vos deux oreilles.

— Mais comment avez-vous pu deviner qu'il s'agissait de moi?

— Secret professionnel. Mais je puis bien vous le dire aujourd'hui. Il y a longtemps que je vous surveille. Oui, rue de Savoie, les *Hommes Nouveaux*, vous voyez, je vous connais, et de longue date. Mais ne vous frappez pas, vous n'êtes pas le seul, vous avez tous un dossier chez nous et voilà pourquoi je suis abonné à toutes les jeunes revues qui paraissent, frais de métier, c'est moi qui m'occupe de la littérature dans la boîte. Et c'est heureux. Vous voyez que j'ai pu vous rendre service, et je n'y manque jamais quand j'ai l'occasion de le faire car, comme me le disait un jour Max Jacob : « *Paris appartient aux poètes !* ». Et c'est bien vrai. Ils y sont libres. Néanmoins je fais mes rapports. Excusez-moi. J'ai un peu honte. Mais il faut gagner sa croûte. Je le sais bien, c'est comme si je trahissais un peu la poésie, mais... Vous permettez?...

Et l'homme reprit mon fusil.

Il resta un long moment au créneau.

(... Si seulement il pouvait se faire tuer, l'infâme... et peut-être le pensait-il lui aussi..., le souhaitait-il...?)

Son coup tiré, je l'entrepris :

— Mais vous ne m'avez toujours pas dit pourquoi vous êtes venu ici?

— Je vais vous l'expliquer. Je dois vous dire qu'il me manque un poumon. Ceci pour que vous

sachiez pourquoi je ne suis pas soldat. J'ajoute
que je suis patriote et que comme tous les bons
Français, j'aurais bien voulu faire la guerre.
Maintenant vous allez comprendre. Vous savez
ce que c'est, vous, la déformation professionnelle,
je n'ai pas besoin de vous l'expliquer, vous êtes
assez intelligent pour comprendre, vous, un écrivain. Eh bien, voilà. J'en suis réduit à lire les
journaux et plus j'en lis, moins j'y crois. Je suis
sceptique, moi. C'est le métier. Chez nous, on ne
croit pas aux bobards. On crève les grands ma-
chins, là, les nobles sentiments, vous savez bien
ce que je veux dire. On ne croit à rien. Il y avait
déjà longtemps que j'avais décidé d'y aller voir ;
alors j'ai profité de l'occasion de votre affaire pour
venir faire un tour au front. J'ai dit au patron
qu'avant de classer votre affaire, je voulais avoir
un entretien avec vous, que je vous connaissais
personnellement. Et voilà pourquoi je suis venu.
Je voulais monter au front. Je voulais voir la
guerre de mes yeux. C'est beau. Je vous dois des
remerciements. Ce qu'ils mettent dans leurs journaux, c'est des bobards et ce que j'ai vu ce soir,
c'est bien mieux que ce que j'avais pu imaginer.
Cela m'excite. Et j'ai tiré des coups de fusil. Moi
aussi je voulais tuer un homme pour avoir quelque
chose à dire, à raconter. Je vais les épater à la
maison. Vous permettez ?...

— Non, lui dis-je. Cela suffit...

L'indigne resta rêveur. Logé dans l'embrasure

de notre poste de guet, il contemplait un paysage intérieur. Il se tut.

La nuit tombait rapidement, cette tombée de la nuit si émouvante, si angoissante sur la ligne de feu, car avec les premières étoiles qui s'allument au ciel retentissent le sifflement des balles perdues tirées à l'aveuglette et les rafales déchirantes des mitrailleuses qui se propagent et s'inquiètent de secteur en secteur et qui ne s'arrêteront plus jusqu'à l'aube malade, avec parfois un crescendo, une crise enragée, du délire, à croire qu'avec la mort saignante du crépuscule la fièvre monte au fur et à mesure que les guetteurs comme des ombres dans la nuit qui gagne, retrouvent leur emplacement aux créneaux.

— Allons-nous-en, dis-je à ce grotesque agent secret. Voici mes hommes qui viennent. Je vais vous mener à la cuisine...

Faval me donna le mot de passe. Je ne sais plus qui l'accompagnait.

Et quand nous eûmes parcouru une trentaine de mètres dans la tourbière, je dis à cet individu honteux qui pataugeait et trébuchait derrière moi dans les roseaux :

— Vous voyez bien, j'ai raison de me méfier de vous.

— Pourquoi ? me demanda-t-il.

Et il s'arrêta.

— Parce que vous n'avez rien classé du tout. C'est du boniment.

— Comment cela?

— Mais, si je dois vous croire, vous avez profité de cette affaire pour vous payer une petite balade aux frais de la princesse et satisfaire une curiosité malsaine et purement personnelle, une envie. C'est un acte gratuit, mais pas tout à fait désintéressé car vous êtes assez dégueulasse. Combien espériez-vous?

— Je vous jure que dès que je serai rentré à Paris votre dossier sera classé!

— Et s'il vous arrivait quelque chose en attendant?... par exemple une balle perdue?...

Nous nous étions remis en marche.

— Et qui vous dit que je ne suis pas venu pour ça? murmura soudain l'homme dans mon dos.

— J'entends bien, lui répondis-je sans m'arrêter. J'y ai déjà pensé. Mais...

— Mais quoi? fit l'homme à mon oreille.

Nous étions devant la porte de la cuisine.

— Rien, lui dis-je au bout d'un bon moment. Entrez. Mettez-vous à table. Chaude-Pisse va vous servir. Je vous rejoins dans un instant. Question de service. Excusez-moi. Après je vous conduirai chez le commandant.

— Il pue le cogne, ton type, vint me dire Garnéro dans la cour comme je m'entendais avec le Monocolard sur l'itinéraire et la composition des patrouilles.

— Ça ne fait rien, répondis-je à Garnéro. « *Donne-lui tout de même à boire* », comme dit

Victor Hugo. Mais aie l'œil sur lui sans en avoir
l'air. C'est un spécialiste.

— Un spécialiste de quoi?

— Un spécialiste de la fille de l'air. Tu as
compris?

— Compris, fit le cuisinier en s'en allant.

— Comme je dois mener notre visiteur chez
le commandant, ça ne te fait rien de faire les deux
patrouilles cette nuit? demandai-je à Przyby-
zewski avec qui depuis que j'étais redevenu chef
d'escouade je partageais tout naturellement mon
rôle, en bons copains. Je m'appuierai les deux
patrouilles de la nuit prochaine.

— Bien sûr, vieux. Mais qu'est-ce qu'il te
voulait, ce type? Il a une bobine qui ne me revient
pas, me dit le Polonais.

— Je ne sais pas.

— Vrai?

— Je te le jure.

— Ce ne sont pas des nouveaux ennuis?

— Non. Je ne crois pas.

Si jamais j'ai rencontré un poète et un emmer-
deur au front c'est bien ce sale individu de police
qui était installé au coin du feu quand je rentrai
dans la cuisine de Garnéro. Il avait croisé ses
longues jambes et écrivait sur ses genoux. A ma
vue, il fourra son carnet dans sa poche pour venir
à ma rencontre et se mit à palabrer, enthousiaste,
emballé, comme si rien ne s'était passé entre nous

et comme si nous ne venions pas d'échanger des propos plutôt désagréables.

— C'est le plus beau jour de ma vie, Blaise Cendrars, s'écria-t-il. Je suis en train d'écrire un poème magnifique. Je vous le dédierai! Je suis enchanté d'être venu. C'est épatant. Je...

— Taisez-vous, Monsieur. La guerre, c'est une saloperie...

Garnéro me versa à boire.

— Je vais te faire un bif et une assiettée de frites, me dit-il. Ça te va, caporal?

— Merci, Chaude-Pisse. C'est chouette.

— La guerre, pontifiait l'autre, mais c'est sublime. Je suis en train d'écrire le plus beau poème de ma vie. Vous n'allez pas me faire croire, Blaise Cendrars, que tout ce qui se passe au front ne vous inspire pas?

— Oh, pas du tout!

— Vous devez avoir des poèmes plein vos poches.

— Pas un!

— Alors, pourquoi vous êtes-vous engagé?

— En tout cas pas pour tenir un porte-plume.

— Je croyais.

— Vous me prenez pour un reporter? Je tire des coups de fusil.

— J'entends bien, mais c'est excitant! Je croyais qu'avec votre amour de la vie, Blaise Cendrars, la vie pleine que vous menez ici, le danger,

la camaraderie, le décor camouflé, la nature, le
plein air, le rythme industriel dans lequel on est
plongé dès qu'on pénètre dans les tranchées, le
pittoresque, l'imprévu, les rencontres surpre-
nantes, la mort violente, je croyais qu'avec la
guerre vous étiez dans votre élément, et que tout
cela vous inspirerait, Blaise Cendrars.

— « *Mourir pour la patrie est le sort le plus
beau...* » n'est-ce pas ? Vous croyez-vous au
théâtre, Monsieur ? Avez-vous perdu le sens de la
réalité ? Vous n'êtes pas au Français, ici. Et savez-
vous ce qui se cache sous cet alexandrin ? La
guerre est une ignominie. Tout au plus ce spectacle peut-il satisfaire les yeux, le cœur d'un
philosophe cynique et combler la logique du
pessimisme le plus noir. La vie dangereuse peut
convenir à un individu, certes, mais sur le plan
social cela mène directement à la tyrannie, surtout
dans une république menée par un sénat de
vieillards, une chambre de bavards, une académie
de m'as-tu vu, une école de généraux...

— Pourquoi êtes-vous si méprisant pour les
hommes, Blaise Cendrars ? Bien qu'anarchiste, je
vous croyais bon patriote, puisque vous vous êtes
engagé.

— Patriote, oh !...

— Pourquoi vous êtes-vous engagé, alors ?

— Moi ? Parce que je déteste les Boches.

— Vous n'êtes pas logique avec vous-même,
Blaise Cendrars.

— Heureusement! Vous croyez que la vie est une chose de logique?

— Je...

J'étais furieux contre ce type qui m'appelait tout à coup par mon nom de poète que j'avais à peine eu le temps de voir figurer sur la couveture de deux ou trois plaquettes : *Séquences* [1], *Les Pâques à New York* [2], *Le Transsibérien* [3], nom qui représentait pour moi une vie dont j'avais alors encore souvent la nostalgie, surtout à cause des femmes ; mais je me tus ; j'avais la dent et me mis à manger ce que Chaude-Pisse me présentait ; je n'allais pas me laisser foutre le cafard par ce long escogriffe qui pérorait et discutaillait.

— Verse-moi encore à boire, dis-je à Garnéro.

Et quand j'eus vidé mon quart d'un trait :

— Puisque vous êtes abonné aux *Soirées de Paris* et que vous prétendez connaître tous mes amis, pouvez-vous me dire si Guillaume Apollinaire est au front? demandai-je à cette créature de police.

— Non, pas encore, mais cela ne va pas tarder me répondit-il. Pour l'instant Guillaume Apolli-

1. In-4° écu, Éditions des Hommes Nouveaux, Paris, 1912.
2. In-8° raisin, Éditions des Hommes Nouveaux, Paris, 1912.
3. 1 vol. en couleurs, 10 × 36 × 2 mètres, édition unique, dite du *Premier Livre Simultané*, tirage atteignant la hauteur de la Tour Eiffel, Éditions des Hommes Nouveaux, Paris, 1913.

naire est canonnier à Nîmes, où il file le parfait amour.

— Le veinard! Avec Marie Laurencin?

— Mais non, voyons. Marie Laurencin a épousé un baron allemand et a passé en Espagne avec son mari.

— Non, c'est vrai?... Pauvre Guillaume!...

Garnéro nous écoutait fumant sa pipe.

Depuis que j'étais au front je n'avais aucune nouvelle de personne. Mes derniers amis en date étaient dispersés. A part le petit *Bulletin des Écrivains* de Fernand Divoire qui venait de paraître et qui tâchait de renouer les liens de cette grande famille que sont en France, et malgré les détestations, les gens de plume, une volière à Paris, une gentilhommière en province ou pour le moins une robinsonnade dans l'ensemble du pays, alors que partout ailleurs à l'étranger chaque écrivain vit dans sa tour d'ivoire, isolé et comme perdu dans sa nation, je ne savais rien de personne, je n'avais pas écrit une lettre, même pas à ma femme, et je me moquais de mes hommes qui comme les poux n'arrêtaient pas de pondre, de pondre...

— Et le petit Mollet, le secrétaire d'Apollinaire? demandai-je encore.

— Le baron Mollet est dans une formation sanitaire, me répondit le flic.

— Et Maurice Raynal?

— Il est au front.

— Et Max Jacob ?

— Comment, vous ne savez pas ? Max s'est converti.

— Pas possible !

— Si. Il a eu une vision. Le Christ lui est apparu chez Jeanne Léger.

— Chez Jeanne ?

— Oui. Max s'est réfugié chez Jeanne Léger, il se sentait trop seul et Jeanne l'a hébergé dans l'atelier de Léger. Oh, en tout bien, tout honneur ! Vous savez, le début de la guerre n'a pas été drôle pour tout le monde à Paris et Max...

— Vous semblez bien connaître Max Jacob.

— Max est un ami. Nous...

— Dis donc, caporal, je vais me pieuter, je connais pas tous ces gens dont vous parlez et je suis de patrouille à minuit.

— C'est ça. Va te coucher, Chaude-Pisse. Mais tu n'es pas de patrouille, cette nuit. J'ai arrangé ça avec le Monocolard. Tu sors avec moi la nuit prochaine.

— Chic alors, je vais pouvoir en écraser !

Et Garnéro sortit de la pièce, mais avant de refermer la porte il se boucha le nez de la main gauche pour me signifier que le type avec qui il me laissait en tête à tête ne lui plaisait pas et que j'avais à m'en méfier.

J'avais envie de demander à mon zigomar des nouvelles des femmes de Montparnasse, d'Aïsha, de Renée, de Gaby, de la grosse Fernande, de

Jeanne-la-Folle, de cette Russe dont j'étais amoureux depuis plus d'un an et avec qui j'avais passé
tant de nuits à Montparnasse et bu tant de petits
et de grands verres, Tatiana l'hermaphrodite,
l'alcoolique, celle qui m'avait tant fait marcher!
mais je me contins.

— Et André Billy? lui demandai-je.

— André Billy? Il est à la censure à Paris, me
répondit-il.

— Et les peintres? Vous connaissez aussi les
peintres, mon ami Delaunay avec qui je devais
faire une exposition et signer un manifeste avant
guerre? J'ai entendu dire qu'il était passé au
Portugal. Est-ce vrai?

— Robert Delaunay? Il est actuellement en
Espagne, avec armes et bagages, avec femme et
enfant. Plus Arthur Cravan.

— Le neveu d'Oscar Wilde? Cela m'étonne.
C'est un costaud, poète et boxeur. Alors, lui aussi
aurait foutu le camp? J'ai peine à le croire. Et
Picasso, il est en Espagne?

— Picasso? Non, Il est sur la frontière, avec
Juan Gris. A Céret, dans les Pyrénées-Orientales.

— Et mon bon ami Braque?

— Il est au front.

— Et l'ami Fernand Léger?

— Au front.

— Et Derain?

— Au front.

— Et Picabia?

— En Amérique.

— Et Marcel Duchamp?

— A New York.

— Et Gleize, Le Fauconnier?

— Le Fauconnier, en Hollande, Gleize, je ne sais pas où.

— Et Modigliani?

— A Montparnasse.

— Et Jaztrebzoff?

— Serge Ferrat? Infirmier à l'hôpital italien, quai d'Orsay.

— Et sa sœur?

— La baronne? Roch Grey? Sur la Côte d'Azur avec Léopold Survage, celui dont Apollinaire disait : « *Survage est à sauvage ce que surhomme est à homme.* » Malheureusement pour lui il s'appelle Sturzwage, c'est-à-dire *faux-poids*, et la jolie phrase d'Apollinaire ne rime à rien.

— Et Archipenko?

— Il est à Nice.

— Et en Suisse, il n'y a personne en Suisse?

— En Suisse, il y en a tellement que je ne puis vous les énumérer tous, mais plutôt des journalistes et des boulevardiers, Georges Casella, etc., car c'est plein d'histoires d'espionnage en Suisse, et il y a des tas de fric à gagner, et l'on peut y faire de la politique internationale, les pacifistes de gauche et de droite n'y manquent pas, Pierre-Jean Jouve, cette salope de petit Guilbeaux, il y a des tas de réfugiés, des riches.

— Je vois que vous êtes bien renseigné. Mais comment cela est-il possible?

— Je vous l'ai déjà dit. Vous avez tous une fiche chez nous.

— Mais pourquoi?

— Depuis le vol de la Joconde.

— Pas possible!

— Si.

— C'est un drôle de cadeau qu'Apollinaire nous a fait.

— C'est ainsi. Il y avait trop d'étrangers mêlés à cette affaire. Même Gabriel d'Annunzio!...

— A propos, et qu'est devenu l'autre secrétaire d'Apollinaire, le voleur des tanagras, un Belge?

— Il paraît qu'il s'est engagé dans la marine turque. Solway, le voleur du musée du Louvre, un Belge?

— Oui, un Belge, un employé de banque, mais il s'appelait Guy Piernet. Mais, dites-moi, il est temps que je vous mène chez le commandant. Il est bientôt dix heures.

— Et pourquoi tenez-vous à me mener chez votre commandant? me demanda l'inspecteur de la sûreté. Personne ne m'a vu quand je suis monté.

— C'est régulier, lui répondis-je. Je tiens à ce que vous lui parliez de mon affaire. C'est lui qui s'en occupe.

— Je vois ce que c'est. Vous n'avez toujours pas confiance en moi.

— Non, pas trop.

— Ne vous excusez pas. Nous en avons l'habitude, à la police, vu le rôle ingrat que nous jouons dans la nation. Mais ne vous mettez pas en peine pour moi. Vous n'allez pas m'apprendre mon métier. Je puis très bien rentrer tout seul. *Ni vu ni connu.*

— Pas cette nuit. Vous n'avez pas le mot de passe...

Et, ostensiblement, je manœuvrai la culasse de mon parabellum pour faire glisser une balle dans le canon.

— Tous les ponts sont gardés.

— C'est vrai, me dit l'agent secret. Je n'ai pas le mot de passe. Alors, allons-y!

Nous sortîmes pour prendre par le boyau jusqu'à l'église de Frise et de là par le chemin qui longeait le canal en direction d'Éclusier.

Nous n'échangeâmes pas une parole.

Il faisait un beau clair de lune.

Le capitaine Jacottet avait transféré son P.C. à proximité d'Éclusier.

Quand nous y arrivâmes, le commandant du bataillon n'y était pas.

— Il est chez le général Dubois, nous dit son homme de liaison qui assumait cette nuit-là les fonctions de téléphoniste. Jacottet va tous les soirs chez le général et ne rentre jamais avant minuit. Ils étudient leur offensive. Si vous voulez l'attendre...

— On va l'attendre dehors...

Et nous redescendîmes au bord du canal, où nous nous assîmes au pied d'un arbre en attendant.

Je fumais cigarette sur cigarette.

Il n'y avait pas si longtemps de cela que j'étais venu par le même chemin avec Pfannkuchen.

Le quel des deux me répugnait le plus, le Boche ou le policier?...

— Je ne savais pas que vous aviez de l'argent, me dit l'homme en civil.

— Moi, de l'argent?

— Ne vous en défendez pas. Je suis renseigné. J'ai fait mon enquête. Vous ne devez pas un sou dans le quartier, pas plus chez votre concierge que chez le boulanger ou le bougnat du coin. Vous avez tout payé. Cela m'étonne.

— J'ai horreur d'avoir des dettes.

— Oui, je comprends, mais tout de même, l'édition du *Transsibérien* a dû vous coûter gros?

— Il m'arrive d'avoir des sommes.

— Je suis passé chez votre imprimeur, chez le marchand de papier, chez le relieur, c'est exact, vous ne devez rien, nulle part; je suis même allé voir le directeur de l'imprimerie Crété, monsieur Gauthier, à Corbeil, lui aussi chante vos louanges, vous ne lui devez rien, pas un sou, il en paraissait même surpris, vous l'avez payé rubis sur l'ongle.

— Au moins vous faites les choses consciencieusement, vous!

— Que cela ne vous surprenne pas, c'est l'a b c du métier.

— Mes compliments.

— La première question que nous nous posons c'est : d'où vient l'argent ?

— Et le premier principe de police qui vous fait agir c'est de chercher la femme !

— Justement, Blaise Cendrars, je ne savais pas que vous étiez marié.

— Vous ne pouviez pas le savoir, je me suis marié d'impromptu la veille de monter au front.

— Et je ne savais pas non plus que vous étiez propriétaire. Vous êtes donc riche ?

— Comment, vous...

— Oui, je suis allé voir votre femme à St-Martin-en-Bière. Vous avez là une belle maison...

— Mes compliments.

— ...quand je mène une enquête, je la pousse jusqu'au bout, et vous avez pu vous en rendre compte aujourd'hui, puisque je suis venu vous relancer jusqu'ici. Je ne néglige rien...

— Mais qu'est-ce que ma femme a à voir avec l'affaire qui vous a mené jusqu'ici. Elle n'y est pour rien. Elle n'est pas soldat, que je sache. Elle soigne son bébé. Vous avez fait une fausse démarche. Vous ne pouvez pas lui fiche la paix ?

— Votre femme est Russe.

— Alors ?

— Tous les Russes sont suspects en France. Dites-moi, d'où vient l'argent ? Il est de notoriété publique que vous n'en avez pas. Vous n'allez pas me faire croire que l'édition monumentale du *Transsibérien* vous en a rapporté ?

— Non, pas un sou. J'en ai vendu deux exemplaires, l'un à François de Gouy d'Arcy et l'autre, à Jean Cocteau.

— Alors ?

— Alors quoi ? Demandez donc à qui vous envoie combien j'en gagne ici ?

— Mais...

— Vous n'êtes rien dégueulasse ! C'est pour cela que vous êtes venu ? Combien espériez-vous ? Je vous l'ai déjà demandé tout à l'heure... Tenez, voilà la corvée du ravitaillement qui descend. Profitez-en. Foutez-moi le camp. Je vous ai assez vu. Je vais leur dire de vous accompagner jusqu'à Bray. Après, démerdez-vous. Adieu. Au revoir. Allez, ouste ! Allez vous faire pendre ailleurs...

— Mais ne vous fâchez pas, Blaise Cendrars... Je vous dis que votre affaire est classée... Je vous le jure !... Tenez, laissez-moi vous embrasser. J'ai la plus grande admiration pour vous. Cette rencontre ! C'est le plus beau jour de ma vie...

Et l'homme descendit avec la corvée de minuit à Bray, après m'avoir serré dans ses bras.

Je restai là pour raconter cette visite à Jacottet, les écoutant s'éloigner le long du canal, me frottant la joue.

...le baiser de Judas...

Je grillai une cigarette.

Puis je remontai au P.C. du commandant. Peut-
être que le téléphoniste aurait un coup de gniole.
J'avais besoin de me désinfecter l'âme. Ah, la
vache!...

(Pour en finir avec ce dangereux écornifleur je
dois ajouter qu'au lendemain de la guerre maître
L..., le notaire de la rue d'Astorg, me convoqua
un jour chez lui pour me lire le testament de
X..., « *inspecteur de police de 1re classe* », qui venait
de se suicider en se faisant une piqûre de stry-
chnine dans la région du cœur et qui me léguait
la somme de 250 000 francs. « Malheureusement,
mon client ne laisse aucun bien, ni meubles, ni
immeubles, et pas un sou vaillant, il a tout dila-
pidé, me dit maître L..., mais j'ai là une enveloppe
qui contient des papiers et que je dois vous remettre. Je ne sais ce que c'est. » L'enveloppe aux
cachets rouges contenait un long poème qui m'était
dédié, un très beau poème de guerre, pas tarte,
comme je l'aurais cru, mais d'une belle inspiration
moderne. Je suis désolé de ne pouvoir le publier,
ce poème ayant disparu avec mes autres papiers
et les livres de ma bibliothèque lors du pillage de
ma maison des champs en juin 40. C'est pourquoi
je ne dis pas non plus le nom qui me brûle les
lèvres de cet inconnu qui m'est apparu un jour
comme un échappé de l'enfer et qui y est retombé.
Paix à sa mémoire! Mais si l'on retrouve d'autres
poèmes de lui dans les papiers de Max Jacob, je
dirai son nom. Max n'a jamais voulu m'en com-

muniquer ni m'en laisser lire un autre, je crois
qu'il était jaloux de celui que j'avais. Le policier
était un ami à lui. De Montmartre.)

Comme je l'ai déjà dit, quand nous quittâmes
La Grenouillère à la dernière relève (fin février
1915), Frise était en flammes, les Boches avaient
mis le feu au village par obus incendiaires ; mais
à l'avant-dernière relève ou à l'avant-pénultième,
j'eus encore une visite, une visite mondaine, celle
d'un lieutenant de vaisseau gentil et plein d'allant
amené par Siegfried Lang. Lang était fou de balis-
tique et la vue d'un canon lui faisait tourner la
boule (probablement parce que le mari de sa sœur
était artilleur dans une batterie de 75 et que Lang,
Luxembourgeois, voulait être à la hauteur de la
belle-famille française de sa sœur chez qui il es-
comptait bien aller passer sa permission). En
revenant de corvée, quelque part, bien en amont
d'Éclusier et de son bief démoli qui barrait le
canal, Lang était tombé sur un train de trois
péniches amarrées et battant pavillon de la marine
de guerre. L'une, *La Margot*, était chargée d'une
pièce de 280 et l'autre, *La Marion*, d'une pièce de
310 et à la vue de ces longs canons de chasse em-
bouqués, le cœur de Lang s'était mis à battre et
le soldat enthousiaste n'avait eu de cesse qu'il ne
se fût présenté à bord de la troisième péniche,
La Madelon, au commandant de la batterie flottante pour l'entretenir de l'artillerie lourde alle-

mande en position à Feuillères et l'inviter à venir
se rendre compte de visu des possibilités qu'of-
fraient La Grenouillère et ses marais pour con-
trebattre les obusiers ennemis à bonne portée, et le
lieutenant de vaisseau, qui s'estimait déjà trop
engagé et qui attendait la nuit pour lever l'ancre
et s'éloigner, s'était mis à rire de l'enthousiasme
du légionnaire, mais comme il avait entendu parler
des pirates de La Grenouillère, il était venu faire
un tour chez nous pour se renseigner et se faire
conter nos exploits. Ce qui l'amusa le plus à La
Grenouillère, ce ne furent pas nos cagnas pres-
tigieuses du bord de l'eau avec piano, lampe à
suspension, couronne de mariée sous globe de
verre et portraits en trichromie des vedettes des
Folies-Bergère, ni la cuisine de Garnéro, ni les
alcools bizarroïdes de Sawo, ni les histoires de
flibuste que je pus lui raconter en lui montrant
notre célèbre bachot et en lui présentant son commandant, l'impavide Opphopf, ce qui étonna le
plus, ce qui inquiéta ce marin qui avait beaucoup
navigué, ce furent les têtes de bœuf plantées partout dans nos barbelés, emmanchées sur des piquets, délavées, blanchies, les cornes menaçantes
et qui donnaient aux approches de La Grenouillère l'aspect farouche et sinistre d'une ferme perdue dans les solitudes de la Patagonie dont les
palissades nouées s'ornent également de crânes de
bœuf encornés disposés en cercle.

— Qu'est-ce que c'est que toutes ces têtes de

vache? me demanda le lieutenant de vaisseau.

— Ici, c'était la maison du boucher, probablement les abattoirs, lui répondis-je. Nous ne pou-
vons remuer la terre sans mettre à jour des osse-
ments, dont ces têtes et toutes ces cornes.

— Mais pourquoi les exposez-vous?

— J'ai beaucoup voyagé en Amérique du Sud,
commandant, lui dis-je. C'est contre la jettatura.

— C'est vrai, dit le lieutenant de vaisseau. Cela
fait très exotique, polynésien, fuégien. C'est
étrange. On est tout dépaysé. On se croirait au
bout du monde. Vos crânes me rappellent les
têtes monstrueuses de l'île de Pâques. Cela fait
peur. Mais quelle solitude ici! Tous mes compliments...

On était là. Peut-être pour la dernière fois car
le bruit se répandait de plus en plus que la Coloniale allait venir nous relever à La Grenouillère,
qu'elle allait attaquer et que nous, nous ne serions
pas de la danse. Ce genre de rumeur est toujours
surexcitant et les hommes se félicitaient et avaient
hâte de s'en aller. Néanmoins, on redoublait de
vigilance car depuis deux, trois jours que nous
étions là, le brouillard étoffait la vallée et l'on n'y
voyait pas à trois mètres.

C'était un drôle de brouillard, tout en colonnes
giratoires, tourbillonnantes qui s'élevaient des
marais et se résorbaient en traînes flottantes, trans-
parentes sous la lune qui scintillait dans les my-

riades de paillettes d'argent accrochées dans les
volants étagés de ces jupes de gaze qui faisaient
cloche en s'évanouissant dans la ténèbre pour
réapparaître un peu plus loin sur l'eau noire mi-
roitante et sous forme de nouvelles colonnes dansantes et dans un nouvel éclairage instable, in-
clinées, alanguies et plus ou moins s'effilochant,
s'enlaçant, et cette invitation silencieuse à la valse
des spectres blancs dans une grande salle de bal
alternativement éclairée et brusquement plongée
dans l'obscurité blêmissante des rampes et des
girandoles que l'on ranimait, éteignait dans les
coulisses de la nuit profonde nous eût ensorcelés
si notre bachot n'eût été lancé à travers cette
étendue à la recherche d'une barque décevante
que nul d'entre nous n'avait encore entr'aperçue
mais qu'Opphopf, avec son sûr instinct de batelier
et son ouïe fine de fraudeur, avait repérée au son
d'un clapotis fuyant.

— C'est une grosse barque, affirmait-il. C'est
une barque en fer et ils doivent être nombreux
dedans. Ces idiots ne se doutent pas que je puis
les compter. Ils sont quatre aux avirons et sou-
quent comme des novices. Tiens, là, je les entends!...

Et poussant notre bachot à la perche il fonçait
sans bruit à travers les danseurs sans visage, les
couples irréels ne se troublant pas, se laissant
pourfendre sans se séparer, haletants qu'ils étaient
au point que nous sentions leur haleine se déposer

sur nos paupières comme un baiser mort et qu'au
passage nous entraînions des lambeaux humides
derrière nous, comme des longs voiles déchirés qui
trempaient dans notre sillage ; mais nous avions
beau dresser l'oreille, nous n'entendions rien...,
et tout s'endeuillait avec l'aube qui brouillait la
féerie nocturne et nos imaginations en une épaisse
purée de pois.

Tous les matins nous rentrions bredouilles et
surtout désenchantés et glacés, mais tous les soirs
nous repartions à la nuit tombante, avec un frisson,
et nul ne se moquait d'Opphopf et de son hallu-
cination d'ivrogne ou de son idée fixe de partir
à la poursuite d'une barque fantôme, et nul ne se
souciait de la direction qu'il empruntait car aussitôt, sur l'eau, les mystères des marais recom-
mençaient à nous leurrer comme la veille et notre
esquif désorienté nous emportait dans une folle
errance au milieu des molles péris aériennes et
taciturnes qui tourbillonnaient comme mises en
effervescence par notre présence, un bal stupéfiant, un sabbat dans une léproserie en rupture
de ban. Debout à l'arrière de notre bachot, ma-
nœuvrant sa longue perche, Opphopf avait l'air
d'un noir magicien.

Durant deux, trois nuits donc, nous poursui-
vîmes je ne sais quelle quête épouvantable et dé-
concertante au bal des évanescentes apparitions
renaissantes et tous, même un grimaud comme
Griffith ou un grimacier comme Garnéro, tous

nous étions impressionnés et n'en croyions pas
nos yeux. Notre poursuite tenait du prodige, et
quand, sur la fin de la dernière nuit, Frise se
mit soudain à flamboyer derrière nous, cet acte
horrifique de guerre était comme le bouquet de
l'invitation à la fête sans nom. Mais nous n'eûmes
pas le temps de nous pâmer. A peine les premiers
obus incendiaires avaient-ils mis le feu aux pauvres bicoques qui entouraient l'église décapitée,
que, devant nous, une mitrailleuse se mit à glapir
rageusement au ras de l'eau.

— Cette fois-ci, je les tiens! s'écria Opphopf.

Et d'un coup de perche, les reins arqués, d'une
furieuse poussée, il nous arracha à la ronde des
brumes dansantes où nous nous étions englués
en nous dissimulant entre leurs robes tournoyantes
et nous lança sur une onde noire, cirée, oblique,
dure comme un parquet sur laquelle nous glissâmes vertigineusement pour aller nous échouer
dans un choc sur le barrage d'Éclusier, bord à
bord, à côté d'une barcasse agrippée là, que nous
criblâmes de grenades à main et dans laquelle
Sawo jeta une grosse bombe au risque de nous
faire sauter avec elle.

Cela fut aussi violent que bref.

Je ne sais qui fut le plus surpris des Boches ou
de notre équipage.

Personnellement je n'en revenais pas de me
trouver en amont, à Éclusier, alors que je nous
situais en aval de La Grenouillère!

Réveil d'un mauvais rêve :

Griffith se frottait le front d'où lui dégoulinait un épais serpent de sang. Sawo avait sauté à l'eau et noyait le mitrailleur allemand qu'il maintenait sous lui de tout son poids. A terre, Garnéro sommait quelques Allemands qui se trouvaient déjà sur la rive d'avoir à se rendre. Opphopf jubilait :

— Je vous l'avais bien dit que c'était une barque de fer. Quels cons!

Et tout à coup notre bachot chavira et je me trouvai au fond de l'eau où quelqu'un me tenait par les pieds. C'était le Monocolard. Je me débattis et quand nous réémergeâmes, le poste de garde de l'État-Major d'Éclusier nous tirait dessus et nous dûmes leur faire des signaux et les interpeller pour leur faire cesser le feu. Ils vinrent nous reconnaître avec des lanternes et dans un grand brouhaha. Tout le monde se rendit dans la cour de la maison du passeur. Il y avait six Boches valides, autant de blessés et autant de morts.

— Quels cons! répétait Opphopf sans interruption.

Bon papa, le colonel Dubois faisant fonction de général commandant le secteur de Frise et que les Boches avaient espéré enlever par surprise, vint nous féliciter. Le capitaine Jacottet n'était pas avec lui. Quand nous eûmes donné nos noms, on nous congédia.

A l'ouest, Frise continuait à flamber dans le brouillard et, dans notre dos, le bal des spectres, la valse des lépreuses tourbillonnait dans les marais, peut-être au ralenti, mais ne cessait pas pour autant.

Nous nous éloignions à pied, notre bachot et la barcasse des Boches, un vaisseau mastoc, de fer, comme en ont les pontonniers, étant inutilisables.

— On les repêchera demain, dit Opphopf.

Mais le lendemain, on n'était plus là.

On avait été relevés.

La Coloniale attaquait.

Nous descendions enfin au grand repos, à Hangest-en-Santerre.

— Cette fois-ci, tu l'as, me dit le capitaine Jacottet 48 heures plus tard. Les coloniaux ont enlevé les positions devant Herbécourt et le général t'a proposé pour la Légion d'honneur. J'ai vu ta citation, de mes yeux vu. Je suis bien content. J'espère maintenant que tu ne vas plus faire d'histoires et te tenir tranquille.

Malheureusement pour le capitaine la semaine n'était pas écoulée que je trinquais : 96 jours de prison, et cela pour une pipe de maïs, et c'est Jacottet lui-même qui arrondit le chiffre au décime supérieur pour arriver au joli total de 100 jours.

Le capiston désespérait de moi.

Il avait jeté le manche après la cognée.

C'est l'éternel malentendu car que reproche-t-on au héros ? de n'être pas sage. Et à l'homme d'action, son action. Sa parole, au poète. Et l'amour, à la courtisane.

« MES » LÉGION D'HONNEUR

Comme le tonneau de pinard qu'il avait promis à l'escouade, j'attends toujours la Croix du colonel Dubois.

Depuis, des ministres — Leygues en 1919, de Monzie en 1927 et en 1931, Jean Zay en 1939 — ont voulu me décorer pour mon œuvre d'écrivain ; chaque fois je leur faisais répondre en les remerciant et en les priant de bien vouloir m'excuser : « *Soldat, je tirais des coups de fusil, je ne tenais pas une plume. J'ai déjà été proposé par mon colonel pour fait de guerre, j'attends la Croix de mon colonel.* »

Fin juillet 1939, j'ai été fait chevalier de la Légion d'honneur au titre de « *Engagé Volontaire Étranger Mutilé* ». Je ne pouvais récuser cette Croix puisque j'y avais droit après vingt-cinq années de mutilations mais j'attendais toujours la Croix de mon colonel.

Début mars 1946, un mirifique diplôme m'apprend que je suis promu officier de la Légion d'honneur pour prendre rang à partir de novembre 40. Mon bras n'a toujours pas repoussé. Je ne puis refuser cette rosette puisque j'y ai droit

comme « *Grand mutilé 100 %* », mais pourquoi
est-ce que mon brevet d'officier est-il décerné à
« *l'ex-caporal* » (sic)? Soldat, je n'ai jamais été
que caporal et qu'est-ce que cela veut dire et peut
bien être un « *ex-caporal* »? Est-ce un grade qui
existe dans la hiérarchie administrative civile ou
ce vocable hybride cache-t-il un dilemme de mo-
rale ou de logique que mon cas a posé à la Grande
Chancellerie car, je l'avoue, il y a *contradictio in
adjecto* d'avoir à libeller un titre d'officier d'honneur à un caporal, et je ris en pensant au rond-de-
cuir qui a trouvé ça pour se tirer d'embarras! Un
bon point pour lui. Mais j'attends toujours la
Croix de mon colonel.

Comme me le disait souvent l'ami Louis Brun,
le directeur de la maison Grasset, lâchement
assassiné par sa femme fin été 1939, et qui connaissait bien mes affaires puisqu'il était mon éditeur :
« — Tu devrais être Grand Officier depuis longtemps, mon vieux Blaise, avec cordon, cravate
et plaque, ne serait-ce qu'à l'ancienneté. Cela
t'irait d'ailleurs très bien avec ta gueule boucanée
de pirate ou d'amiral! Tu ne veux pas que je
m'en occupe? — Non, lui disais-je, j'attends la
Croix de mon colonel. »

Mais, j'y pense, la Croix du colonel Dubois
m'a probablement été apportée à domicile, dans
ma mansarde, rue de Savoie, fin novembre 1916,
par deux gendarmes qui me réclamaient 37
francs 25 centimes pour frais de décoration.

Comme je ne possédais pas la somme, je dis aux
gendarmes de remporter écrin et note de frais
à la brigade d'Auteuil qui les avait délégués,
mais que l'on allait tout de même arroser cette
décoration trop chère pour moi — et j'entraînai
les gendarmes chez le bougnat du coin, où j'avais
une ardoise.

C'était bien pour la première fois de ma vie
que je buvais le vin blanc avec des gendarmes et
ce devait être également pour la première fois
dans leur carrière que les gendarmes allaient se
trouver dans l'obligation de rapporter à leur
chef, lui-même mandaté, une Croix dans son écrin.

Ils paraissaient fort ennuyés.

— Si vous me laissiez le diplôme, leur dis-je,
peut-être trouverai-je une décoration d'occasion
et cela me reviendrait moins cher ? Ce ne sont
pas les boutiques de bric-à-brac qui manquent
dans le quartier. Je n'ai pas le rond. Je viens
de faire la guerre à un sou par jour...

Mais ils n'avaient pas d'ordres.

Ils ne savaient que faire.

Alors le brigadier m'offrit de payer les frais.

— Vous êtes un brave homme, lui dis-je.
Merci, mais je ne puis accepter. On remet ça ?...

Et après avoir trinqué, j'ajoutai : « — Il est
inadmissible, alors qu'il y a tous les jours des
prises d'armes aux Invalides, il est inadmissible
qu'on me remette ma Croix dans des conditions
aussi mesquines et quasi honteuses... »

Si c'est bien la Croix du colonel Dubois que les gendarmes ont remportée cette année-là à Auteuil, c'est qu'elle n'est pas perdue et, qu'un jour, on la retrouvera. J'ai donc raison d'attendre..., mais quelle sale caboche j'ai !

LA PIPE DE MAÏS

Le général de Castelnau était venu passer une revue à Hangest-en-Santerre et l'on avait rassemblé infanterie, cavalerie, artillerie, mettons un corps d'armée dans les champs, aux environs du village tout en longueur, accroupi dans la boue des deux côtés de la route nationale.

Parcourant, inspectant le front de cette immense masse d'hommes disposée en carré, comme dans la fable de La Fontaine l'œil du grand chef s'arrêta sur un poilu caché parmi les autres, auquel il manquait des boutons, dont l'uniforme déchiré, usé, sali n'était pas réglementaire, et, jugeant de par sa tenue extérieure le soldat déprimé, le général fit sortir l'homme du rang pour lui remonter le moral.

Or, cet homme, c'était moi, dans mon falzar

de curé, ayant sur le dos une capote tellement
avachie après la dure campagne d'hiver que j'étais
probablement à l'époque le soldat le plus superbe
de l'armée française, au point que les sergents
avaient jugé bon de me placer au dernier rang,
en serre-file, pour mieux me dissimuler derrière
tous les autres ; mais sur tant de milliers d'hommes
j'étais probablement celui qui avait le moins
besoin d'être remonté. J'étais gonflé à bloc. Je
sortis donc du rang et m'efforçant de singer
l'attitude modèle qu'avait eue Pfannkuchen en
face du général Dubois, cette fameuse nuit, lors
de l'interrogatoire du Boche, je m'immobilisai à
six pas, claquai les talons et les yeux fixés dans
les yeux du grand chef, le petit doigt sur la couture
du pantalon, j'attendis que le général de Castelnau daignât m'interroger.

Le général de Castelnau. — Alors, mon
brave, cela ne va pas ?

Moi. — Au contraire cela va très bien, mon
général.

Le général de Castelnau. — Hm..., tu n'es
pas malade ?

Moi. — Je me porte comme un charme, mon
général.

Le général de Castelnau. — Eh bien ! tant
mieux. Tu n'es pas marié ?

Moi. — Que si, mon général.

Le général de Castelnau. — Alors, tu as
des mauvaises nouvelles de ta femme ?

Moi. — Heureusement qu'elle ne m'écrit pas, mon général.

LE GÉNÉRAL DE CASTELNAU. — Tiens, tiens, et pourquoi donc?

Moi. — Parce que je ne lui écris pas non plus, mon général.

LE GÉNÉRAL DE CASTELNAU. — Hm, hm... Alors c'est la soupe qui n'est pas bonne?

Moi. — J'en ai souvent mangé de la meilleure, mon général.

LE GÉNÉRAL DE CASTELNAU. — Tu m'en diras tant! Et peut-on savoir où ça?

Moi. — Par exemple chez *Lapérouse*, mon général.

LE GÉNÉRAL DE CASTELNAU. — Ah! bon. Tu es de Paris. J'aime les Parisiens. Ce sont de bons soldats. Tu n'es pas décoré?

Moi. — Comme vous le voyez, mon général.

LE GÉNÉRAL DE CASTELNAU. — Je vois que tu es déjà soldat de 1re classe. Cela promet. C'est un début.

Moi. — Je ne crois pas, mon général.

LE GÉNÉRAL DE CASTELNAU. — Ah! Et pourquoi?

Moi. — Parce que, mon général.

LE GÉNÉRAL DE CASTELNAU. — Tiens, tiens. Tu sais, tu peux me parler franchement. Je t'ai déjà dit que j'aimais les Parisiens. Ils ont le mot pour rire. Réponds-moi bien sincèrement : qu'est-ce qui ne va pas?

Moi. — La guerre, mon général.

Le général de Castelnau. — Hm. Et pourquoi?

Moi.— C'est trop long, mon général. On n'en
voit pas le bout.

Le général de Castelnau. — Hm, hm... Et
si je te donnais une pipe, est-ce que cela te ferait
plaisir?

Moi. — Je ne fume pas la pipe, mon général.

Le général de Castelnau. — Je vais tout de
même te donner une pipe, cela fait toujours
plaisir...

Et le général fit signe à un jeune lieutenant à
la suite qui avait un carton sous le bras, une boîte
en carton de chez *William,* rue Caumartin, et
ce lieutenant choisit une pipe dans la boîte
dont le couvercle portait une célèbre marque
anglaise de balles de tennis, et l'élégant jeune
homme me tendit du bout des doigts une pipe,
une de ces pipes faites d'un épi de maïs tronqué
fiché d'un bout de roseau, une de ces pipes que
l'on vend *one nickel* dans tous les bazars des
États-Unis et que fument les nègres et les ouvriers agricoles dans les plantations du Sud.

Moi. — Je vous remercie, mon général. Mais
je ne suis pas amateur de pipes. Donnez-la donc
à mon voisin qui en brûle d'envie et qui les
collectionne...

Mon voisin était Salvatori, un peintre en lettres
du quartier de la Bastille, qui, en effet, comme

tous les peintres de sa corporation qui se donnent
volontiers des airs de petits maîtres, culottait
d'innombrables pipes tout le long du jour.
Comme Chaude-Pisse, Salvatori était originaire
de la vallée d'Aoste. Ce vieil Italien avait fait
la campagne contre Ménélik et avait été châtré
par les Abyssins, avec 60 000 autres de ses compagnons d'infortune, après le désastre d'Assouah,
émasculation qui ne l'avait pas empêché de
s'engager pour la France et d'être reconnu bon
à cinquante ans! C'était un bonhomme, loquace
et indolent, un tantinet vantard comme souvent
les eunuques sont. Il rayonnait de joie, la pipe
au bec, cependant que le général et sa suite s'éloignaient.

SALVATORI. — Je te revaudrai ça, caporal.
Une pareille pipe! Une pipe d'honneur, une
pipe historique...

(Salvatori devait être tué quelques semaines
plus tard à la crête de Vimy.)

C'est cette pipe de cinq sous qui m'a valu
10 jours de la part des sergents, avec le motif :
« ... *pour avoir répondu avec insolence à un supérieur...* »; lesquels 10 jours se multiplièrent
d'échelon en échelon, du sous-lieutenant au
grand général, qui m'en infligea 96, chiffre qui
fut arrondi à 100 par le capitaine Jacottet qui me
déclara, en me le notifiant :

— Vraiment, tu exagères. Je suis obligé de te
foutre dedans.

Un an plus tard, vers la même date, étant en
traitement à l'hôpital du Lycée Lakanal, à
Bourg-la-Reine, après mon amputation, la princesse Pauline P... et la duchesse Marie de G...
qui venaient me chercher en automobile pour
me sortir dans Paris, m'apprirent incidemment
l'origine de ces vulgaires pipes de maïs que distribuait comme une faveur spéciale le général
de Castelnau.

Rentrant des États-Unis, où ces deux grandes
dames (un ménage de gousses) avaient été re-
cueillir des fonds pour la Croix-Rouge française,
elles avaient rapporté pour être distribués aux
soldats du front 100 000 pipes de maïs et autant
de petits sachets de tabac, marque *Buffalo*,
entre autres dons dus à l'enthousiaste et inépuisable générosité américaine, et elles étaient
rentrées tout juste à temps pour pouvoir préparer
des pochettes-surprise et aller les distribuer la
nuit de Noël sur les arrières du front aux soldats
qu'elles rencontreraient par hasard cette nuit-
là sur les routes, pour quoi elles avaient obtenu
sans difficulté les laissez-passer nécessaires et
l'autorisation du G.Q.G.

Marie s'était dirigée vers l'Est et Pauline vers
le Nord, poussant aussi loin en avant que les chefs
de secteur le toléraient, et toute la nuit ces deux
téméraires conduisirent leur lourd camion 5-
tonnes de batteries en cantonnements, de gîtes

d'alertes en lieux d'étape, distribuant pipes et tabac (et aussi, ce qui n'était pas régulier, des petits flacons d'échantillons de liqueurs fines qu'elles avaient payés de leur bourse) aux troupes montantes et descendantes et à tous les poilus de service qu'elles rencontraient aux passages à niveau, aux croisements de route, à l'entrée et à la sortie des ponts, n'hésitant pas à descendre de voiture pour aller embrasser les veinards qui étaient de garde cette nuit-là dans des endroits écartés, — la sentinelle n'en revenant pas de se sentir tout à coup dans les bras d'une « poule de luxe » emmitouflée et parfumée, ces grandes dames proustiennes s'évanouissant dans un frou-frou et envol de paroles gentilles, de balbutie-ments et de rires avant que le pauvret solitaire n'eût réalisé ce qui lui était tombé du ciel comme beau Noël !

Naturellement, les deux amies n'avaient pu épuiser leur stock en une seule nuit et elles avaient abandonné le surplus au major des Armées pour être réparti dans les secteurs qu'elles n'avaient pu visiter.

Pauline s'amusa beaucoup de mon aventure quand je leur eus raconté ce que l'une de leurs petites pipes de maïs m'avait valu, mais Marie était indignée.

— Et ces 100 jours de cellule, Blaise, vous les avez faits ? me demanda-t-elle.

— Mais non, chère amie, lui répondis-je, je

n'ai pas eu cette chance. A quelque temps de là,
on attaquait au nord d'Arras et quand nous redescendîmes, il ne fut plus question de rien. Nous
n'étions plus qu'une poignée d'hommes à la 6e
Cie. On nous envoya nous refaire à Tilloloy,
un secteur pépère, où le régiment fut reconstitué...

LE LYS ROUGE

Tilloloy. C'était le bon coin. A part les obusiers
qui tapaient sur Beuvraignes à midi, il ne s'y
passait jamais rien. J'en ai gardé le souvenir d'une
robinsonnade, la plupart d'entre nous ayant
construit des huttes de feuillage et les autres
dressé les tentes, les Boches se trouvant au diable
vauvert, quelque part, au fond de la plaine, du
côté de Roye.

Par une belle matinée du mois de juin, nous
étions assis dans l'herbe qui envahissait notre
parapet et cachait nos barbelés et qu'il allait
falloir faucher et faner, nous étions assis dans
l'herbe haute, devisant paisiblement en attendant
la soupe et comparant les mérites du nouveau
cuistot à ceux de Garnéro que nous avions perdu
à la crête de Vimy, quand, tout à coup, cet idiot

de Faval bondit sur ses pieds, tendit le bras droit l'index pointé, détourna la tête la main gauche sur les yeux et se mit à pousser des cris lugubres comme un chien qui hurle à la mort :

— Oh, oh, regardez!... Quelle horreur!... Oh, oh, oh!...

Nous avions bondi et regardions avec stupeur, à trois pas de Faval, planté dans l'herbe comme une grande fleur épanouie, un lys rouge, un bras humain tout ruisselant de sang, un bras droit sectionné au-dessus du coude et dont la main encore vivante fouissait le sol des doigts comme pour y prendre racine et dont la tige sanglante se balançait doucement avant de tenir son équilibre.

D'instinct nous levâmes la tête, inspectant le ciel pour y chercher un aéroplane. Nous ne comprenions pas. Le ciel était vide. D'où venait cette main coupée? Il n'y avait pas eu un coup de canon de la matinée. Alors, nous secouâmes Faval. Les hommes devenaient fous.

— ... Parle, espèce d'idiot! D'où vient cette main? Qu'est-ce que tu as vu?...

Mais Faval ne savait rien.

— ... Je l'ai vue tomber du ciel, bredouillait-il en sanglotant les mains sur les yeux et claquant des dents. Elle s'est posée sur nos barbelés et a sauté à terre comme un oiseau. J'ai d'abord cru que c'était un pigeon. J'ai peur. Quelle horreur!...

Tombée du ciel?

Il n'y avait pas eu un avion de la matinée, pas un coup de canon, pas une explosion proche ou lointaine.

Le ciel était tendre. Le soleil, doux. L'herbe printanière, pleine d'abeilles et de papillons.

Il ne s'était rien passé.

Nous ne comprenions pas.

A qui était cette main, ce bras droit, ce sang qui coulait comme la sève?

— A la soupe! cria le nouveau cuistot qui s'amenait hilare avec sa marmite fumante, ses boules emmanchées, ses gamelles, ses boîtes de conserve, son pinard.

— Ta gueule, salaud! lui répondit-on.

Et les hommes se dispersèrent et pour la première fois depuis que nous étions dans ce secteur où il ne se passait jamais rien, ils allèrent se tasser dans les abris, descendirent se mettre sous terre.

Il faisait beau.

Le plus beau jour de l'année.

Seul Faval sanglotait dans l'herbe chaude, secoué de spasmes.

Des mouches bleues vinrent se poser sur cette main.

Jamais nous n'eûmes la clef de l'énigme.

On téléphona dans tout le secteur et jusque dans les ambulances, il n'y avait pas eu d'amputé.

Rien à signaler.

Mystère.

LES PHÉNOMÈNES

L'atroce de cette chronique c'est d'avouer que sauf peut-être Sawo-le-Gitan (qui devait déserter à Tilloloy parce que c'était son tour de partir en permission et que cette permission n'arrivait pas), que sauf peut-être Sawo, il n'y en avait pas un parmi nous qui avait l'étoffe d'un héros et l'abominable c'est de constater que si tous nous étions martyrs (à nos corps défendant), aucun de nous, et surtout pas les quelques camarades dont je me souviens et que j'ai nommés parce que je n'ai pas oublié leur pittoresque et que certains ont eu la chance de survivre à la tuerie, aucun ne mérite une mention particulière quand je pense aux quelque deux cents types que j'ai vus défiler dans mon escouade en un peu moins d'un an et dont la majorité était en vérité des pauvres bougres qui sont tombés sans savoir pourquoi ni comment et dont, s'ils m'apparaissent encore dans mes songes avec leur corps meurtri et tout sanglant, et poussant des cris horribles, moi-même j'ai oublié leur nom et leur figure, leur comportement et les circonstances de leur mort exemplaire.

Ainsi, le cocher de la voiture écrabouillé par
un obus en même temps que Siegfried Lang à
Bus, qui était un Wallon, un petit gros, un brave
homme, un peu faible sur jambes, toujours
tirant une patte, mais qui se décarcassait pour
arriver à nourrir décemment son cheval avec
qui il était en amitié, lui faire une litière propre,
une hutte fraîche et qui ne venait jamais se coucher
ni boire un verre avec les copains avant d'avoir
étrillé, pansé et s'être assuré qu'il ne manquait
rien à la bête, un gros pommelé qui, ainsi que la
voiture de la Compagnie, nous venaient tous
deux des magasins de *Old England* dont ils portaient l'un la marque, brûlée au fer chaud, l'autre
la firme, peinte en lettres d'or, ce dont le simple
bonhomme était je ne sais pourquoi incommen-
surablement fier comme s'il avait porté la livrée
de ces grands magasins du Boulevard où s'il eût
nourri l'ambition secrète de faire partie du personnel de ce bazar de luxe après la guerre, cocher
avec qui je m'entretenais souvent (et avec qui je
m'entretiens encore souvent quand il m'ap-
paraît la nuit dans mes rêves, avec sa lourde
bouffarde et son accent belge) et dont je n'arrive
pas à retrouver le nom ; ou ce couple de Moné-
gasques (un ménage de tantes), deux jardiniers
du Casino de Monte-Carlo qui étaient venus
nous rejoindre devant Dompierre, dans ce furieux
secteur de mines, l'aîné des deux amis bien en
chair et l'air content, qui s'appelait Bruno je ne

sais pas comment, et le cadet, un garçon élancé,
avec un tendre profil et une bouche et des yeux
de fille, dont je n'ai pas su le nom, et qui sautèrent avant même d'avoir eu le temps de se
retourner pour déposer leur sac à terre et que nous
déterrâmes déchiquetés et entremêlés, ainsi que
six autres hommes montés en renfort avec ces
deux-là, dont nous ne sûmes jamais rien non
plus, n'ayant eu matériellement la possibilité
de les interroger, leur arrivée et leur anéantis
sement s'étant passés comme dans un éclair, et
déjà des gouttes de leur sang retombaient des
nues et nous scellaient les lèvres... Et, continuel-
lement, d'autres, beaucoup d'autres, et, à Tilloloy, du renfort qui montait tous les soirs, de
la raclure du Dépôt, des retardataires, des batail-
lonnaires qui venaient se réhabiliter au feu, de la
vieille Légion, des nouveaux engagés victimes
des agents recruteurs à l'étranger, une ribambelle
d'Espagnols vindicatifs, une bande de Suisses-
Allemands rouspéteurs et toujours de mauvais
poil, une bousculade de petits Juifs polonais,
galiciens, bukoviniens, roumains, des Baranovici,
des Schmiegelsky, des Khitrosser, des Perlberg,
des Guinzburg, des Kleinmann dont je n'ai rien
dit parce qu'ils faisaient un peu bande à part
mais qui tous se sont fait tuer au nord d'Arras ou
en Champagne, des mineurs polonais qui nous
arrivaient directement des États-Unis d'Amérique, etc., etc...

De cet incessant défilé je ne retiendrai que les quelques types suivants parce que leur nom m'est revenu et qu'ils étaient des phénomènes et que leur ombre vient souvent alimenter ma rêverie au coin du feu, l'hiver, à la campagne, que les bûches pétillent et que mon chien qui suit des yeux la bataille en miniature dans la cheminée qui flambe haut fronce tout à coup la peau du front et dresse les oreilles ou que tel ou tel tic de tel ou tel me vienne à l'esprit quand je raconte mes aventures sur le front français à des compagnons de route, autour d'un feu de campement, en bordure d'une piste, et que je les intrigue et les fais rire pour animer la désolation de la pampa ou de la brousse sud-américaine, la nuit :

BUYWATER (*tué à la crête de Vimy*) et WILSON (*tué dans le cimetière de Souchez*), deux citoyens nord-américains venus nous rejoindre à Hangest-en-Santerre, deux vieillards, Buywater, 72 ans, Wilson, 69 ans, tous les deux chirurgiens à Chicago ; tous les deux se refusant absolument de tirer un coup de fusil parce que cela était contraire à leur conscience ; tous les deux appartenant à je ne sais quelle secte de mennonites ou d'adventistes qui pour honorer la robe sans couture du Christ interdit à ses adeptes le port et l'emploi des boutons dans leurs vêtements, et nos deux illuminés de couper consciencieusement tous les boutons de leur uniforme ; tous les deux bombardant leur consul à Paris de plaintes et de récriminations accusant les sergents de l'armée française d'interdire à des citoyens de la libre Amérique la pratique et les manifestations de leurs convictions religieuses ; et quand on demandait à ces entêtés pourquoi ils s'étaient engagés, Buywater, qui avait entraîné son ami, répondait, parlant du nez comme tous les Yankees : « — Si je me suis engagé, ce n'est ni pour la France ni contre l'Allemagne, c'est pour les bains de boue. Les tranchées sont la santé du corps. » Et quand leur tour de garde était arrivé, ils couraient au créneau, se déshabillaient, se *délaçaient* en hâte (leurs frusques tenant grâce à tout un système de bouts de ficelle) et montaient la garde à poil, cartouchière et ceinturon à même leur nu (leur fusil dans une housse), s'accroupissant, se délectant, frottant leur vieille peau des deux mains, pataugeant avec délices dans la boue nauséabonde, nous toisant avec mépris, nous, les jeunes..., et comme ils avaient beaucoup d'argent, les deux singes payaient les copains pour prendre leur tour et faire des heures de garde supplémentaires !

URI, un Suisse-Allemand, originaire du canton de Schwitz ou d'Unterwalden, arrivé en renfort à Tilloloy, un mauvais coucheur, un sale type. Il était petit, trapu, fort comme un Turc, paresseux, sournois, menteur *et voulait faire fortune.* A Til-

loloy, il fouillait les trous d'obus et les fourrés
pour récupérer les fusées en aluminium et les
douilles de cuivre dont il remplissait des sacs
qu'il charriait vers l'arrière et qu'il parvenait à
expédier je ne sais par quelles voies mystérieuses
à des comparses à Paris et, en Champagne, il dé-
troussait les morts. Je le croyais mort et enterré
depuis longtemps, tué en Champagne comme tant
d'autres zigues et de pauvres copains, quand ce
louche individu me tomba dessus, rue Pierre-
Charron, jaillissant d'un bar. C'était le soir du
10 mai 1940. Je faisais le plein d'essence pour
aller rejoindre le G.H.Q. britannique à Arras.
J'étais comme tous les correspondants de guerre
accrédités au G.H.Q. en tenue d'officier anglais,
mais la charogne m'avait reconnu car l'œil des
voleurs est avide.

— Comment, m'exclamai-je, te revoilà! Tu n'es
donc pas crevé?

— Comme tu le vois caporal, je m'en suis tiré.

— Et tu as fait fortune avec toute ta vieille
ferraille?

— Je suis revenu de l'autre guerre avec 300-
400 mille francs, je ne suis pas con.

— Et tu en as encore fait beaucoup, des porte-
monnaie, après la Champagne?

— Oh, je ne suis resté que quelques jours sur
le champ de bataille, me répondit Uri sans broncher, et je me suis carapaté.

— Tu as été blessé ou tu as déserté?

— J'ai été réformé, me répondit-il. Regarde!
Et Uri me montra sa main droite à laquelle il
manquait trois doigts.

Il rigolait cyniquement.

— Je ne suis pas con, fit-il.

— Salaud, lui dis-je, tu t'es fait sauter la patte!

— Et après...? fit-il.

— Tu es une belle crapule, lui dis-je. C'est la
première fois que je rencontre un type de l'escouade avec qui je n'ai pas envie d'aller boire un
verre. (*C'était le huitième que je rencontrais si je
compte comme septième survivant de l'escouade cet
embusqué de Raphaël Vieil, le joueur de mandoline.*)
Tu me dégoûtes. Et qu'est-ce que tu fais maintenant?

— Tu comprends, caporal, tout le monde n'est
pas comme toi qui peux maintenant te pavaner
avec les English, tout le monde n'a pas de l'instruction. Moi, j'ai monté une combine maousse.
Je fais les parquets dans le quartier.

— Tu es polatiore?

— Quoi?

— Oui, je m'entends. Et alors? Ta combine?
Tu ne vas pas me faire croire que tu vas maintenant gagner des millions en cirant des parquets.

— Ma combine? C'est que l'on ne va cirer les
parquets que chez les riches. Alors, j'ai repéré des
tas de vieilles rombières dans le quartier...

— Bon. Ça va. J'ai compris. Inutile de m'en

dire plus. Je suis pressé. Ma voiture est prête.
Je te souhaite de te faire coffrer...

— Me faire coffrer, mais je ne suis pas con.
Je ne suis pas comme toi, caporal. Tu n'as rien
compris à ma combine. C'est une combine qui
n'est pas ordinaire. Je compte sur les Boches
pour...

— Tu dis? Les Boches...

— Oui, mon vieux. Quand les Boches entre-
ront dans Paris, je pillerai tous les beaux salons
que j'ai tant frottés. Tu parles d'un déménage-
ment!...

Je m'étais installé au volant. J'appuyai sur le
démarreur. Je partis en quatrième. J'allais au
front. J'y retournais.

— ...hé, va donc! entendis-je Uri crier derrière
moi.

KOHN (*mort au sommet de la butte de Souain*),
le chanteur de charme, mort en chantant.

BOUFFE-TOUT (*tué en Champagne*), ce Gribouille
ordurier, qui chantait les soirs de cafard.

MACHIN, TRUC, CHOSE, tous morts, tous tués,
crevés, écrabouillés, anéantis, disloqués, oubliés,
pulvérisés, réduits à zéro, et pour rien, et qui
chantaient car l'on chantait beaucoup à l'escouade;
sans parler des vrais de vrai avec leurs goualantes,
ceux de la Légion d'Afrique qui radinaient en

masse à Tilloloy et dont je devais apprendre les chansons de marche par la suite, à mon retour de permission.

LES CHANTEURS
ET LEURS CHANSONS

Je me demande jusqu'à quel point la guerre n'est pas une manifestation du ludisme ?

L'hiver 39-40, durant « la drôle de guerre », je me souviens que les officiers anglais, nos *leading-gentlemen*, qui nous accompagnaient sur cette longue route givrée et qui montaient avec nous en voiture quand nous en avions marre d'Arras et mourions d'ennui faute de nouvelles et las de nous battre les flancs à l'*Hôtel du Commerce* pour faire à tout prix un papier et que nous nous décidions d'aller faire un tour sur la ligne Maginot, mon bon confrère et ami Claude Blanchard, le correspondant de *Paris-Soir* (tragiquement disparu dans un accident d'avion au large de Malte, le 19 septembre 1945, alors qu'il rentrait de Moscou où il venait de faire un grand reportage *Comment vivent les Russes dans leur après-guerre* pour le compte de *France-Soir*, qui perd avec la dispa-

rition de ce joyeux garçon l'un de ses meilleurs
collaborateurs), Claude et moi, je me souviens
que les officiers anglais qui nous accompagnaient
tout le long de cette route tragique qui longe
d'Arras à Verdun les principaux cimetières de
l'autre guerre, dont, dans la traversée de la Champagne pouilleuse, celui où doit être enterrée ma
main, si jamais ma main droite a été ensevelie et
non pas jetée aux ordures dans un charnier avec
d'autres restes ou dépouilles et abattis, je me souviens que ces officiers anglais étaient tout ébahis
de nous entendre chanter, Claude et moi, chanter
tout le long de la route enneigée, glacée, embrumée,
désertique, cafardeuse avec ses grands ormes
tourmentés surchargés de boules de gui, son ciel
bas et ses envols de corbeaux funèbres qui ont
connu toutes les guerres et crevé les prunelles de
tous les soldats morts dans les combats de ces
marches frontières depuis les légions de César et
les armées de Charlemagne jusqu'aux régiments
de la garde prussienne de Hindenburg et de Lü-
dendorf et les derniers bataillons du grand-père
Joffre et du sarcastique et malin Foch, cet aigle,
bandes de corbeaux millénaires que notre voiture
faisait lever dans la traversée de la Champagne,
de l'Argonne et de la Lorraine, et nous chantions
d'un bout à l'autre, d'Arras à Reims, de Reims
à Verdun, de Verdun à Metz, de Metz à Hacken-
berg, la seule forteresse à double face, le pilier
de la ligne Maginot, nous chantions des chansons

de marche, des romances, tous les refrains des
régiments et les strophes de la marine à voile,
tous les couplets du caf' conç' et les rengaines
des beuglants, les romances parisiennes sentimentales ou réalistes des midinettes, des mômes de
la cloche ou des gonzesses du Sébasto, sans oublier
les couplets les plus obscènes et les plus crus des
carabins de salle de garde. Claude avait un répertoire inépuisable et le mien était assez varié, quoique incomplet et plein de trous car je n'ai pas
la mémoire des paroles, mais de la musique.

Je me rappelle notamment que le major E.-J.
Wills (de la firme *W.-D. et H.-O. Wills*, la manu-
facture de cigarettes anglaises mondialement
connue), un des hommes les plus riches de l'Angleterre et sûrement l'officier le mieux habillé du
corps expéditionnaire britannique, fut tellement
enchanté de notre compagnie qu'il se mit à nous
tutoyer, perdant toute morgue et nous appelant
par nos petits noms, Claude et Blaise ; avant l'arrivée à Reims, ce major si distingué chantait avec
nous au refrain et après le bon déjeuner au *Lion
Rouge*, vidant une dernière bouteille de ratafia de
champagne que j'avais tenu à lui faire connaître,
Eddie nous racontait sa campagne 14-18 en France,
et nous devînmes très intimes, lui et moi, car ce
milliardaire avait lui aussi connu le secteur maudit
de Dompierre fin 1916, avait exploré les mêmes
cratères lunaires et couché dans les mêmes trous,
et avait contemplé de ses yeux le Christ suspendu

par un talon la tête en bas, et à la première occasion je lui adressai au War-Office à Londres la
dernière épreuve que je possédais encore dans mes
paperasses de la fameuse photographie que j'avais
prise et qui avait été à l'origine de tous mes ennuis
dans ma carrière de soldat, en échange de quoi
Eddie, ce brillant officier, chargé de missions
spéciales, m'adressa son dernier roman, un roman
policier extra, comme il s'amusait à en écrire pour
lutter contre les insomnies dont il souffrait depuis
l'autre guerre.

Chez nous, à l'escouade, en plus de Lang et de
Goy dont j'ai déjà parlé, tout le monde chantait,
sauf Griffith. Même les Juifs polonais y allaient
d'une petite chanson nostalgique, coupée comme
de coups de trompe, d'olifant, d'une vocalise
orientale, et intitulée « *Amerika* » :

> *Mein Sohn, mein Kind,*
> *Du fährst dahin,*
> *Vergiss nur nicht dein' Mamele!*
> *Wenn du bist au die grosse Jamme...*
> *In New York...*
> *Send' ihr eine Kartele* [1] *!*

---

1. *Mon fils, mon enfant. — Tu t'en vas là-bas, —
N'oublie pas ta maman, — Quand tu seras sur le grand
Abîme !... — A New York... — Envoie-lui une petite
carte postale !* (Trad. B. C.)

. . . .

Le plus assourdissant était Kohn avec sa voix
tonitruante qui chantait jour et nuit et que personne n'arrivait à faire taire et le plus discret,
mais le plus prenant, avec sa voix sourde et soudain menaçante, grondante, était Sawo quand il
consentait à nous faire entendre une java ou une
valse chaloupée dont les paroles nous chaviraient
le cœur, lourdes qu'elles étaient des mille regrets
et de toute la griserie de Paris. Et, moi-même,
sans me faire prier, je chantais certain petit couplet très drôle qui avait amusé les hommes et qui
les faisait rire et qu'ils me réclamaient souvent.

La seule, l'unique, la sempiternelle chanson de
Kohn était *La Femme aux Bijoux* dont il marquait
la cadence en insistant, avec sentiment, sur les
temps forts à la mode des valses viennoises. Kohn
était Tchèque et avait servi dans l'artillerie autrichienne. Ce grenadier de haute taille était d'une
bonne humeur perpétuelle et c'était assurément le
soldat le plus courageux de l'escouade, un véritable sans-souci, toujours tiré à quatre épingles.
Je l'aimais bien. Après avoir fait son service militaire en Autriche, Kohn était venu de Linz à
Paris à pied, en qualité de *Wandervogel*, c'est-à-
dire de compagnon faisant son tour de France,
et comme il était tapissier de profession et très
bon et très adroit ouvrier, il avait immédiatement
trouvé un emploi et, s'il vous plaît, pas une em-
bauche ordinaire mais une situation extraordi-

naire qu'il n'aurait jamais pu imaginer, celle de tapissier de l'Élysée, « non pas à cause de mon mérite ou de mon adresse dans le métier, mais à cause de ma longue taille, avait-il coutume de nous expliquer en riant. En effet, mon patron m'avait immédiatement surnommé Double-Mètre, et envoyé rejoindre l'équipe qui travaillait chez le Président de la République, où les salons sont hauts de plafond et où l'on avait un besoin urgent d'une longue perche de ma dimension ». Mais depuis 1900 qu'il était à l'Élysée, Kohn n'avait toujours pas pu apprendre le français, sauf cette unique chanson de *La Femme aux Bijoux* dont il nous cassait les oreilles jour et nuit, à l'avant et à l'arrière, au cantonnement et en première ligne dans les tranchées, et même en pleine attaque puisqu'il la braillait encore quand il est mort, au sommet de la butte de Souain, les deux jambes emportées par un obus et qu'il gisait agonisant, cette chanson lui coulant rauquement des lèvres comme le sang qui coulait de ses moignons glouglouttants, mais il ne s'en rendait pas compte et croyait encore faire du charme comme toujours quand il la chantait, et c'est à cause de sa cocasserie que je n'avais jamais pu intégrer Kohn, le meilleur de mes soldats, dans mon groupe de patrouilleurs, sa chanson nous eût fait mourir de rire ou désarmés. Oyez plutôt sa sentimentalité autrichienne, son accent inimitable :

C'est une vâmme qui n'est pas pour toi.
Elle a des pichoux à tous les toigts,
C'est une cholie poubée t'amour...

. . . .

La goualante préférée de Sawo qui nous bou-
leversait tant les paroles de la chanson, la voix
du chanteur, sa diction, sa mimique retenue étaient
chargées de passion dont le trouble nous laissait
haletants, était la valse chaloupée célèbre dans
tous les bals de la Chapelle :

J'ai dansé qu'une fois avec elle,
Et c'est ça, c'est ça qui ma troublé la cervelle.
Je sentais son corps fou,
Elle m'embrassait dans le cou...
Un jour pour ell' ça pourrait mal tourner !

. . . .

Quant à moi, quand c'était mon tour d'en pousser une et qu'on me la demandait, je leur servais
une drôle de petite chanson d'un sou qui les amusait fort et avait toujours le même succès de rire
et de larmes. C'est une chanson qui ne comporte
qu'un seul couplet et que mon ami A. t'Serstevens,
mon plus ancien copain des lettres, a mise en
musique et que nous avons souvent entonnée chez
lui, quai Bourbon, les soirs de beuverie, de punch,
de rhum et de tabagie parmi ses livres. Cela se
chante d'un ton lugubre, avec une voix de pope
et sur un rythme de messe basse. Si l'on est plu-

sieurs cela se psalmodie à l'unisson comme le
plain-chant grégorien. Dans le chansonnier de
1848 où nous l'avons dénichée, t'Ser et moi, cette
chanson est intitulée « *Il était un pauvre homme...* »
et comme sous-titre elle porte la mention de
« *Chanson-chanson* ». Ce diminutif est une trou-
vaille. Et voici son unique couplet dans son inté-
grité :

> *Il était un pauvre homme,*
> *Dans sa pauvre maison,*
> *Baisant sa pauvre femme*
> *D'une pauvre façon.*
> *Dessus son pauvre lit,*
> *Avec son pauvre outil,*
> *Lui fit un pauvre enfant*
> *Qui vécut pauvrement.*

Un point, c'est tout. Mes poilus rugissaient de
joie et la reprenaient en chœur, cette pauvre chanson-chanson d'un pauvre homme. Mais aucun n'a
jamais pu la retenir en son entier. Alors, ils brodaient, ils brodaient, et je suis bien marri de ne
pas avoir retenu toutes ces variantes. Quelques-
unes étaient superbes, mais aucune n'égalait le
désespoir humain, trop humain de l'original.

BOUFFE-TOUT

Bouffe-Tout est le dernier poilu qui soit monté en renfort à Tilloloy avant mon départ en permission. Et il arrivait seul par un beau soir du début du mois de juillet, les merles sifflant dans les sentiers du parc. « — Salut! fit-il en s'esclaffant. C'est moi le renfort, vous voyez ça!... » Et il souriait d'une oreille à l'autre, la bouche en tirelire, les dents pointues comme celles limées des anthropophages, son barda équilibré à la légionnaire lui dépassant de beaucoup la tête par derrière, la couverture en accordéon, la toile, les piquets de tente, une paire de godillots, deux bûches de bois, sa gamelle, une boule de pain les uns au-dessus des autres et deux, trois musettes bien remplies lui battant les fesses, plus deux bidons de deux litres à gauche et à droite. C'était un phénomène, une espèce de Gribouille ordurier et hilare, qui répondait à côté, se remuait beaucoup, déplaçait beaucoup d'air et remplissait de sa seule présence tout un secteur car on n'entendait que lui vadrouillant, baguenaudant, mendigotant, emmerdant tout le monde pour un quart de vin car sa soif était inextinguible et nous estomaquant

d'une sainte horreur quand il se livrait à ses honteuses extravagances masticatoires pour obtenir du
pinard, ne reculant devant aucune bassesse, ne
connaissant plus de frein dans ses exhibitions
quand sa frénésie le prenait : il avalait un lacet
de soulier, broyait du verre avec les dents, se
faisait fort de déglutir douze douzaines de limaces
vivantes pour un litre de vin, les six pages d'un
journal pour deux litres, une taupe ou un rat
crevé pour trois litres et, un jour, quelqu'un lui
fit manger un étron fumant pour cinq litres.
Bouffe-Tout était Suisse, de la Franche-Montagne,
bûcheron. « — Je fabriquais des fagots de noise-
tier, expliquait-il avec son accent de Jurassien,
mais je dévalais plus souvent le versant français
pour passer des montres en fraude jusqu'à Mor-
teau, tu sais. C'est un chouette métier, mais qui
donne soif. Tiens, je mange ta cravate si tu me
donnes un coup de vin, un tout petit coup... »
Le plus souvent, on lui riait au nez et les hommes
envoyaient aux feuillées ce foutu ivrogne. Mais
c'était tout de même un brave type et un bon soldat qui n'avait pas froid aux yeux. On pouvait
compter sur lui. Il ne craignait pas les coups de
tabac.

Les soirs où Bouffe-Tout n'avait pas réussi à
filouter du vin malgré ses tours, ses grimaces, ses
gros mots et sa dégueulasserie, il était pris de
cafard, un cafard qui le faisait aller s'asseoir sur
le parapet pour se faire tuer et on l'entendait

chanter durant des heures d'une voix de plus en plus triste, triste et traînarde :

> *Je vois en rêve*
> *Ma bonne mère*
> *Préparer le*
> *Frugal repas;*
> *Mais au souper*
> *De la famille*
> *Quelqu'un n'y manquera-t-il pas ?*

« MAMAN! MAMAN!... »

La voix la plus ignoble que j'aie jamais entendue de ma vie était bien celle, habillée et rendue suave par la radio, de Ferdonnet, le traître de Stuttgart, que toute la France écoutait durant « la drôle de guerre », probablement par esprit frondeur, sans se douter que cette voix insinuante de faux témoin versait goutte à goutte aux armées un poison qui les paralysait, comme on l'a vu en juin 40 quand il ne s'est plus agi de rire ni de fronder, et que la France entière s'affala dans sa stupeur, narcotisée.

Mais déjà j'avais pu mesurer les effets stupé-fiants de la machine appliquée à la voix humaine, un jour de brouillard que nous visitions, fin dé-cembre 39, des confrères américains, anglais, aus-traliens et moi, tous correspondants de guerre, les

casemates inachevées et les maisons-fortes non
armées des abords du pont de Kehl et que de
l'autre rive du Rhin une voix tonnante, transmise
par haut-parleur, pleine de sonorités germaniques
que l'eau du fleuve répercutait et de consonances
dures que n'atténuait pas le brouillard, nous interpella nominalement et se mit à nous énumérer
en anglais et en français tout ce qui manquait dans
nos fortifications, les canons, les instruments
d'optique et de repérage, nous escortant partout
durant notre visite comme un huissier faisant
constat et dressant inventaire avant faillite.

Déjà un ami qui a perdu les deux jambes à
Madrid en 1937 et qui était resté une nuit entière
accroché dans les tragiques barbelés de la Cité
Universitaire avant que l'on pût lui porter secours,
m'avait raconté la nuit de terreur qu'il avait subie
du fait non pas des mitrailleuses qui crachaient,
des grenades qui lui éclataient entre les jambes,
mais du fait d'une machine parlante qui, me dit-il,
n'avait cessé de la nuit de dégoiser des slogans
de propagande, alternés avec des paso-doble, des
ritournelles à la mode, des fanfares et la voix de
Joséphine Baker qui chantait en français :

J'ai deux amours
Mon pays et Paris...

air hallucinatoire qui multipliait par 100 000 la
torture de mon malheureux ami dont le sang pis-

sait et qui sentait son cerveau danser, se retourner
pour comprendre ce que la machine disait, puis
sombrer, non dans la fièvre, mais entraîné par la
musique et ébloui par un projecteur basculant.
Les dents, l'éventail, les plumes, les jambes, les
yeux de Joséphine et les crépitements des applau-
dissements. Quand il revint à soi, il se croyait au
music-hall. On l'avait amputé. Il était en clinique.
Le silence était intolérable. Et tout à coup il prit
conscience qu'il était cul-de-jatte. Alors il se mit
à hurler, révolutionnant tout l'hôpital, *el lazareto
de sangre*.

Mais le cri le plus affreux que l'on puisse entendre et qui n'a pas besoin de s'armer d'une
machine pour vous percer le cœur, c'est l'appel
tout nu d'un petit enfant au berceau : « — Maman!
maman!... » que poussent les hommes blessés à
mort qui tombent et que l'on abandonne entre
les lignes après une attaque qui a échoué et que
l'on reflue en désordre. « — Maman! maman!... »
crient-ils... Et cela dure des nuits et des nuits
car dans la journée ils se taisent ou interpellent
leurs copains par leur nom, ce qui est pathétique
mais beaucoup moins effrayant que cette plainte
enfantine dans la nuit : « — Maman! maman!... »
Et cela va s'atténuant car chaque nuit ils sont moins
nombreux... et cela va s'affaiblissant car chaque
nuit leurs forces diminuent, les blessés se vident...
jusqu'à ce qu'il n'en reste plus qu'un seul qui
gémit sur le champ de bataille, à bout de souffle :

« — Maman! maman!... », car le blessé à mort ne veut pas encore mourir, et surtout pas là, ni comme ça, abandonné de tous... et ce petit cri instinctif qui sort du plus profond de la chair angoissée et que l'on guette pour voir s'il va encore une dernière fois se renouveler est si épouvantable à entendre que l'on tire des feux de salve sur cette voix pour la faire taire, pour la faire taire pour toujours... par pitié... par rage... par désespoir... par impuissance... par dégoût... par amour, ô ma maman!

... La mort... La naissance... A quoi bon!...

« *Que ne suis-je mort dès la matrice! Que ne suis-je expiré aussitôt que je suis sorti du* ventre de ma mère!

« *Pourquoi m'a-t-on reçu sur les genoux? Et pourquoi m'a-t-on présenté des mamelles?...* » (*Job*, III, 11, 12).

MATRICULE 1529

On distribuait les permissions.
Cela se passait à Bus.
Nous faisions cercle devant le bureau du sergent-major.

Le capitaine Jacottet tirait les numéros dans un vieux chapeau pour ne pas faire des jalousies.

On distribuait enfin les permissions, les premières.

— Matricule 1529!

— Présent!

— Tiens, voilà ta perme.

Je m'avançai. C'était moi le 1529. J'avais de la veine. J'étais sorti le premier et ma perme était **bonne** pour un 14 juillet, un 14 juillet à Paris.

AIX-EN-PROVENCE

17 décembre 1944
du 20 janvier au 3 mars 1945
11 juin 1945
du 1ᵉʳ novembre au 13 décembre 1945
21 décembre 1945
du 15 janvier au 17 mars 1946
Dimanche de Quasimodo
1946.

VI. BOURLINGUER — LE LOTISSEMENT DU CIEL.

VII. UNE NUIT DANS LA FORÊT — CHEZ L'ARMÉE AN-
GLAISE — LA BANLIEUE DE PARIS — EMMÈNE-MOI AU
BOUT DU MONDE!...

VIII. D'OULTREMER A INDIGO — TROP, C'EST TROP —
FILMS SANS IMAGES — BLAISE CENDRARS VOUS PARLE
— ÉTUDE BIBLIOGRAPHIQUE MISE A JOUR DE HUGUES
RICHARD.

Aux Éditions Gallimard :

AU CŒUR DU MONDE (Coll. Poésies).
DU MONDE ENTIER (Coll. Poésies).

COLLECTION FOLIO

Dernières parutions

Impression Bussière à Saint-Amand (Cher),
le 12 février 1986.
Dépôt légal : février 1986.
1ᵉʳ dépôt légal dans la collection : août 1975.
Numéro d'imprimeur : 428.
ISBN 2-07-036619-7./Imprimé en France.

37404